法辨

洪流 著

Defenders Season

文匯出版社

图书在版编目(CIP)数据

法辨:律师眼中的中国法治/洪流著.—上海:
文汇出版社,2022.6
　　ISBN 978-7-5496-3753-9

　　Ⅰ.①法… Ⅱ.①洪… Ⅲ.①法治-中国-文集
Ⅳ.①D920.4-53

中国版本图书馆CIP数据核字(2022)第099897号

·文汇新观察丛书·

法辨

律师眼中的中国法治

著　　者/洪　流

责任编辑/黄　勇
特约编辑/建　华
封面装帧/王　翔

出版发行/文汇出版社
　　　　　上海市威海路755号
　　　　　(邮政编码200041)
经　　销/全国新华书店
排　　版/南京展望文化发展有限公司
印刷装订/上海颛辉印刷厂有限公司
版　　次/2022年6月第1版
印　　次/2022年6月第1次印刷
开　　本/890×1240　1/32
字　　数/360千字
印　　张/12.375

ISBN 978-7-5496-3753-9
定　　价/78.00元

前言

继《法眼》、《法问》之后,《法辨》一书终于出版,为我的文汇"法"字三部曲划了个句号。与前面两本法律时评文集相比,第三本书已经完全改变了风格,变成了类似于非虚构小说这样的模式。从这个角度看,它与一年多前的另一本书《青青芒果季》更具有传承性。

一年前,《青青芒果季》终于出版,这本名字听上去像青春言情小说的新书,还一个副标题——刑庭法官手记。它记载了年轻一代边疆法官梦幻青春里的友谊、乡情,以及在学校里老师们从未教过的腥风血雨和残酷梦魇。我总算可以用文字的方式,对那一段经历给出一个交代。

在历练了想遗忘却无法遗忘的法官生活后,我转型做了律师。转变身份后,我从一个全新的角度审视每个案子和每次审判。这些年来,我代理过很多案件,接触了无数的当事人,他们当中,有企业家、政府官员、金融从业人员、送水工、家庭主妇、失业的年轻人、风月场的妈咪、街头卖光盘的小贩、毒品贩,等等。

他们是父亲、儿子、丈夫、妻子、妈妈、女儿……在法律的语境里，他们是被告人，或者犯罪嫌疑人。他们当中，有的经过辩护成功解脱，也有的最终被判处极刑。

一个优秀的辩护律师，既要全身心地投入案件的服务里，又不能将自己的感情代入到当事人的命运中。辩护律师是倾听者，是旁观者，是代言人。辩护律师需要解压，尤其在辩护工作越来越艰难的时候。辩护律师有很多解压方式，酗酒、抽烟，假装遗忘。

还有写作。

大部分案子的最后结果都给我带来沉重感，这种沉重感逼迫我在键盘上不停地敲击，敲出一段段文字，以平静自己不断被冲击的内心。

所有在法律上对于他们的评判，他们已经用自己的自由和生命去兑付了。他们的苦难是他们自己的，我的文字只能记载那些苦难的万分之一。如果要用音乐来表达他们的苦难，我觉得最合适的是葡萄牙的《法朵》，那些水手在出海前亲人为他们唱的哀曲。如果说在《青青芒果季》里我还觉得他们的苦难是理所当然，在《法辨》这本书里，我当初以为的理所当然却被否定了。

您可以把这本书辩护律师办案手记看作刑庭法官手记的续集，也可以把它看作对《青青芒果季》书的反面批注。同时这本《法辨》也是《法眼》《法问》的承传和弘扬。

本书各文的编排顺序和故事发生的时间、写作的时间不太一致,法律人读者应该会从文中法律的适用等细节注意到这一点。

感谢我的当事人。

感谢帮助我出版这本书的人们。

感谢所有曾经帮助我出版《青青芒果季》和这本书的人们。

感谢《新民周刊》原主笔胡展奋先生,是他将我推荐给了黄勇老师;感谢文汇出版社的黄勇老师,是他一如既往的坚持,才让"法"字三部曲在今天划上了一个句号。

2022 年 3 月 10 日　上海金外滩

目 录

前言 / 001

死刑线 / 001
真相 / 018
四个报警电话 / 029
捷发超市杀人事件 / 044
复核 / 059

未被受理的重婚案 / 101
安小梅离婚记 / 110
一桩"未遂"的强奸案 / 122
未披露的遗嘱 / 133
被敲诈的艾滋病毒携带者 / 145
陈姐的中秋节 / 155
漂亮的"女扒手" / 164

要光盘吗大哥 / 173

诈骗犯 / 186

讨债的女人 / 196

女人的刚毅 / 209

国藏汾酒 / 226

73412号刑事判决书 / 289

贷款诈骗 / 314

哈拉雷来电 / 325

顶替者 / 339

花痴 / 354

生活律师甄时隐 / 366

死刑线

2000年从法院出来，很长一段时间都做类似的梦，直到做了两三年律师后，这样的梦才慢慢离我远去。

一

一切手续都完成了，验明正身的法官已经往后撤了回去。我似乎连呼吸都已停止，被棕绳捆绑的身体早已感受不到疼痛，眼前的景色就像老电影里的黑白镜头那样晃来晃去。我什么声音都听不到。我想喊，但是发不出声音。有人摁着我的肩膀迫使我跪在了地上，有人在我背后心脏的部位忙碌着什么。渐渐地，似乎摁住我肩膀的两只手也有些放松了，我拼尽了全力想大声喊，但却什么都喊不出。

这时我听到了枪声。

2000年从法院出来，很长一段时间都做类似的梦，直到做了两三年律师后，这样的梦才慢慢离我远去。

二

晚上回到住处，发现和我同住的顾律师又在和隔壁的老太吵架。

3个月前,事务所办公室从浦西搬到浦东,我和顾律师在新办公室附近合租了一套两居室的老公房。我们和隔壁的老头老太合用阳台做饭。老太太超爱干净,锅台上随时一尘不染,地板也随时拖得干干净净。但因为阳台是合用,老太打扫阳台只扫中线靠她自家那边,我们两个懒,随便拿扫帚扫一扫,时间久了,阳台地板中间出现了一道清晰的界限,老太那边的地板干干净净,我们这边地板黑漆漆。老太不高兴,就开始嘟嘟囔囔。嘟囔多了,顾律师就不高兴,就和老太吵。老太说:"你们还是律师,都什么素质,平时穿得光光鲜鲜出门,在家里注意一点卫生好不好,都是马屎表面光。"顾律师说:"我再脏也没脏到你那边啊,你看不顺眼帮我们扫啊。"

看到顾律师又和老太吵架,我赶紧去把顾律师拖进屋,说:"你吵啥吵啊,把老太吵出个脑溢血你想当被告是不是?"

这边把人拉进屋,那边老太还在嘴碎碎地骂人。顾律师听见了又要出门,我一把拉住他,听见自己手机响,拿起来看是老家的电杆,就放开了说:"顾律师,你把老太吵死了跟我没关系,连带责任也好,公平责任也好,你都担着。"说完懒得搭理他,去接电杆的电话。

电杆说:"咋个样?去滨海下海可找得着案子做?"

我说:"白天打着太阳找,晚上打着月亮找。"

电杆说:"怕是不容易嘎,那里人也认不得,你也是胆子大啊。"

我说:"试试嘛,不行再回去。"

电杆说:"你都会回来?做不好你怕是要跳黄浦江嘎。"

我说:"哪里哪里,要跳也是回去跳梅子湖嘛。"

电话说:"帮你拉个生意,有个云南人在滨海贩毒被抓了要找律师,你要不要接?不过好像数量很大,没啥辩头。"

我说:"我现在哪敢挑案子啊,接。"

"我怎么也不相信王常勇会去贩毒!"

当这个女人眼泪汪汪地对我说出这句话时,我将目光从她那黝黑而长满雀斑的脸上移开,低头看着面前的笔记本,那上面胡乱划着犯罪嫌疑人的名字、被刑事拘留的时间、承办警官的姓名和联系电话。

我说:"那警察为啥抓他?"这话说出口,我就意识到我问话的立场还没有从法官的角色转换过来。

女人说:"我们家里不缺钱,我家有承包的林地,在缅甸还有矿,我老公怎么可能去贩毒?"

我说:"很多时候被告人是不会把一些危险的事情告诉家人的。"

女人擦干了眼泪,用怪异的眼神看着我。

我说:"这样吧,我先去见了王常勇了解了情况再说。"

女人叹口气,说:"也只能先这样了。"

女人游移了一分钟,说:"洪律师。"

我说:"啥?"

女人说:"我怀孕了,我啥时可以见一见我老公?"

三

"我怀疑警察早就知道我们在做毒品。"王常勇说。

这是个眉清目秀的男子,白皙的肤色在云南人里面是比较少见的。

我说:"为什么?"

王常勇说:"我们开车从云南到滨海的路上,在浙江到滨海那一段,后面有一辆黑色桑塔纳一直跟着我们,然后又有一辆灰色的本田在后面跟我们,直到我们登记的旅馆。后来一个警察在审讯时对我说,即便我不说,他们也掌握了有关情况。"

我说:"你们有几个人?"

王常勇说:"三个,其中一个是我们一起做的,另外一个只是我们雇来帮开车的。"

我说:"你以前做过毒品吗?"

王常勇说:"没有啊。"

我说:"没有的话,为啥你会感觉后面跟的是警察呢?"

王常勇不说话。

我说:"你毒品从哪里来?"

王常勇说:"我常年在边境两头跑,要找点毒品还是容易的。"

我说:"3公斤海洛因可不是小数量。你是云南人,你知道云南这些年杀了多少贩毒的?"

王常勇说:"知道,我听说海洛因两三百克就可以判死刑。"

我摇摇头,说:"云南的死刑线100克就可以。"

王常勇脸更加白了,说:"滨海死刑线多少?"

我说:"我现在还不知道,但就算翻10倍,你觉得你还有机会吗?"

王常勇看着我摊在桌子上的笔录纸,额前垂下来的头发在轻微地颤动。

我说:"你先不要急,我们慢慢来。你觉得这次毒品交易究竟是哪里出了问题?"

王常勇说:"买买提,我觉得是他出了问题。他跟我们要毒品的。本来约好他在滨海的宾馆接我们的,但是他把我们领到宾馆说出去几分钟,就不见了,后来警察就来了。"

我说:"你确定你们雇来的司机真的不知道你们贩毒的事情吗?"

王常勇想了想,说:"是的,他是我一个远房亲戚,他真不知道。"

大概了解案情后,我说:"其他事情还有什么要帮转告的?"

王常勇低下头开始抹眼泪,说:"我婆娘她还好吗?"

我说:"我不知道她以前的样子,所以说不出来她现在好还是不好。"

王常勇说:"我后悔不该干这个事情,我主要是在那边赌场输得有点惨,不然我们的日子还是比较好过的。我们结婚好几年了,现在还连孩子都没有。我被判死刑了我家香火都没了。"

我说:"你老婆知不知道你在那边赌博?"

王常勇说:"她不知道。"

我叹口气,说:"你老婆怀孕了。"

王常勇睁大眼睛,说:"真的?"

我说:"你老婆告诉我的,应该是真的吧。"

两行泪水从王常勇的脸颊上滚落下来。

四

承办警官也姓王。和王警官电话约好见面时间后,我到他办公室以交手续的名义随便聊了一下。我套近乎说我以前是法院的,王警官说:"哦?你哪个法院的?"

我说:"我是云南一个中院的。"

王警官说:"难怪他请你做律师,不过嘛……"

王警官叹口气,说:"这个案子毒品数量可能在你们那里不算啥,但在滨海这里显得太大了,恕我直言,请你也是白请啊。"

我笑了,说:"我刚来滨海做律师,没法挑案子。"

王警官笑,说:"理解。"

我也笑了,然后问:"这个案子有特情吗?"

王警官似乎从睡梦中惊醒般,眼神里瞬时充满了戒备,如同一只机警的猎犬忽然从身披犬装的伙伴身上嗅到了异味。他用变化了的眼神警惕地盯住我,沉默了大约五秒钟,然后非常肯定地说:"没有什么特情。"

办公室里其他两个缉毒警察也将目光投向了我这里。

我说:"哦,那的确很麻烦了。王常勇命难保了。"

王警官说:"洪律师,没啥事那我先出去了,我还要去提审。"

同时被抓的王常勇的远房亲戚在被抓后30天时释放了。

五

刑事案件的前期阶段是漫长的。在这段时间里,我看不到案卷材料,差不多隔两三周就要去一趟看守所,帮王常勇老婆带带话,交代一下家里的事情。王常勇一开始还流眼泪,过了两三次就平静了很多。

这期间,王常勇老婆来过滨海一次,肚子明显大了,还顺便带了一土罐家乡的土特产景北花椒给我。那花椒在滨海的菜市场上根本买不到,一打开罐子就浓香扑鼻,闻着就感觉到舌尖开始麻麻的,更不要说用来佐料做菜了。我说:"谢谢你啊,原来我在法院时经常去景北出差,景北的木瓜煮鸡真好吃。"

王常勇老婆说:"下次我帮你捉两只土鸡来。"

我赶忙摇手说:"不用不用。"

王常勇老婆问:"洪律师,我啥时可以看看我老公?"

我叹口气,说:"这个问题你问过不止一次了,要等判决生效呢。"

女人流泪，说："我怕他被判死刑我都再见不到他了，肚子里的娃也见不到他了。"

我说："要等判决生效后才能见面。"

她又问："那要等到啥时候啊，我再过不久就要生产了。"

我沉默。

我忽然意识到先前在法院里觉得理所当然的一些事情，现在回头换个角度去看，就看出丝丝冰冷和残忍。

六

过了6个月，案件总算走完侦查和起诉阶段。看完起诉书和案卷材料后，我打电话给检察官，想约检察官见面。

电话那边检察官很客气地用不容商量的口气说："洪律师啊，这个案子马上就要开庭了，你有什么辩护意见可以在法庭上讲。你现在跟我讲，和在法庭上讲都是一样的。"

我说："我没别的意思，也不占用您更多的时间，跟您沟通也是为了澄清案件事实。"

检察官说："你有什么话？要不我们电话里简单说一下吧。"

我犹豫了一下，说："好吧。其实很简单，这个案件材料我看下来觉得是一个特情诱人犯罪的案件。特情在本案中是否有诱人犯罪的情节，是直接关系到被告人生死的重要事实。这个事实不查清，这样简单起诉是不是有点太那个？"

检察官说："你的这个问题我们在审查证据时也注意到了，

我们已经在找公安核实。其他还有什么？"

我想了想，说："王常勇老婆怀孕了，马上就要生产了。"

检察官在电话那头笑了，说："洪律师，我们都是搞法律的，这个你就不要说了。我马上要开会了。"

我说："不打扰您了，我先给您寄一份书面意见吧。"

检察官说："好的，你先寄过来吧。"

七

我把案子的进展情况电话告诉了王常勇老婆，女人在电话那边哭，说："王常勇就全靠洪律师了。我马上要生产了，也不能过去看他开庭。"

我说："我尽力吧。你好好生孩子，不要哭了，哭了对孩子不好。"

八

我再次去会见王常勇，把马上要面临的法庭审理的程序和注意事项都给他解释了。

王常勇说："洪律师，案卷材料你看了后觉得怎么样？"

我说："还是有希望的，你们这个案子就是一个特情诱人犯罪的案子，只是看诱人犯罪的程度有多深。我已经把我的意见和检察官沟通了，检察官答应去和警察交涉。"

王常勇的眼里露出了一丝亮色，说："我就感觉嘛，咋什么事情都这么巧。那么我是不是有机会？"

我点点头。

王常勇低下头用袖子去擦眼泪。

我说:"你老婆这两天临产。从云南来滨海路太远,她经不起折腾,不能来旁听开庭了。"

王常勇清了一下鼻子,说:"好的。"

我说:"你要家里其他人来旁听吗?"

王常勇说:"不要。"

九

坐在辩护人的位置上,看审判席上的法官和对面的检察官,甚至看带被告人的法警,都有一种熟悉的感觉,仿佛又回到了当年在法院当审判长的时光。所有的这一切都是如此亲切,我甚至感觉自己开完庭马上就可以和他们称兄道弟。

一切都是熟悉的程序,从公诉人宣读起诉书,到出示各类证据,对我来说都是以往日常工作的一部分,只是今天我的座位换到了下面辩护人的地方。

公诉人出示完相关证据后,我针对控方的所有证据进行了综合答辩。我说纵观所有证据,本案存在特情诱人犯罪的情形。之所以这样说,从证据角度看,主要有三点:

第一,公安在询问王常勇和另外一个被告人的所有笔录里,从不问他毒品带来滨海后准备卖给谁。为啥公安对下家根本不感兴趣?那不是很清楚地表明公安知道下家是谁吗?王常勇他们以前从没来过滨海,如果没有特定买家,他们会冒如此大的风险，千里迢迢跑过来吗？第二，两个被告人都供述他们在缅甸买毒品时，有一个叫买买提的人和他们一起参与，进边境后这个人自己先回滨海了，然后王常勇他们开车把毒品带到滨海。他们到滨海后，也是这个买买提把他们接到酒店的。为啥在公安的侦查卷里从不核实两个被告人讲的这个情节？第三，两个被告人都说是买买提要的毒品，这两个被告人的预审供述在关于买买提提出要毒品这个细节上惊人的一致，这个如何解释？难道两个被告人在来滨海前，就事先演练好了对付警察的一致口径？好像不太会有这么悲观的罪犯吧？第四，公安的办案情况说明也提及了他们事先知道有这场毒品交易。我们都知道毒品犯罪的特点，在没有线索的前提下查缉难度非常大，王常勇他们这个案子里公安是根据什么线索了解到这场毒品交易的？没有证据证实。这不也间接证明了本案中有特情吗？

另一个被告人的辩护人也提出了相近的观点。

在我们阐述答辩观点时，检察官抱着双手，沉默地看着我们。

法官问："公诉人针对辩护人的观点有何补充？"

检察官说："辩护人提出的这个问题，我们在审查材料时也注意到了，我们也特别发函请公安部门予以说明。现在我向法庭出示一份公安部门提供的补充情况说明。"

检察官说完，拿出了一份材料向法庭宣读，大意是本案系酒店匿名群众向公安机关举报，至于被告人所提到的买买提，经核查并无此人云云。

法官说:"辩护人,对这份情况说明还有什么意见?"

我说:"刑事案件应该要排除所有合理怀疑,就这样一份盖公章的书面文件,能排除本案当中辩护人的合理怀疑吗?如果警察为了保护特情或者图方便而故意出具这样一份不负责任的文件,就可以对被告人判死刑吗?"

另一位律师说:"我同意第一被告人的观点,或者我们换个思路,既然是匿名群众举报,我们也可以请这位匿名群众来法庭当庭核实相关情况,或者请抓捕警察也来当庭说明一下吧?"

检察官说:"我们觉得没有必要,相关情况已经有公安机关的书面材料予以说明。我们没有必要怀疑司法机关侦查行为的正当性。"

法官说:"两位辩护人,你们对于证据的观点本合议庭已经清楚,还有什么观点可以放到辩论阶段再说,好吗?"

王常勇和另一个被告人都定定地看着辩护人席上的我们。

我忽然觉得两个小时前的亲切感已经消失得无影无踪。

拿到两个被告人死刑判决那天,我把判决反复看了三遍,感觉自己的心跳在不断加快。这时电话响了,我一看号码是王常勇老婆打过来的。

女人说:"洪律师,我昨天生了。"

我说:"恭喜啊,是儿子还是姑娘?"

女人说:"是儿子,王常勇应该高兴啊。洪律师,判决结果给出来了?"

我犹豫了一下,说:"还没,还要等两天。"

女人又哭了,说:"但愿有机会吧。"

我说:"你先照顾好自己和儿子吧,不要着急。"

十

我接通了我在法院工作的同学吴家鑫的电话,把王常勇案的情况大致说了一下,说:"你能告诉我一下高院审委会委员的名字吗?"

吴家鑫吓了一跳,说:"你要干嘛?"

我说:"我要上诉,我打算给每个委员都写封信。"

吴家鑫在电话那头笑了,说:"你还是搞法律的,怎么和一般老百姓一样。"

我说:"我没辙了,死马当活马医一下,你告诉我吧。"

吴家鑫把名字给了我,说:"你不要讲是我说的啊。"

我说:"你原来在学校时去四大胡同逛发廊的事情,我从没跟任何人讲过。"

吴家鑫说:"你给我滚。"

我说:"等二审确定了承办后,你帮我关照一下。"

吴家鑫说:"你给我滚得远远的,不要让我看到你。"

十一

过了几天,我把一审判决的结果发短信告诉了王常勇老婆,那边马上电话就过来了,女人一边哭一边说:"怎么会这样?"

我说:"你先不要急,还有二审,还有复核审。还早。"

女人不哭了,说:"洪律师,你跟我说实话吧,王常勇活命的机会还有多大?"

我叹口气,说:"百分之一吧。不过哪怕是万分之一,我们也要争取。你说对不对?"

女人说:"这样拖下去我受不了,这些天根本就没法睡觉,又要带娃,又要想他的事情。"

我沉默了一分钟,说:"你顾你自己和孩子吧。你先拍几张孩子的照片给我寄过来,等我下次去见他给他看。"

十二

一审判决后,王常勇被转到提篮桥监狱。

王常勇努力把手上的手铐和脚上的脚镣理理顺,看着儿子的照片,露出愉快的微笑,说:"像他爹。"

我说:"我在帮你争取二审机会,不要放弃。"

王常勇说:"我已经有思想准备了,里面的人也在给我普法。洪律师,不管结果如何,我都谢谢你。你先帮我写几段话带给我婆娘,跟她讲对不起了,让她早点改嫁,但一定要把孩子带大。另外……"

王常勇停了一下,说:"你帮我记个人的名字和电话,跟我婆娘说他欠我一笔钱,以后让我婆娘找他要。"

我说:"这个人欠你多少钱?"

王常勇想了想，说："他知道欠我多少钱。"

高院的李副院长打电话给我那天，我正在宿醉的昏睡中。头天晚上和顾律师在小区附近的烧烤摊上干掉了十个啤酒，一直喝到晚上一点。我们高声吵嚷着回到住处，隔壁的老太太开门看到醉醺醺的我们，骂了一句"乡下人"就咣地把门关上了。

顾律师说："这个女的是哪个所的？"

我说："好像不是律师，是法官。"

顾律师说："哪个法院的？"

我说："好像是最高法院的。"

顾律师说："把她拖出来打一顿？"

我说："好，我先回家找根木棒。"

开了门，我衣服都没脱，往床上一倒就睡着了。

十三

电话那头说："你是洪律师吗？"

我说："我是。"

电话那头说："我是高院负责刑事块的李副院长，你写给审委会的信我们都收到了。"

我说："什么信？"

电话那头说："关于王常勇案子的信。"

我立马从床上坐起来，说了声："哦。"

电话那头说："我很赞赏你对于案件负责任的态度，这个案子我们会认真讨论的,你放心吧。案件的具体细节你也写在信里了,这些细节等承办人汇报时,我们会认真研究的。"

我忽然不知道说什么好,想了十多秒,我说:"李院长,王常勇的老婆生孩子了,他到现在还没看到自己的儿子。"

电话那头笑了,说:"洪律师,我们都是搞法律的,要从法律的内容出发。你放心吧,这个案子我们会好好讨论的,不然今天我也不会打这个电话给你。"

十四

我下了床,跑去推开隔壁顾律师的门,说:"起来起来,李副院长给我打电话了。"

顾律师睁开眼说:"哪个李副院长?别吵我,我再睡一会儿,昨晚我吐了一晚上。"然后又把眼睛闭上了。

这时我看到顾律师大床的另一边摆着他的洗脸盆,脸盆里有昨晚的烧烤、啤酒啥的黏稠物,一股酸臭味弥漫在房间里。

我说:"我代理的那个毒品案子,高院的李副院长给我打电话了,他说他们会认真讨论的。"

顾律师睁开眼,说:"真的?看来有戏啊。"

我说:"嗯嗯,如果这个案子能改,我请你去外滩吃西餐喝红酒。"

顾律师恨恨地看我,然后爬起来捂着嘴往卫生间跑。

十五

一年后，我和顾律师的房屋租约到期，我们换了个环境好一点的地方，开始搬家。

东西都差不多打包好了，顾律师从厨房出来，说："我在碗柜里找到这个土罐，里面装的是花椒。这个土罐不是我的，你还要不要？"

我接过来打开盖子闻了闻，说："这是当事人妻子送我的花椒，味道已经淡了，不想带走了，就放这里吧。"

顾律师说："是不是那个后来被核准死刑的毒品犯？"

我说："对。"

顾律师说："他后来见到他儿子了吗？"

我说："没，他老婆后来没再来滨海。"

（2019 年 3 月 14 日）

真相

> 我抬起头,看见他脸上浮出快乐的微笑,说:"我第一次和第三次犯病是真的。"

一

警察把梁文清提到会见室,让他坐进带有铁栏杆的座位里,给他戴上手铐后离开。我看了他30秒,无论是眼眸还是举止,没有任何疯狂的成分。

我说:"对一审判决无期的结果还满意吗?要不要上诉?"

梁文清笑了笑,说:"满意,不上诉了,这里待不住了,早点去监狱吧。"

我说:"那我的代理工作就到此结束了。"

他说:"谢谢您,洪律师。"

我说:"最后问你一个问题,你不愿意回答也可以。"

他笑笑说:"您说。"

我说:"你在看守所犯的精神病是真犯吗?"

他接着笑,说:"洪律师您说呢?"

我笑,说:"我不知道,所以才问你啊。"

他又笑。

我说:"虽然法官对你进行的再次鉴定排除了精神病的可

能性，但你过去几年的精神病史和这段时间在看守所的疯狂表现，应该对法官的量刑起到了重要的影响。说简单一点，你的病救了你，不论是真是假。"

他又笑。

我说："你本案之前的五次精神病史是真的吗？"

他若有所思的样子。

我想起卷宗里提及的他的一次犯罪记录和两次吸毒戒毒记录，突然觉得面前的这个人比我当初想象的还要聪明十倍。

梁文清说："洪律师，以后我们可能就见不到了。我看您做事情很认真，想和您再唠唠。"

我说："嗯。"

梁文清说："您觉得我之前和您说的全都是真话吗？"

我有点讶异地看着他。

梁文清说："您为我辩护，是根据我向您陈述的事实，以及从控方那里得到的证据。但是，如何保证我向您说的就是真的，如何保证公安向检察院和法官提供的材料和事实就都是真的呢？"

我沉思了一下，说："你说得对，这两者都有可能不全对或者有虚假成分。"

梁文清说："假设有个毒贩运输了5公斤冰毒，被缉毒警抓到后，缉毒警把其中的2公斤吞了，只移送控告他3公斤，您说这个毒贩会把这个事实告诉他的律师、检察官和法官吗？"

我说："警察拿毒品干什么？"

梁文清说:"缉毒警都有眼线,眼线大都是吸毒的,警察可以让眼线拿这些毒品去卖,然后大家分钱啊。卖的时候还可以顺带着再抓买毒品的。"

我说:"你好有想象力。"

梁文清笑笑,说:"警察拿走部分毒品,毒贩谁也不会说。有的毒贩毒品数量已经上了死刑线,巴不得警察拿走一些。毕竟这对毒贩来说是好事情,对警察来说也是好事情。"

我说:"你的意思是本案中你运输的毒品被警察私下劫走了一部分,否则早到死刑线了?"

梁文清笑笑,说:"我可没这么说。毒品也是有市场的,只是这个市场是一个地下的市场。但不管是地上还是地下,这个市场也受经济规律的支配。禁毒严厉时,毒品市场价格就上升;禁毒放松了,毒品市场价格就下降。毒品永远杜绝不了。"

我想起梁文清在宾馆被抓前从他房间里出去的那个女人,说:"蔡小娥真的只是来找你'溜冰'的?"

梁文清想了想,说:"是啊。"

梁文清说:"我算过,把她拉进来我也轻不了多少。当然这也靠她自己扛得住,不然有的女孩子被警察扇几巴掌就被迫认了。"

我说:"她会不会就是接货人?"

梁文清笑,说:"洪律师你就不要再猜了。你们律师从你们的角度去寻找真相,检察官和警察按照他们收集的证据来回溯真相，法官从控方提供的证据和律师的辩护意见中寻找真相，你们每个人都觉得自己制造出来的才是真相，但是真正的真相只有一个。"

我说："你说得对，真相只属于你自己。"

梁文清点点头，说："真相不需要复原的，也根本复原不了。"

我说："那你的毒品从哪里来的？真的是从一个姓张的毒贩那里拿的？"

梁文清说："广东有的地方几乎全村全乡都在制毒，那些警察真的啥都不知道吗？为啥毒品一直都有生产和销售？"

我说："你太有想象力了。"

梁文清说："我今天跟您说的都是真的。"

我说："你后悔吗？"

梁文清低下头，沉默了 15 秒，抬手擦眼角，说："后悔，但回不去了。我对不起我的父母、前妻和孩子。您出去跟我前妻说一声，说以后再不用他们担惊受怕了。"

另外，梁文清说："我告诉你两个电话号码，你看看还能打得通不。如果打得通，麻烦你转告蔡小娥，以后吸毒能戒就戒了。"

警察带着梁文清往外走时，梁文清回头喊："洪律师。"

我抬起头，看见他脸上浮出快乐的微笑，说："我第一次和第三次犯病是真的。"

二

会见室长廊很长，我从东端快走到西端出口时，旁边会见室突然爆发出一个男人歇斯底里的哭声。我忍不住踮起脚往里看,看到一个律师正在会见一个胖硕的当事人,当事人哭得眼泪一把鼻涕一把的。我轻轻推开门,问:"咋了?"

律师回过头,低声说:"昨天他爸爸过世了。"

三

从看守所回到办公室,小刘看到我说:"洪律师,去见梁文清了?"

我说:"对啊。"

小刘说:"他对判决结果满意吗?"

我说:"相当满意。"

小刘说:"对啊,我们为这个案子花了这么多精力,他哪能不满意。"

我笑笑,说:"他的确非常满意。"

四

按照梁文清给我的两个电话号码打过去,对方的回声都是"您拨打的电话已停机。"

五

梁文清案结束后,紧接着就是春节。

春节回老家,约电杆和石剑出来喝酒,聊起梁文清这个案子。两个人就笑,说:"这个弟兄厉害呢嘛。"

石剑说:"你说的这个案子,让我想起二十年前刀才满那个案子,当时那个刀才满在法庭上大呼小叫,满地打滚不停喊冤,但最后还是被高院核准干掉了。"

我说:"这个案子我印象也特别深。"

电杆说:"那时你来了?"

我说:"我来了,而且当时是跟着老黄在刑场上担任记录。"

六

随着一声枪响,故意杀人犯刀才满扑倒在尘埃里。射手干净利索地把枪口抬起来,用枪带把枪背到肩上,转身小跑着离开了。

虽然倒下了,但刀才满还在大口地呼着气,身体一直在扭动着,最后居然把脸转向了在刑场验明正身的老黄和我。

刀才满一边脸贴着红色的泥地,眼神凶巴巴咬着牙屏住气说:"黄法官,你这个狗法官,老子是冤死的,你给老子记住,老子没有杀那个民工,凶手根本不是我,老子以后到了阴间,也天天来你家里吃饭。"

老黄那黑里透黄的脸有些发白,他尴尬地朝我笑笑,往前走了一步,说:"来嘛来嘛,我如果办了冤案你天天来吃饭。"

刀才满说完这几句,出的气越来越少却没有进气,眼神渐渐地散了。

旁边的郭法医上前用戴着手套的手去探探他的鼻孔,捏了捏手腕,翻翻眼皮,说:"不用补了。"

七

电杆就笑,说:"我们那时也是听说老黄在刑场上被这个刀才满吓死了,后来老黄出去做律师,大概是想赎罪的意思啦,其实这个跟他有毬关系嘛。刀才满那个案子,单从卷宗上看根本就没啥问题,尸检材料、现场勘验笔录、模拟试验、指认笔录、证人证言、杀人凶器,甚至包括刀才满他自己做的十几份预审供述,所有的证据一点问题都没有,单凭他在法庭上翻供,我们咋个能判他无罪?如果案件证据不扎实的话,还能留他一条命,但这个案子的证据都很扎实啊。"

我说:"如果是警察屈打成招呢?"

电杆说:"这个可能性不是没有,那样的话,刀才满案件所有的证据都是做出来的。"

我说:"是啊,那时候警察审讯被告人也没有监控录像。"

电杆拿起酒杯和我们碰了一下,仰起脖子把酒一干而尽,然后用手擦了一下嘴角的酒沫,抽出三支烟递给我一支,递给石剑一支。石剑说:"不要,我要吸水烟。"电杆收回一支夹在耳朵上,先帮我点上了,再点上自己的,说:"你说的不是没道理,但你这样子就假设警察都是坏的了,那法院的案子还咋个审,到底是审被告人还是审警察?"

石剑歪着头咕嘟咕嘟吞了一阵水烟,抬起头来说:"电杆你也是老刑庭了,你忘了原来普源县刑警队长杨正光的事情了?人家不单是做假案,为了吞金还杀盗窃案报案的失主,甚至连不愿入伙的警察同事都被他们干掉了不是？洪流说得对，没有监督的情况下，很容易产生冤案。"

电杆冷笑一下，说："你们说的不是没有道理，但刀才满这个案子已经二十年了，老黄都死毬掉了，当初刀才满家属穷得连收尸都不来收，更不要说来申诉了，谁替他喊冤？二十年了也没有人跳出来说那个民工是我杀的，你们法院杀错人了。这样的案子咋翻？"

我和石剑都沉默了。

电杆又举起杯子来和我们碰，然后一口干掉了，看着我的酒杯说："你咋不干掉？真成滨海人了嘎？"

我笑，说："不是呢，我在想你说得很对，这样的案子根本没法翻，除非有真凶跳出来赎罪。"

电杆说："莫扯了，先喝酒。"

我把杯子里的酒一饮而尽，石剑过来又满上了。

石剑说："真凶跳出来又咋个？那个时候又没有保留DNA，就算人真是他杀的，又凭啥新证据能推翻之前的判决？就靠真凶一张嘴？"

有将近一分钟，三个人都没说话。

八

春节后回到滨海不久，梁文清的前妻李艳琼来了一次事务所。

一年多前来签委托协议时，李艳琼讲起她前夫的吸毒史和精神病史，以及给这个家庭带来的灾难，说着说着就流泪。我问她对案件结果有没有啥要求，她叹口气，说："没啥要求，我们这个家庭已经被他拖累得够惨了，我只是看在孩子的面子上帮他爸爸找个律师。"

虽说没啥要求，但李艳琼隔三岔五就会打个电话给我，问梁文清会不会被判死刑，我说按照我的经验和相关法律规定，死刑的概率有，但死缓和无期的概率更大；又问如果按照他的精神状态，他会不会被放出来？放出来是不是需要她去做担保人？会不会来骚扰她和孩子以及他们的新家庭？我说："你们已经没有法律关系了，不需要你做担保人，要担保人也可以找他现在的亲人。"李艳琼说："他离婚后没再结婚，就这么一直漂荡着，估计担保人都没有。"

每次收到看守所寄出来的接济单，李艳琼就跑到看守所去送东西、送钱。

进会议室坐下，我把最后一次和梁文清见面的情况大致和她说了一下，她说："谢谢你了洪律师，没想到这个案子居然拖了一年多。"

我说："没事，这是正常节奏。"

李艳琼问："无期徒刑如何减刑，梁文清大概啥时能出来？"我说："少说也得十几年吧，如果可以假释的话。"她叹口气，说："这样也好，在里面就不用吸毒了，我们也不用老去派出所和精神病院领人。"

我说："我看案卷材料，梁文清以前的履历蛮好的，是一家咨询公司的副总,收入不低,文化程度也是硕士,为啥后来会吸毒?"

李艳琼低下头想了想,说:"不瞒您说洪律师,他是因为认识了一个女人,就是这个女人带着他吸毒,然后把他一生都毁了,也把我们原来的家庭毁了。"

我说:"哦。"

李艳琼说:"这种事情讲出来我也是不好意思,但想想已经到今天这一步了,讲一讲也无妨。"

我说:"那个女的叫啥名字?"

李艳琼说:"很多年前为了这个女的,我和梁文清不知道吵过多少次。后来我们离婚了,我还以为他会和那个女的结婚,但没想到他一直都单着。至于后来他和那个女的有没有继续好我就不知道了。那个女的姓蔡。"

我想起梁文清要我给蔡小娥打电话的事,没接话。

李艳琼说:"我见过那个女的,我们女人的直觉最准了。我觉得梁文清自从跟了那个女的,基本上就被那个女的玩得团团转。"

我想起梁文清说的真相在他那里那句话,不由叹口气。

九

微信里我告诉电杆,想看看二十年前刀才满的那份判决书,不知道方便不?

电杆说:"我想想办法,但你自己看看就可以了。"

过了一周，电杆把判决书用微信发过来了。我看了一下判决书，一共就五页纸，实在是看不出什么来。

电杆在微信里问我："你当时可是合议庭成员？"

我回复说："不是，这个案子里我记得我是书记员。"

电杆说："那为啥判决书署名处老黄是审判长，下面紧跟着的就是你的名字？莫非这个案子当初还是你承办的？按照当时的署名惯例，老黄的名字肯定是放在审判长那里，承办人的名字一般紧跟在审判长后面。从这份判决看，要么老黄是承办人，要么你是承办人。再退一步，至少你参与了合议庭。"

我听了不由得一股寒气从后背冒出来，重新翻到了电杆发给我的判决书最后一页，发现我的名字的确是紧跟在老黄后面。

我说："要么你再帮我翻翻合议庭笔录？这样就比较清楚了。"

电杆那边许久没回复，过了五分钟，回复说："算了，卷宗已经还给档案室了，懒得再去翻了。"

"你咋个自从当了律师之后就贼逼精精呢。"

电杆在微信里说。

（2019 年 11 月 12 日）

四个报警电话

开庭前一周，我把案子的四本卷宗翻来翻去地看了两天，被害人的尸检报告和尸检照片也被我看了好久，秦某某那干涩迷离的死人眼神在我脑海里晃来晃去。

一

张爱菊住在东站大酒店附近的小区，年过六十的她保持着每天早起走路健身的习惯，也喜欢跳广场舞。这天她像往常一样，不到6点就起来穿戴整齐，沿着熟悉的道路走过去。

在东站大酒店门口，张爱菊看到了一个躺在地上的男人，地上湿漉漉的。张爱菊想这人是不是喝多了。借着还未熄灭的路灯，张爱菊看到男人身下湿漉漉的是一大摊血，血顺着地势流进了旁边的下水道沟口，空气里有一股咸腥味。

张爱菊喊了两下，男人没有任何反应。张爱菊有点怕了，赶忙拿出手机拨打了110。

二

粗略地翻了翻小刘拿回来的起诉书和复印材料，我让小刘去做一下阅卷笔录。

小刘说:"洪律师,这个案子你觉得有意思吗?"

我说:"没意思。"

小刘说:"那你为啥接?"

我说:"一个好律师应该是不挑客户和案子的律师。"

小刘撇嘴,说:"您这话放在刚开始找案子的小律师身上还差不多,您现在不说不缺案源吧,但也可以吃个九十分饱,您说这样的话是不是有点装。"

我说:"好徒弟你说得对,为师有时候也需要装一装,不然整天流露出淳朴和自然的天性也很累。会装的律师不一定是好律师,但好律师一定要会装。"

小刘天真善良的双眼假装一闪一闪地看着我,说:"不懂。"

三

根据起诉书,2008年9月19日凌晨,被告人黄道乾伙同王向南、刘明哲、李开(均已判刑)经共同商议,决定实施抢劫。之后四人搭乘车辆至东站大酒店附近,由王向南以购买毒品为由,进入该酒店504房间与被害人秦某某见面。当秦某某携款外出时,王向南即以短信通知守候在酒店外的李开。在李开指认下,黄道乾和刘明哲对被害人秦某某实施抢劫,因秦某某竭力反抗,刘明哲即用随身携带的刀具朝秦某某大腿刺戳一刀,造成秦某某右股动、静脉离断致失血性休克死亡。

过了几天,王向南、刘明哲、李开被抓获归案,法院以抢劫罪分别判处三人无期徒刑、无期徒刑、有期徒刑 13 年。黄道乾在外面逃亡 4 年后，向公安机关自首。

黄道乾的亲属经朋友介绍，委托了我们作为他的辩护人。

四

黄道乾年纪不大，瘦瘦高高，案发时才 19 岁，一口地道的东北口音。

我把起诉书给他读了，说："你对起诉书啥意见？"

黄道乾说："我没想到刘明哲会动刀啊，哥。我根本就没有跟他形成共谋，当时也没动手。"

我看看他，说："你表哥不是做警察的吗？"

黄道乾愣了一下，说："是啊，咋地啦？"

我说："你表哥劝你来自首前，没教过你该咋说话啊？"

黄道乾想了想没说话。

我说："你们的事情是四个人干的，你不说别人会说。其他三个人 4 年前就已经被判刑，判决书早生效了，基本事实都已经固定下来，你还想咋地？想装无辜？去推翻 4 年前的判决？"

黄道乾说："哥你看过材料啦？"

我说："我看啦。我是你律师，跟你一伙儿的，你别浪费我时间。你不看看起诉书咋说你的，说你不承认参与犯罪，那你这投案不是白投了吗？"

黄道乾咽了咽口水，说："行啊哥，那我都认吧。"

我说:"你必须得认。你再简单地跟我说说吧咋回事。"

黄道乾说:"当时是王向南提出要抢的,因为我们没钱了。想来想去,我们就决定抢卖零包的。因为我们想我们抢了他们,他们也不敢报案。"

我说:"你吸毒吗?"

黄道乾说:"我不吸,李开吸,他认识几个卖零包的。"

我说:"既然抢钱为啥又杀人了?而且死者身上的钱你们也没拿走?"

黄道乾说:"那天我们本来想抢一个苏州人,这个苏州人胆子比较小,平时李开一般都跟他买。但那天我们没等到苏州人,而是秦某某在卖零包。秦某某平时比较凶的,李开就发信息和王向南商量。王向南说管他凶不凶,抢了再说。所以我们就抢了秦某某。"

小刘摇摇头说:"替死鬼啊。"然后继续做笔录。

我说:"那具体咋计划呢?"

黄道乾说:"我们让王向南装成买零包的,由李开带上去东站大酒店他们卖零包的房间,然后李开先走,因为李开认识卖零包的,不能暴露自己。李开出酒店后就在暗处等着。然后王向南就说要买大数量的零包,他们卖零包的就会出酒店去拿货。等卖零包的下来后,李开就会指给我和刘明哲,我和刘明哲就上去抢。如果抢不到钱就抢零包。"

我说:"那天你们自己开车去的?"

黄道乾说:"我们包了一辆黑车。"

我说:"你们的计划其实挺完美的,从计划抢卖零包的,到叫车也叫了一辆黑车,黑车司机即便知晓了你们的行为,一般也不会主动报案。再到作案的时间选择在凌晨,都是为了不让抢劫行为暴露,是吧?"

黄道乾表情有点尴尬,说:"哥你这么说吧也可以。"

我说:"你接着说。"

黄道乾说:"后来秦某某从酒店下来时,等在一边的李开就告诉我们,我和刘明哲就上去,用刀逼着把他往我们事先约好等着的一辆黑车上拽。这个秦某某很倔,不肯上车,还大喊大叫。刘明哲比较恼火,就拿匕首往他大腿上戳了一下。没想到他一下子就瘫倒了。我们当时有点慌,没有拿他身上的钱就上车跑了。"

我说:"当时街上已经没人了吗?"

黄道乾说:"我记得那时已经快4点了,街上好像没人了。后来我和刘明哲逼着黑车司机把我们拉到了一个洗浴中心。过了会儿王向南和李开也来了。我们为了动刀的事还吵起来,我也很生气,说不是说好只是吓唬吓唬吗,咋动刀了?后来我还打电话报警。"

我说:"你打电话报警干嘛?"

黄道乾说:"我们当时不知道秦某某到底被伤到啥程度了,所以报警叫警察去看看。"

我说:"有一点你没跟我说,那天你不是也带刀了吗?"

黄道乾有点尴尬,说:"那天我是带了把砍刀,用报纸包着放黑车上,但没来得及拿出来用。当时我们等在黑车里,李开说那人下来了、下来了,赶紧、赶紧,我们就赶紧从车里下来迎上去。我当时在和女朋友发短信,比较仓促,本来带的那把刀临时也忘了从车上拿下来。"

我说:"你是忘了拿下来,还是害怕了所以没拿?"

黄道乾说:"都有点吧。"

我说:"你这个猪队友啊,如果当时用你的砍刀吓人甚至砍一两刀是不是就不会出人命了?"

黄道乾说:"哥也懂刀啊?"

我说:"我不懂刀,我懂刀法。"

黄道乾说:"不瞒哥说,本来我们事先计划好用砍刀吓人的,匕首只是最后防身用的,没想到刘明哲脾气比较爆,看秦某某不从就急了,就往他腿上戳了一下。"

我说:"是啊,你们的计划再完美,也没想到有那么多变数。一是被害人不是当初那个,二是你这个猪队友没敢拿出砍刀,三是刘明哲这个猪队友居然就用匕首去戳人了,四是居然戳大腿的这一刀就把人戳没了。抢劫有风险,戳人需谨慎啊。"

黄道乾尴尬地笑,说:"王向南还骂我们无组织无纪律。"

我说:"王向南肯定看过《天下无贼》。"

小刘说:"啥?"黄道乾也露出奇怪的表情。

五

出了看守所,我说:"小刘啊,阅卷笔录你做完了,有没有形成自己的想法?"

小刘说:"有。"

我说:"你说。"

小刘说:"我们可以辩自首、可以辩黄道乾犯罪时才19岁,可以让他家里给被害人一点经济补偿,可以辩他是从犯。"

我说:"你看过王向南他们三人的判决书了吗?"

小刘说:"看过了。"

我说:"你看当时他们的律师都辩了什么?"

小刘有点不好意思地说:"嗯,有两个辩护人都以从犯作为辩护理由,同时也提出了自己当事人不同于刘明哲行为的主观故意,对刘明哲戳死人的行为不该承担责任。但是法院根本没有采纳。"

我说:"这个案子的确难辩,有些理论上可以辩的东西,到了诉讼现实中就成了无源之水。比如个人的主观犯意问题,这些被告人为了逃避各自的责任,在关于主观犯意的供述上,大家往往都在躲躲藏藏,这样就会形成各自供述上一定程度的不一致。遇到这种情况,你让法官怎么认定彼此的责任?"

小刘想了想,说:"按照客观证据呗。"

我说:"那就是刘明哲承担全部责任,其他人对于杀死秦某某的后果不用承担责任了?"

小刘说:"这样也不对。"

我说:"好的律师不单是理论功底高深,关键还是要具备丰富的实战经验。你要知道当事人心里怎么想,法庭上的公诉人怎么想,法官怎么想。"

小刘说:"我咋知道他们怎么想。"

我说:"这就是我的律师费报价比你高的原因。"

小刘说:"好吧师父,先同意你一次。"

我说:"你有没有注意另一个问题?"

小刘说:"啥?"

我说:"王向南三个人的辩护人全是指定辩护人。"

小刘说:"您的意思是他们不尽力?"

我笑笑,说:"我不是指责他们的意思,指定辩护他们很难尽力。"

小刘说:"那我在法庭上还讲不讲我刚才的那些理由?"

我说:"当然要讲。"

六

开庭前一周,我把案子的四本卷宗翻来翻去地看了两天,被害人的尸检报告和尸检照片也被我看了好久,秦某某那干涩迷离的死人眼神在我脑海里晃来晃去,让我想起菜市场上摆在鱼铺子里的死鱼。

最后我盯上了警察的一份《工作情况报告》和《现场勘验笔录》。

在开庭前两天,我叫上小刘又去见了黄道乾一次。

我说:"黄道乾,我记得上次我会见你,你说过那天你们在洗浴中心碰头后,你打过一次报警电话?"

黄道乾说:"是。"

我说:"你用什么电话打的?"

黄道乾说:"我们在洗浴中心碰头后,叫了辆出租车回我们的住处,在路上我借了司机的手机打过报警电话。"

小刘说:"你手机没电了吗?"

我和黄道乾都看看她,小刘"哦"了一声。

我说:"当时你电话里说什么?"

黄道乾说:"当时我说,东站大酒店门口有人受伤。"

我说:"大概几点打的?"

黄道乾想了想,说:"应该是戳了那刀后有一个多小时了。"

我说:"当天除了你之外,你们其他人还打过报警电话吗?"

黄道乾想了想,说:"好像没有吧,不太确定。"

我说:"好的。"

黄道乾疑惑地问:"洪律师,你问这个有啥用?"

我说:"根据刑侦队的《工作情况报告》,当天110先后接到了四个报警电话,都是关于东站大酒店门口有人躺在地上的情况。你说的应该是实话,因为你打报警电话的情况你们当时的出租车司机有证实,他确认那天四个乘车人中有一个人借他的手机报过警。"

黄道乾说:"这有啥用呢?"

我说:"当然有用。"

小刘说:"除了这几天你跟我们说的,你还有什么检举立功的事情吗？"

黄道乾想了想，说："应该没了。"

小刘说："你们之前有抢过其他人吗？"

黄道乾想了想，小心翼翼地问："如果我检举的事情有我自己参与的可以说吗？"

我说："你自己评估一下呗，这些天我相信你在里面应该也学了一些法律。"

黄道乾说："我明白了。"

小刘还想问，我说："今天就到这里吧。"

七

回所路上，小刘说："洪律师，刑侦队的这个情况报告我看过，您对于这份报告有啥想法？"

我说："你注意这份报告上前后四个报警电话的时间了吗？"

小刘说："我注意到了啊，第一个是9月19日凌晨4时56分，有路人报警说有人躺在东站大酒店门口，可能是喝醉了；第二个是4时59分，有一东北口音的人用公用电话报警，说有人躺在路上不知死活；第三个是5时10分，出租车司机的电话报警，经警察核实，司机说是那天早晨5点左右四个搭车男子中的一个借他手机报的警；第四个是东站大酒店附近的一个住户张爱菊报的警，时间是5时48分，说有人受伤躺在路上。"

我说："你有没有注意看刑侦队的现场勘验笔录？"

小刘说:"看了,没看出啥来。"

我说:"警察的现场勘验笔录上记载,他们是5点50接到报警电话,警察在6点过5分赶到现场,确认秦某某已经死亡后,在6点50分开始进行现场勘验的。"

小刘说:"对啊。"

我说:"刘明哲那一刀是啥时戳的?"

小刘说:"大概凌晨4点左右吧。"

我说:"警察是接到第四个报警电话才出警,对吧?"

小刘说:"嗯,那又如何?"

我说:"第一个报警电话和第四个报警电话相差了将近一个小时,如果警察接到第一个报警电话就早点赶到现场并实施救护,秦某某会死吗?"

小刘愣住了。

我说:"小刘同学,学着点。"

小刘说:"为啥第一个报警电话警察不出警呢?"

我说:"根据警察的这份工作报告,第一个电话报警报的是有人躺在路上,可能喝醉了。这有两种可能,一是报警人的确以为秦某某是醉鬼,打电话给警察,警察听了就不想出警;二是警察要推卸不及时出警的责任,就说当时的电话是讲可能喝醉了。然后第二个和第三个电话都被麻木地搪塞过去了,直到第四个电话警察才出警。"

小刘说:"那警察在这个案件里有过失?"

我说:"我觉得有。"

小刘点点头，说："那刚才我问有没有检举揭发的事，你为啥不让我问下去？"

我说："你笨啊，你是不是辩护人？"

八

法庭上的法官依然还是4年前判决王向南等三人的那几个法官，只是对面的检察官换了人。

庭审过程很快。这个案件4年前已经审理过，法官对于案情都很熟悉，所以除了审判长还摆出一副正襟危坐的样子，另外两个法官在法庭上磨皮擦痒的就等着早点结束。

公诉人宣读完起诉书后，问黄道乾是否认罪，黄道乾说认罪。

公诉人问："你是否参与了抢劫行为并且对抢劫有事先的故意？"

黄道乾说："我承认我们当初有商量，而且在秦某某下来后我也上去拉他了。"

公诉人松了口气，开始宣读证据材料——被告人供述、证人证言、尸检报告等，我就三个字：没意见。

公诉人花了一个小时读完相关证据后，审判长问我有没有证据需要出示。我说："我想向法庭重点提及一份公诉人刚才没有宣读的《工作情况报告》。"

审判长"哦"了一声，说："你出示吧。"

我把《工作情况报告》简要说了一下，说："我提请法庭注意一下,案发当天警方先后接到了四个报警电话,而警察是在第四个报警电话后才出警的。"

审判长问公诉人:"对辩护人提出的这份证据有意见吗?"

公诉人脸上有不安的表情,说:"对于证据的客观性没有意见,但我不知道辩护人想说啥。"

另外两个法官也抬起了一直低着的头。

我说:"我想说的是,根据尸检报告,秦某某是失血性休克死亡。根据这份《工作情况报告》和公诉人宣读的《现场勘验笔录》,第一个报警电话和第四个报警电话之间相差了一个小时。如果警察接到第一个报警电话就及时出警,秦某某能被及时地送到医院,秦某某当时就不会死亡。"

审判长"哦"了一声,低头去翻手上的资料。

我说:"这份《工作情况报告》在控方卷宗第二卷第 342 页。"

公诉人尴尬地低下头,去翻手里的资料。

我说:"我再冒昧地进一步,因为警察未及时出警,所以要对被害人的死亡承担一定责任。只是这个责任如何承担,请法庭考虑。"

九

庭审结束后,小刘问:"洪律师,你既然认为这个案件警察要承担责任,为啥在这个问题上不穷追猛打呢?"

我说:"你知道人的大腿股动脉和静脉被切断后能存活几分钟?"

小刘说:"不知道。"

我说:"5 到 10 分钟。"

小刘说:"你咋知道的?"

我说:"我问过做医生的朋友。"

小刘说:"哦。"

我说:"秦某某被戳的时间是啥时候?"

小刘想了想,说:"大概凌晨 4 点。"

我说:"第一个报警电话的时间是啥时候?"

小刘说:"4 点 56 分。"

我说:"有句老话叫啥来着?"

小刘说:"人算不如天算?"

我说:"嗯嗯,有长进。"

我说:"其实案子里还有个细节,不知前面三个被告人的律师有没有注意到。"

小刘说:"啥?"

我说:"《工作情况报告》上说第二个报警电话是一个东北口音的人在公用电话亭打的,对不?"

小刘说:"然后呢?"

我说:"四个被告人都是东北人,对不?"

十

过了一个月,判决下来了,黄道乾被判了 10 年有期徒刑。

我和小刘去看守所见他,问他要不要上诉。黄道乾很开心,说:"谢谢洪律师和刘律师,不上诉了,10年很好了。"

我说:"不用谢,主要还是你自首了。以后出来不要干抢劫了哈。"

黄道乾说:"明白洪律师,以后做点容易的。"

我说:"你看过电影《疯狂的石头》吗?"

黄道乾说:"看过。"

我说:"不要以为抢劫很容易,抢劫也是技术活。冯导是个骗子。"

黄道乾说:"是是。"

(2019年2月22日)

捷发超市杀人事件

> 刘琛看了看收银员，又看了看收银台，看到了还没来得及收起来的那把菜刀。

一

停车等红绿灯时，马律师刷朋友圈看到了一条新闻：南城捷发超市发生命案，收银员死亡，暴徒被民警当场击毙。

新闻上还有鲜血淋漓的几张图片。

马律师摇了摇头，说了一句"戾气重"，换了个群看到大家在抢红包，就赶忙点进去，红包已经没了。马律师笑笑，在群里跟了一句："你们这些快枪手"。

二

老刘和宋辰波赶到现场时，暴徒正在捷发超市门口歇斯底里地大喊大叫，手上挥舞着带血的菜刀，地上躺着浑身是血的收银员。老刘赶忙掏出配枪，打开保险指向暴徒，大声地喊："我是警察，你把菜刀放下。"

暴徒看到了老刘和宋辰波，脸上露出了奇怪的笑容，说："操你妈你过来啊，老子不砍你。"然后挥舞着菜刀朝老刘冲过来。

老刘举起手枪"啪"地朝天开了一枪，大声地说："你给我站住，把刀扔了。"

暴徒依然向老刘冲过来，老刘边退边朝暴徒开了第二枪，但暴徒似乎毫无知觉，呀呀地叫着往前冲。宋辰波在旁边挥舞着长杆叉子试图截住暴徒，暴徒被宋辰波的叉子顶到了腰上，就转了方向朝宋辰波冲过去。混乱中，宋辰波的叉子被暴徒一把就夺过去扔在地上，宋辰波只好绕着街边的栅栏跑，暴徒在后面追。老刘又追在暴徒后面，瞅准了机会连开了两枪。后一枪打中了暴徒的后心，暴徒停下了追宋辰波的脚步，回头看了看老刘，似乎有点犹疑不决，然后就倒下了。

事后老刘跟赶来支援的同事抱怨说："平时都不干正经事儿，就干些维稳安保鸡毛蒜皮的事儿，隔着三五米都打不到人，想打脚的都打到胸上了。"

被打死的暴徒叫刘琛。

三

在被高诚房地产公司辞退前，刘琛帮老父亲交了第二笔住院费，已经欠了一屁股的债。

公司在城西城郊结合部开发的善上湖郡楼盘卖得不太好，去年底已经辞退了一批员工，留下的员工也是发着半薪，过着得过且过的日子。刘琛本想找个别的工作，去应聘了几次都没成功。这次他没想到作为人事副总，在经手辞退了好多员工后，他也会被公司炒掉。

刘琛办完了交接手续,到公司楼下旁边星巴克喝了杯咖啡,想了半天,接通了陈总的电话。

陈总说:"刘琛啊,啥事儿?"

刘琛说话有点结结巴巴,完全丧失了之前作为人事副总的灵气。刘琛说:"陈总啊,我被公司开了这事儿您清楚吧?"

电话那头陈总叹了口气,说:"刘琛啊,这两天我在外面出差,老李他们办这事儿也没跟我商量,等我知道时他们把手续都办完了。我生气啊,我说刘琛是将近十年的老员工了,你们怎么会这么狠心。老李说没办法,公司已经好久揭不开锅了。这两天楼市有点回暖,刚指望可以喘口气,结果南城法院又突然来查封了我们的账号,工资都发不出,剩下那些保命的房子也同时被封了5套,本来有兴趣的几个客户也跑了。你说南城法院那帮人,平时不是贾律师都搞定的吗,现在正是青黄不接,突然来封我们的房子,这不是落井下石是什么。公司这两天没办法,您待着也没钱,要不您先回家忍一忍,找个别的事做一做,等过一阵子公司缓过气来,我再和李总提一提,让你再回公司哈?"

刘琛挂了电话。

四

因为未及时给付前妻孩子抚养费,刘琛在电话里和前妻大吵了一架。

刘琛靠在床头上玩了一会儿手机,发微信给何琼华问她啥时回来,何琼华那边很久都没有回音。

刘琛又玩了会儿游戏,又发微信问何琼华啥时回来,依然没有回音。刘琛无聊地刷着朋友圈,发现10分钟前何琼华在他们的一个朋友发的信息下点了个赞。

刘琛在微信里骂:何琼华你这个婊子。

过了一会儿,何琼华在微信里回了他一句:我是婊子你为啥找我。

刘琛站起来去卫生间洗脸,在镜子前看着自己灰黄的脸庞,"啪"的一巴掌扇在自己脸上。

五

刘琛在水果店里买了水果,到医院去看父亲。

之前请好的护工已经回家了,瘦骨嶙峋的老父亲看到刘琛来了,说:"今天咋来这么早?"

刘琛说:"公司今天没啥事。"

老父亲使出了很大力气,说:"琛儿啊,我知道你们公司现在日子不好过。你要不去多找找,看看其他公司有没有别的工作机会,钱少点就少点,别老端着放不下。我这病也别住院了,浪费钱。"

刘琛说:"没事,现在楼市已经回暖了,我们的日子会好起来的。我这两天请了长假,白天我过来陪您,让张阿姨这两天就别来了。"

老父亲看看他叹口气,说:"我们当了一辈子工人,到现在老了病了,连住院费都得你来掏,我实在过意不去啊。"

刘琛说:"爸您别这样说,这不是您的错。"

刘琛看父亲闭上了眼,出气也匀称了,出来到走廊给大伯打电话,问大伯明天能否有空来看看他弟弟。

六

刘琛在烧烤店里喝了一个小二,进超市里挑了菜刀、菜盆、菜碗、垃圾袋等物,来到收银台结算。

大概是因为超市打折,排队的人不少。轮到刘琛时,胖大的收银员啪啪算了一阵,说一共201元。

刘琛拿出手机说:"扫支付宝吧。"

收银员扫了一下,说:"您余额不足。"

刘琛说:"那扫微信。"

收银员又扫了一下,说:"没钱了。"

刘琛摸摸裤兜,发现没带现金和钱包,想起公司答应给他的补偿金要等十天后才能到账。刘琛说:"那算了,这些东西我今天先不买了。"

收银员见惯不惊地看看他,说:"全都不要了?"

刘琛说:"不要了。"

收银员摇摇头,轻蔑地瞅了刘琛一眼。

刘琛走出了两步,又折回来问:"收银员,你刚才瞅啥?"

收银员看看比自己矮半个头的刘琛,笑了,说:"哥我刚才瞅你了?瞅你咋地?"

刘琛看了看收银员，又看了看收银台，看到了还没来得及收起来的那把菜刀。

七

贾律师正在陪人玩麻将，电话响了。

贾律师接通了电话，说："哟，是李哥啊，好久不见，有啥吩咐？"

电话里是高诚房地产公司的李总。李总说："贾律师啊，有个事儿你帮我问问。今天下面的人说，我们公司的账号和5套房被南城法院的法官封了，这咋回事儿啊？这南城法院不是你的地盘儿吗？咋会出这种事儿啊？"

贾律师困惑地说："不会啊李哥，你们公司在南城法院的官司都已经输了十好几个了，他们啥时去真封过你们有钱的账号啊，更不要说是封房子了。他们都知道你们经济困难啊。不可能，会不会是别的法院来封的？"

李总说："就是南城法院，我们的人看到裁定书了。你帮我问问到底咋回事儿。这不是要人命嘛，还要不要我们公司活了。"

贾律师掐了香烟，说："您等我信儿，这肯定是误会。"

八

郑庭长刚从副院长办公室出来，就看到了贾律师打来的电话。

郑庭长进了自己的办公室，关了门，拾起电话说："贾律师，啥事儿？"

电话里贾律师说："郑哥啊，最近身体还好？上次给您那虫草还在吃吗？"

郑庭长说："虫草效果挺好的，感觉最近精力都好多了。"

贾律师说："好就行，下次我再找找那曲的仁青兄弟拿一点。"

郑庭长说："不用不用。"

贾律师说："郑哥啥时有空出来聚聚？"

郑庭长笑笑，说："能不聚就不聚吧，现在管得紧。"

贾律师笑笑，说："再紧也得吃饭啊是吧？郑哥啊，另外问个事儿，你们这两天是不是封了高诚公司的账和房子？"

郑庭长说："对了，正要和你说这事儿你电话就来了。你回头跟李总他们说一下，这事儿我们现在也没办法。两年前老孟承办的东海安立建筑公司告高诚公司的两个案子，老孟拖了两年都没把判决书给原告，把原告惹毛了，那个外地律师不依不饶，直接把投诉信写到院长、副院长那边了。"

贾律师"哦"了一声。

郑庭长说："细节不和你说了，反正你就告诉李总，院里正在搞创先活动，这事儿院长、副院长都找过我们了，一定要给原告一个交代。"

贾律师说："好的好的，郑哥有难处了告诉我们兄弟一声。"

郑庭长说："我马上开庭了，先这样吧。"

九

郑庭长开完了庭,给东海安立建筑公司的马律师打了个电话,告诉他南城法院已经查封了被告高诚房地产公司名下的5套房子。

"是首封,足够覆盖你们两个案子的标的和诉讼费了。这下你们放心了吧。"郑庭长说。

马律师在电话那头开心地笑了,说"谢谢郑庭长。"

十

郑庭长忙到晚上8点多,审完了两份判决书,才关灯下班回家。

老婆在客厅玩着手机,上高中的儿子在自己房里做作业。看到郑庭长进门,老婆说:"没见过你这样当小领导的,工资没几个,还这么辛苦干活,早上7点多就出门,晚上9点才到家。"

郑庭长赔着笑脸,说:"没办法啊,院里人手紧,我们庭里的小许也辞职了。"

老婆说:"哪个小许?就是那个从华夏政法毕业的小伙子?"

郑庭长说:"是啊,现在法院都留不住人。"

老婆说:"你们不是司法改革吗?怎么改来改去人全改跑了?"

郑庭长说:"这我咋知道啊。"

老婆说:"你为啥不跑啊?"

郑庭长说:"我这把年纪往哪儿跑?"

老婆说:"你怕是舍不得这个位置上的油水吧。"

郑庭长笑了,说:"有啥油水?吃一两顿饭拿几张卡?儿子一年的学费就要花掉我几个月工资。现在责任这么重,工资也没高多少,我还真不想干了。"

老婆说:"那你出去啊,向小许学习。"

郑庭长笑笑,不再搭理老婆,进了卫生间,坐到马桶上,拿起手机翻图片。看到一个月前马律师发给院长、副院长的投诉信,心头不由又一紧。

老婆在外面大声地叫:"别忘了明天是孩子数学特训班交费的最后一天了啊。"

十一

东海安立建筑公司诉高诚房地产公司工程款的两份判决书,是公司法务小胡在一个法律裁判文书网站上找到的。

马律师那天晚上正在一家私房菜馆和法院的几个同学吃饭,接到小胡的电话时一下子没反应过来。

马律师说:"这个案子不是还没判决吗?你咋会在裁判文书网上找到判决书?"

小胡说:"马律师,千真万确,所有的诉请标的、起诉事实都是我们的两个案子,连法院的案号都有。"

马律师说:"那判谁赢了?"

小胡说:"判我们赢了。但法院既然判我们赢了,为啥这么长时间不给我们发判决书?"

马律师说:"判决是啥时间下的?"

小胡说:"判决书上落款的时间是一年前。"

马律师晃晃自己被酒精烧热的脑袋,说:"我现在外面吃饭,你先发过来,等我晚上有空看看。"

小胡说:"好。"

十二

第二天清早起来,马律师看看手机上的时间已经9点多了,翻了翻通讯记录,想起了东海安立建筑公司的那两个案子。

进了事务所,马律师打开电脑,看了看小胡发过来的邮件,感觉在法律裁判文书网上找到的这两份南城法院的判决应该不是假的。马律师泡了一壶茶,慢慢捋了捋思路,想起之前自己多次催促承办孟法官早日下判决,孟法官要么不接电话,要么就说自己在出差,要么就说马上就下判决了。马律师想明白之后,开始愤怒起来。

马律师给孟法官挂了个电话,并打开了录音机。

孟法官没接电话。

打到下午,孟法官的电话通了。

马律师说:"是孟法官吗?"

对方说:"我是,哪位?"

马律师说:"孟法官好,我是之前代理东海安立建筑公司诉高诚房地产公司的马律师。这个案子目前啥情况了?"

孟法官说:"你们双方不是在协商调解吗?我等你们协商不成了再判决吧。"

马律师说:"我们啥时候要协商调解了?我们老早不就请您早日下判决吗?"

孟法官说:"我是上个月听被告说你们在协商。"

马律师说:"没有的事,还请孟法官早点下判吧。"

孟法官说:"行啊,你们想判决也行。不过我也跟你说一下,判决也不一定拿得到钱啊,你看看被告他们的涉诉记录,好多人都告他们的。"

马律师说:"我们也知道他们没钱,但客户需要一个判决书作为交代嘛,不然他们财务没法入账。我们拿不拿得到钱倒也无所谓。"

孟法官说:"行,我知道了。"

十三

过了两周,马律师又打了个电话给孟法官,孟法官在电话里依然让马律师再等等,说自己正在外面出差,出差回去就写判决。

马律师说:"那您的判决大概啥时可以写好?"

孟法官说:"一两周吧。"

马律师把谈话的过程再度录音。

十四

投诉信写出去后一周,马律师接到了孟法官的电话。

孟法官说:"马律师吗?"

马律师说:"我是。"

孟法官说:"我是南城法院的孟法官啊,你是不是写了投诉信给我们院长,说我枉法裁判?"

马律师说:"是啊。"

孟法官说:"马律师你啥意思?我好心给你们时间让你们双方调解,让你们有机会拿到钱,你咋还去投诉我啊?"

马律师在电话里笑,说:"孟法官,你为啥判决出了一年了都不给我们?当初我们要保全,你们让我们提供财产线索;我们申请你们查一下,你们也不查。这一年了被告有多少财产都可以转走了,对不?"

孟法官说:"哎呀马律师,你误解我了,我原来不是想让你们协商嘛。"

马律师说:"既然你让我们协商,那为啥你早就把判决写好了?法院要考核你的审限是不是?为了满足审限,你先把判决写出来交上去,但是却不发给我们,可惜你没想到这两个案子的判决书被你们法院放到了网上,又恰好被我们看到了。"

孟法官说:"马律师你真的误会了,我是写好了判决,但以为你们双方要协商,所以就先压着了。"

马律师说:"你说得不对孟法官,之前我们之间的通话我有录音,你要听听吗?"

孟法官那边一下子沉默了。

过了一会儿,孟法官说:"要不这样,我现在马上就把判决书寄给您,你们赶紧申请执行?"

马律师的声音有点发抖了,说:"孟法官你逗我玩啊,现在我要判决书还有用吗?我要钱,我要工程款本金加这两年的利息,这都是公司的资金成本还有预付工人的劳务费。还有诉讼费、律师费,我们一分钱也不能少。你们咋想办法整钱我不管,不然我们就向你们当地政协、人大、政法委举报,举报你枉法裁判的刑事责任,告你们法院,要法院赔偿我们的损失。"

孟法官把电话挂了。

十五

第二天,马律师接到了郑庭长的电话。

郑庭长说:"是马律师吗?"

马律师说:"是。"

郑庭长在电话里套了半天近乎,然后说:"跟您商量一下高诚房地产公司的那两个案子。之前孟法官的事儿呢,可能你们有误解。孟法官其实是一个挺不错的法官,他长期患有慢性病还一直坚持工作,之前写了判决自己都忘了。我们现在法院里人手紧,事情多,能做事的人很少,还希望马律师多理解。"

马律师说:"郑庭长,这事情的性质我们双方可能会有不同的看法，但跟您说句实话，我们关心的是我们拿回该拿的钱，至于孟法官如何处理我并不关心，我们也知道现在法官不容易。郑庭长可能您也注意到了，到目前为止，我们的投诉信还只是局限在你们法院，我们还没有往人大、政协、政法委寄。如果我们的钱都能拿回来，我也会去和客户沟通沟通，体谅一下法院的难处。"

郑庭长说："谢谢马律师理解。你放心，你们这个案子我们肯定特事特办，一定要保证你们的利益不受损失。"

马律师说："郑庭长这么说我们就放心了。"

郑庭长说："到时你们还得配合我们一下，收一下我们的判决书，然后把执行申请寄给我们哈。你放心好了。"

十六

马律师挂了电话，助理小刘跑进办公室说："马律师，你看到今天的爆款消息了吗？"

马律师说："啥爆款？"

小刘说："我转给你。"

马律师打开小刘转发的微信，看到这样一条信息：东海市某律师送礼清单泄露，纪委宣布介入调查。

马律师打开清单，扫了一眼收礼人姓名，不由摇摇头。里面的法官还真有几个认识的。又看了看送礼内容，忍不住笑起来。

小刘说："你笑啥？"

马律师说:"你看看都送啥了?一点点土特产,三五百块钱的东西,说出来东海法官多没面子啊,太掉价了。"

小刘说:"马律师,你一般送多少?"

马律师想了想,说:"看情况,一般三五十万。"

小刘翻了翻白眼,出了办公室。

(2019 年 5 月 31 日)

复核

> 陈曦叹口气,说:"昨天晚上我一直在想,一个死刑复核的辩护人在这最后关头到底做什么最有意义。"

一

许宗灿、韩国伟和张卿卿进了好运饭店。许宗灿眼睛扫了一圈店内,看到除了柜台上有个老板外,还有一男一女两个年轻人坐在里面桌子边。许宗灿选了一个离出口不远、靠墙的桌子,自己先坐下点了一支烟,问韩国伟,徐克成他们啥时到。韩国伟说差不多了吧,说着就往饭店门口瞟。许宗灿深吸了一口香烟,问张卿卿你累不?张卿卿笑笑说不累。正说着,韩国伟说徐克成他们到了。许宗灿扭头看,见徐克成和一个男人正走进饭店朝他们这桌过来。许宗灿微微松口气,暗想总算快结束了,紧绷的神经先放松了一半。

徐克成和另一个男人到了他们桌子边,冲他们点点头,拉开椅子坐下来,说路上还好吧?许宗灿扬了扬下巴没说话。徐克成说辛苦了辛苦了,先点菜吧。韩国伟拿过菜单打开,一页一页地翻。这时许宗灿眼角瞥见饭店门口忽然进来了七八个穿便装的男人,其中一个进来后眼睛朝饭店里扫了一圈,低声说了句什么，就和其他人一起直奔他们过来了。

许宗灿脑海里闪现出一个词：完了。

二

陈曦在和朋友喝酒时接到了李焕之的电话。

电话里李焕之说，他老家有个远亲的儿子因为贩毒被抓了，一审和二审都判了死刑，现在进入复核程序，案子马上到最高院了，问陈曦愿不愿意接。

陈曦离开饭桌，找了一个安静的角落，说："老同学啊，都死刑复核了这也太晚了吧，还找律师有用吗？"

李焕之说："没法，一个案子里几个被告人最后只有我这个远房亲戚的儿子被判了死刑，其他的都是死缓或者无期。"

陈曦说："你家这个人排第几？"

李焕之说："他是第一被告人。"

陈曦问："啥毒品？数量是多少？"

李焕之说："冰毒，10公斤。"

陈曦叹了口气，说："还有其他情节吗？"

李焕之说："二审好像有个立功，但江南省高院没有认定。"

陈曦说："如果一审、二审都走过了，死刑复核要再找个机会非常难。"

李焕之说："这我也知道，所以我才找你啊。"

陈曦扭头看看里面饭桌边热闹的场景，说："要不约个时间，我先看看材料吧。"

三

陈曦进了会客室,发现李焕之正在低头看文件。陈曦喊了一声,李焕之把头抬起来,说:"你来啦。"陈曦说:"焕之啊,这样的案子很难做。"李焕之点点头,从旁边放在地上的纸袋里拿出一个小纸盒子,说:"这个是我老家的茶叶,据说不错,有空你尝尝。"

陈曦低头看见李焕之放在地上的纸袋里满满的卷宗,不由得笑,说:"你先把我口堵住不让我拒绝吗?"

李焕之笑,说:"我们平时见面也少,你平时喜欢喝酒凑饭局啥的我不喜欢,你喜欢热闹我喜欢安静。现在同学聚会也有一搭没一搭,好不容易见个面,还是这样的事情,真是不好意思。这个案子我也知道难度非常大,要不今天我也不强求你。材料你先看看,过两天给我答复。"

陈曦说:"我离开法院后,就没做过死刑复核的案子。"

李焕之说:"为啥?"

陈曦说:"不想做。"

李焕之"哦"了一声,表情有点尴尬。

陈曦看李焕之的样子,忍不住又说了句:"没事没事,我们先不下结论,我看完材料再说。"

李焕之说:"那我先给你讲讲这个我家远房亲戚的情况。"

陈曦说:"好。"

李焕之说:"你知道我家从小家境不富裕,读书时我家这个亲戚给了我很大帮助,从小学到中学,再到我去北京读书,都是他给的物质上的帮助,所以我完全是把他当义父看。他儿子现在出了事,他们知道我在外面做律师,都把希望寄托在我身上。这个忙我肯定要帮的。但我平时不做刑事案子,看材料也不知道如何拣重点看。之前一审、二审时老家亲戚觉得关系很重要,找的都是当地律师,结果到最后被判了死刑,所谓的关系根本没啥用。现在案子进入死刑复核了,老家人来找我,希望能死马当活马医,想办法保条命。这个出事的儿子平时不孝顺,做了不少坏事,和前妻离了婚,还留下两个孩子,但无论如何,他还是义父的血脉,老人家无论如何都要努把力。"

陈曦苦笑,说:"你这样说,我更不敢随便接了。"

李焕之似乎没听到陈曦说的话,自顾自地说:"你知道我是一个基督徒,我很同情义父,也替义父伤心,但我对义父儿子贩毒这事是非常憎恶的,他又不是要饿死或者没别的事情干,干嘛要去做这种伤天害理的事情?这在我看来是完全不可原谅的。但是现在都这样子了,如果无论如何都不能拯救他的生命,那我也希望他能够在最后一刻为自己的罪行忏悔。"

陈曦皱起眉头,说:"这个很重要吗?"

李焕之扶了扶自己的眼镜,说:"在某种程度上,我觉得这个比死刑复核的辩护还更重要。"

陈曦说:"还是先把救命放在第一位吧,我先看看材料。"

李焕之把先前自己看的法律文书推过来,说:"这是一审判决书。"

陈曦拿过来看，一审是江南省清江中院判的，人关在下面柏原市看守所。他问："你家远房亲戚的儿子叫许宗灿？"

李焕之说："对的。"

四

疫情期间，很多事情都停顿下来。陈曦每天中午吃了饭就去办公室旁边的江边走路，每天都走一个小时，然后再回单位工作，翻一翻许宗灿案的卷宗。

过了一个礼拜，陈曦接通了李焕之的电话。

李焕之说："可以办委托手续了吗？"

陈曦说："可以，但有一个条件。"

李焕之说："啥条件？"

陈曦说："如果失败了不要怪我。"

李焕之说："当然。"

五

几个便衣铐着许宗灿等人去了停在外面的宝马车，从汽车的后备厢里搜出了两公斤冰毒，勒令他们蹲在地上。

趁便衣没注意的空隙，许宗灿轻轻地对旁边脸色煞白的张卿卿说："不要怕，你什么都不知道，一会儿不要说你的车停在哪里。"

有个警察听见了许宗灿的嘟囔声，过来抬手就给了许宗灿一巴掌,指着许宗灿说:"不准说话!"

警察把他们几个人带回了办公室。先把许宗灿带到另一个房间,三个警察开始询问他,简单问了一些他的个人自然情况,然后开始切入正题。

其中一个年纪大一点、微微秃顶的老警察说:"许宗灿,你自己说吧。"

许宗灿说:"我这是第一次贩毒,是以前认识的广东人房山高教我去买毒品的。"

老警察问:"韩国伟是跟你一起去贩毒的吗?"

许宗灿说:"是的,是我带他一起去的。"

老警察问:"你们买毒品的钱是谁出的?"

许宗灿想了想,说:"是我。"

老警察问:"张卿卿跟着你们是去干嘛的?"

许宗灿说:"张卿卿是我女朋友,她就是跟着去玩的,和贩毒没啥关系。"

老警察问:"你们这次跑广东就只买了这点毒品?"

许宗灿说:"第一次做,不敢买多。"

老警察问:"那联系你们买毒品的下家徐克成又是如何和你们搭上线的?"

许宗灿想了想,说:"我和韩国伟都认识他,因为我们自己也吸毒。"

老警察问:"你们这次的毒品就这两公斤吗?"

许宗灿说:"是的。"

旁边一直冷眼看着的一个年轻警察跳过来抬手就给了许宗灿一巴掌，说："你个狗日的死到临头了还骗我们是不？"

老警察说："小钱不要打，我们不刑讯逼供，许宗灿是识时务的人。"

小钱又骂了一句脏话，退到一边。

老警察凑近许宗灿，附着许宗灿耳朵低声说："你想一想，为啥今天你们一进饭店交易我们就来了？"

许宗灿不语。

老警察说："你赶紧说吧，不要把自首和立功的机会让给别人。这事情从头到尾是咋回事？毒品一共有多少？其他还有哪几个参与？有没有说好事情成了之后大家各分多少？你不说，别人会说。你们都不说，我们可以看监控。"

许宗灿感觉到脊背有点发凉。

六

陈曦翻着手机上的通讯录，想着有没有最高法院的同学可以帮上忙。翻了半天，找到了顾贺庭。

陈曦看了看时间，估计对方接电话不方便，就忍住了没打。

到了晚上 8 点左右，陈曦拨通了顾贺庭。顾贺庭那边一听是陈曦，就夸张地叫起来，说："你老兄来北京啦？"

陈曦笑，说："不来北京就不能打你电话？"

顾贺庭说："当然可以打。老兄最近好吗？"

陈曦笑，说："老样子，做几个案子养家糊口。"

顾贺庭笑，说："你都养家糊口，那我们法院里的全是贫困人口啦。"

陈曦也赔着笑，说："最近酒还喝得多吗？"

顾贺庭说："早戒啦，再不戒老婆要和我翻脸啦。前年去云南玩真的是丢脸丢大了，喝了钻到桌子底下。"

陈曦哈哈笑，说："你还记得啊。"

顾贺庭说："当然记得，我看那天你也差不多了。嗯，你今天找我不是讲以前喝酒的事吧？"

陈曦感到脸有点热，哈哈笑说："无事不登三宝殿啊，我现在有个死刑复核案子。死刑复核的人你熟吗？"

顾贺庭说："死刑复核？不太熟。最高院人太多了，以前刑庭的我认识一个，后来也转到别的庭了。现在搞死刑复核的人多，很多是从地方法院调上来的，像我这样的老人，对法院进来的新人以及后来从外地调来的法官我真不太熟。"

陈曦说："哦，那就算了，我就随口一问。"

顾贺庭说："现在法院也管得紧，我们都得夹着尾巴做人啊。"

陈曦说："明白明白。"

顾贺庭那边沉默了一下，说："要不这样吧，等我有空问问我另一哥们儿，他是现在刑庭的，看能不能帮个忙。"

陈曦说："好。"

挂了电话，陈曦才发现自己连被告人的名字都没有告诉顾贺庭，顾贺庭也没有问。

七

江南省清江市中级人民法院（2018）清刑初37号刑事判决书及江南省高级人民法院（2019）江刑终59号刑事裁定书，认定了许宗灿如下犯罪事实：

1. 2016年11月17日，被告人许宗灿与被告人韩国伟共谋贩卖毒品。次日，许宗灿驾驶其所有的宝马轿车与韩国伟一同前往广东省陆丰市，向房山高购买了4千克甲基苯丙胺（冰毒）。11月19日，彭、申二人驾车将毒品运回柏原市后，由韩国伟联系毒品下家，分两次以每克60元的价格，将4千克毒品全部贩卖给被告人徐克成，收取毒资23万元。

2. 2016年11月20日下午，被告人许宗灿、韩国伟驾驶宝马轿车从柏原市出发到广东省东莞市。同月22日晚，许宗灿、韩国伟二人驾驶该车到陆丰市再次找到被告人房山高，并支付毒资18万元，彭、申购得6千克甲基苯丙胺，并随即驾车返回柏原市。尔后，在前往柏原市途中，将其中4千克甲基苯丙胺分装入旅行手提包，转移至张卿卿驾驶的奥迪Q3小轿车后备厢。后许宗灿指示张卿卿将其驾驶的奥迪车停放在柏原市东山镇街道琪琪会所门前，一起乘坐彭驾驶的宝马车前往柏原城区午餐。当日14时许，公安机关在柏原市好运饭店将准备进行毒品交易的被告人许宗灿、韩国伟、徐克成等人抓获，并当场从被告人许宗灿驾驶的宝马车上搜缴出可疑甲基苯丙胺 2 大袋。检出甲基苯丙胺，净重为 1 983.90 克，甲基苯丙胺平均含量为 70.37%。

11 月 25 日 0 时许，公安机关根据被告人韩国伟的交代，从张卿卿驾驶的奥迪小轿车后备厢查获可疑甲基苯丙胺 4 大袋。检出甲基苯丙胺，净重 3 897.90 克，甲基苯丙胺平均含量为 71.37%。

八

在进江南省前的一家快捷酒店里，许宗灿和张卿卿云雨完，张卿卿说："宗哥，你今天咋这么厉害？"

许宗灿懒懒地从烟盒里拿出一支烟，说："我平时不是都很厉害嘛。"

张卿卿抚摸着许宗灿胸前的刺青，说："不知道为啥，我感觉这次你特别厉害。"

许宗灿说："可能是因为嗑药了吧。"

张卿卿想了想，说："感觉不是。我感觉你这次好疯狂，我有点害怕。"

许宗灿说："怕啥，你记住了，我出事了和你没有一点关系。"

张卿卿从许宗灿的烟盒里拿了一支烟，摘下许宗灿嘴里的烟对了火，自顾自地抽起来。

许宗灿说:"昨晚我梦见我小时候过马路的事情,那一次差点被公交车撞死,是我爸爸反应快,一把把我拉开。他当时还被撞到了腿,养了两个月才好。"

张卿卿说:"然后呢?"

许宗灿说:"然后我慢慢长大了啊。"

张卿卿不再说话。

两个人的烟头在昏暗的房间里此起彼伏地闪亮着。

第二天,许宗灿的宝马车到了一处休息站,许宗灿把一个拉杆箱拉放到张卿卿停在休息站里的奥迪轿车后备厢里,把装有4公斤冰毒的旅行包也放了进去,说:"我车上东西太多有点装不下了,这个拉杆箱和旅行包暂时放你车上吧。"

张卿卿看了许宗灿一眼没说什么,打开了驾驶座车门坐了进去。

许宗灿说:"一会儿你的车就跟着我后面走,韩国伟已经约了人在柏原一个饭店吃午饭。"

张卿卿看看旁边许宗灿的宝马车,韩国伟在车前副座上戴着耳机正在听着什么。

九

陈曦把二十多本卷宗看完了,心里大概有了点方向,拨通了李焕之电话,约了时间见面。

陈曦说:"这个案子材料我大概看完了,几个辩护要点我要和你沟通一下。第一,案卷里二审辩护人提到许宗灿有检举情节，为啥二审判决没认定？第二，判决没有杀下家徐克成的主要理由是徐克成是以贩养吸，其实许宗灿也存在以贩养吸的问题，为啥法院不考虑？第三，房山高是毒品的最上游，是他们在广东把毒品卖给许宗灿的，为啥房山高可以判死缓而许宗灿却被判死刑？"

李焕之说："陈兄果然是做刑事案件的大拿，案卷看了就有初步的辩护方向。不过我要问的一个问题是，我听一些朋友说，在这样的毒品共同犯罪案件里，如果毒品数量大，那就必然要杀一个，这是真的吗？"

陈曦忽然就有点气馁，沉默了十秒钟没说话。

李焕之接着说："如果他们一定要杀一个，那他们肯定会选许宗灿。我听原来一审和二审的律师说，这几个人被警察抓获后，认罪态度最差的就是许宗灿，公安问他什么他都抵赖。甚至于韩国伟在第一次做笔录时就把张卿卿停在琪琪会所车里的4公斤毒品交代出来后，许宗灿还不承认，还一直在替张卿卿说话。这当然会把办案人员惹毛了。"

陈曦叹口气，说："判决书认定的第一起4公斤冰毒也是韩国伟先交代出来的，这真是个猪队友。"

李焕之说："韩国伟可不是猪队友，他非常聪明，一看势头不对，就把所有人都卖了用来救他的命。你说这个许宗灿，都死到临头了还认不清局势。再说了，如果仅仅是因为许宗灿认罪态度不好，就要把他杀掉，而其他人可以活下来，这样的判决公平吗？"

陈曦想了想，说："你把前面律师的电话给我，我来沟通一下。"

李焕之说："陈兄，你原来在法院刑庭干过，你告诉我为啥一定要杀一个？难道许宗灿的犯罪恶意就一定比其他被告人强吗？"

陈曦不语。

十

陈曦的胳膊被捆住了，嘴也被武警用布块堵起来，然后被两个武警按倒在地上。陈曦拼命地挣扎，想告诉他们抓错人了，但是嘴里却发不出声来。随后陈曦听到了枪声，几乎在枪响的同时，两个武警迅速地往后一退，就着子弹的巨大冲击力把陈曦推倒在地上。

陈曦感觉到自己的心脏凉凉的，没有疼痛感，他似乎还能呼吸。他低头看了看自己的前胸，发现红色的鲜血汩汩地从一个碗口大的伤口冒出来。他的呼吸越来越困难，意识开始有些模糊了。陈曦想是不是自己要死了，于是赶紧屏住了气。有人走到他身边，把他翻过来面朝天。他不敢睁开眼睛，怕对方发现自己还没死。他感觉到有人把一只手放到他鼻子下面试探是否还有呼吸，于是拼命屏住了气。那人又把手搭在了他的手腕上。陈曦忽然就觉得这个动作很荒谬，一般的医生给人搭脉是为了救命，而这个人搭他的脉是为了确认是否需要补枪。

陈曦忍不住了，轻轻地呼吸了一下。他听到这人说："这个还要补一下。"

陈曦于是就大口地呼吸起来,他觉得自己好可怜,这人在说到他时连"人"这个词都不用,只是用了代词说"这个",而且不说"开枪",用的是一个更平和的动词"补"。

陈曦在朦胧中看到有个人提着一支步枪朝躺在地上的他走过来,然后把枪口对准了他的胸膛。

"砰"的一声。

陈曦挣扎着醒了过来,摸摸床头的手机,发现才凌晨3点。

陈曦已经好久没有做这样的噩梦了。

十一

陈曦说:"周律师,这个案子您前后跟了一审和二审,案情您最熟悉。我现在介入时间晚,还得向您多请教。"

电话那边周律师笑了,说:"陈律师客气了。不知道陈律师看了案卷没?"

陈曦说:"看了,我注意到一审判决后、二审判决前许宗灿有一个检举的事情,他检举了武为军贩毒的线索,看守所等部门当时还出具了相关的书面情况说明。为啥二审最后还是维持了一审结果,判许宗灿死刑?"

周律师说:"这个案子毒品数量大,许宗灿认罪态度也不好,如果在几个被告人里面一定要杀一个,他是最佳人选。想让许宗灿活下来,辩主从犯、初犯等情节都没用,拿其他被告人的量刑来讲平衡也没啥用,唯一的突破口就是立功。但为啥二审没有认定许宗灿立功我也百思不得其解。看守所和缉毒队关于许宗灿检举的书面情况说明在卷宗里都有，我相信陈律师您也看到了。我在这边做刑事案子做的时间很长了，跟法官们都很熟，当许宗灿检举的材料出来后，我联系承办法官，法官还说许宗灿有希望了。没想到过了两个多月，二审判决下来还是维持了一审结果。"

陈曦说："谢谢周律师。等我先去见见许宗灿，然后到最高院阅卷就清楚了。"

周律师说："好的。"

陈曦把免提电话关了，问助理小刘说："都听清楚了吧？"

小刘说："我听清了。"

陈曦说："我们先赶紧去见一下许宗灿，然后去北京阅卷。"

小刘说："啥？"

陈曦说："我们先去江南见一下许宗灿。"

小刘说："陈律师，现在不是疫情期间吗？江南省还是新冠疫情最早爆发的地方之一。"

陈曦说："怕啥？人各有命，该来的怕不怕都来，不该来的怕不怕也会来。你先问问当地看守所，看需要准备什么防护措施。"

小刘摇摇头。

十二

因为疫情，柏原看守所一直拖了近一个月才松口同意会见，但还是要求律师提供核酸检测报告。陈曦和小刘只好先去屏住呼吸做了鼻咽拭子和抽血检测。

陈曦和小刘先从滨海飞到巫郡，再租车去柏原。

飞机上空荡荡的，只坐着十几个乘客。小刘说："陈律师，我们也算够拼的了吧？疫情还没放松我们就冲到江南了。"

陈曦撇撇嘴，说："很多事情就是走夜路拿鬼吓人。"

十三

之前小刘已经和许宗灿父亲及姐夫建了一个微信群，和家属进行了沟通。这次去柏原前，小刘也和家属确认了见面时间。两个人在巫郡下了飞机，从机场租了个车直奔柏原市。到了柏原市找了酒店住下，小刘和许宗灿姐夫电话联系。过了半小时，许宗灿姐夫和父亲过来到酒店大堂，几个人在旁边餐厅找了桌子坐下。

许宗灿姐夫老莫看上去四十多岁，是许宗灿老家一个乡镇干部，和陈曦、小刘的沟通比较顺畅。老莫说："陈律师，许宗灿做了坏事当然要承担责任，但有几个问题我想不明白：第一是这个案子里有这么多被告人，为啥判死刑的只有一个许宗灿？第二是虽然指控的冰毒有10公斤，但第二次的6公斤其实根本没流入社会，第一次的4公斤仅有被告人彼此的供述证实，没有抓到现行。第三是一审后、二审判决下来前，许宗灿检举了他人贩毒的线索，为啥在二审判决书中提都不提，依然还是维持了一审的死刑？"

陈曦说:"第一,这个案子认定的毒品数量有10公斤,数额巨大,虽然上家和下家都是韩国伟联系的,但是许宗灿出的毒资,动用的是许宗灿自己的车,在公安侦查阶段,他没有及时把藏在张卿卿车上的那4公斤毒品交代出来,这个机会被韩国伟抢了过去,法院判决他死刑没什么问题。第二,至于为啥只判他一个人死刑,其他的是死缓或无期,是否存在量刑公平的问题,这个不是本案辩护的重点。我们不可能去责备法院为啥不把其他被告人也判死刑,这不是辩护人的工作,而是检察官的工作。第三,毒品案件里,以毒品尚未流入社会作为辩护理由比较软弱无力,一般我们不作为最主要的辩护意见。第四,检举行为为啥二审法院没有写进判决书,我们也奇怪,这个问题等我们去北京看了二审卷再说。第五,有个问题你们没想到但我们想到的,就是是否存在特情的问题,如果有特情的话,或许还可以有机会。不过从目前我们看到的案卷材料看,本案不存在特情引诱的情节。"

老莫点头,说:"我们相信你陈律师,之前李焕之就说你是滨海一流的刑事律师,如果你救不了宗灿,那其他人也救不了了。"

陈曦觉得脸有点发热,苦笑摇摇头说:"我不是一流的律师,但我们肯定会尽全力去做这个案子。你们也不要给我们加大压力,按照我以前在法院的经验,一审、二审都认定下来的案子,要寄希望于最高院改,很难,尤其这不是什么很特别的案子，只是一个非常普通的毒品案件。你们要有最坏的思想准备。"

老莫说："陈律师，你说的我们都明白，你就死马当活马医吧，不要有什么思想负担。"

谈了一阵，大家点菜吃饭。陈曦注意到许宗灿父亲之前就很少说话，吃饭时也吃得很少。陈曦说："许叔叔，你咋吃这么少？"许宗灿父亲听了，把脸上黄黑色的皱纹挤开来，尽力微笑着说："年纪大了，吃不了多少。"

老莫叹口气说："陈律师啊，爸爸因为许宗灿的事情已经瘦了二十几斤。哪怕家里对许宗灿有再多看法，但在这个时候总不能撒手不管吧？就算是有万分之一的希望，我们也要去帮他。他毕竟是许家的血脉。他还有两个孩子，如果被处死了，以后这两个娃娃可不可怜？我们还要帮他带这两个娃娃，我们也可怜。"

许宗灿父亲摇摇头，说："我现在就当他已经死了。"

送走了许宗灿家人，小刘说："陈律师。"

陈曦说："啥？"

小刘说："我之前看案卷时还没啥，但今天看到许宗灿爸爸时心里好难过。一个父亲眼睁睁看着自己的孩子因为犯罪被抓起来，一天天地等待着，等来了死亡的结果，然后抱着一点希望进入二审，结果二审还是死亡的结果，最后只能把万分之一的希望寄托于一个从不认识的陌生律师身上，看看死刑复核程序是否会有反转。我无法想象这一年多来许宗灿爸爸是如何熬过来的。"

陈曦沉默了十秒,说:"你还没看到许宗灿妈妈呢。"

十四

许宗灿说:"陈律师,是不是他们一定要我死?"

当陈曦和小刘在看守所见到许宗灿时,许宗灿冒出的第一句话就是这样。

陈曦说:"你说的他们是谁?"

许宗灿说:"警察啊,检察官啊,法官啊。"

陈曦摇摇头,说:"到今天了,你还在想所有这一切都是别人的错吗?"

许宗灿看看陈曦,想了想没说话。

陈曦说:"曾经有一根救命稻草放在你面前,但是你没有珍惜。"

许宗灿说:"你是说张卿卿车上的那4公斤吗?"

陈曦说:"对,这根稻草被韩国伟捞走了。"

许宗灿沉默了几秒钟,说:"之前周律师告诉我,张卿卿不会有啥事了,这是真的吗?"

陈曦说:"是的。我们看了案卷,张卿卿被另案处理了,她涉嫌包庇罪,应该判得不重。"

许宗灿用牙咬住嘴唇轻轻点点头。

陈曦说:"你对一审判决和二审判决有啥意见?"

许宗灿说:"都到这时节了,讲更多的也没啥用。判决书在事实认定上没啥问题,就是我觉得判我死刑有点不公平,为啥房山高、韩国伟和徐克成他们都可以活下来,而我却要去死?"

陈曦说:"是你自己放弃了稻草的啊。"

许宗灿想了想,说:"如果当初我第一个把张卿卿和她车上的毒品说出来,是不是我就不用死了?"

陈曦说:"那就好办多了。"

许宗灿说:"那我检举的行为有没有用啊,可不可以救我?"

陈曦说:"你检举的事情为啥一审前不说,到了二审才说出来?"

许宗灿说:"不瞒陈律师,这是我在一审结束后、二审判决前,我们同监室有个室友秦二宝知道了我的情况,想帮我一把,就把他知道的一条犯罪线索即武为军贩毒的线索告诉我,我后来向看守所干警举报了,他们给我做了笔录。我听看守所的警官说,看守所把材料移交给了缉毒队,缉毒队也出具了情况说明,说根据我提供的线索抓获了武为军。我搞不明白为啥二审不认定我检举立功。"

陈曦说:"秦二宝告诉你检举线索的事情其他人知道吗?"

许宗灿想了想,说:"应该不知道。"

陈曦说:"那我也搞不明白了,你二审的律师也搞不明白,具体情况等我去北京看了二审卷再告诉你。"

陈曦又认真地和许宗灿沟通了约一个小时,发现没有什么可以给他以帮助的线索，不由有点失望，对许宗灿说："从目前来看，能改变之前判决的，也只有检举这个情节了。"

许宗灿说："好。"

小刘说："许宗灿啊，除了张卿卿，你不关心你家里其他人的情况吗？"

许宗灿低下头，说："我当然对不起他们，但是说对不起有什么用，现在我什么也做不了。"

小刘说："你爸爸和姐夫跟我们一起来看守所的，虽然离你的直线距离不到 50 米，但他们见不到你，现在等在看守所外面。我们一会儿出去了，会把会见情况告诉他们。"

许宗灿不语。

陈曦想了想，说："你还有什么事情没有告诉我们的吗？"

许宗灿说："没有了。"

陈曦说："你后悔吗？"

许宗灿说："后悔。"

陈曦说："你怎么个后悔法？"

许宗灿说："如果当时做了第一次我就收手就好了，还是自己的侥幸心理害了我。"

陈曦摇摇头，说："许宗灿，有个问题本来不该我问的，除了法院认定的这两次以外，你是不是还干过别的？"

许宗灿看着陈曦，想了五秒钟，说："没有。"

陈曦说："好吧，今天先到这里，我们之后会去北京看材料。"

许宗灿说:"陈律师,我还有希望吗?"

陈曦说:"哪怕有万分之一的希望,我们也会用百分之一万的努力去争取。"

十五

出了看守所,陈曦、小刘和许宗灿家人讲了一下见面的情况,开上车就往巫郡机场赶。

小刘说:"陈律师,我看这个许宗灿干的远不止判决书认定的这两次。"

陈曦笑笑,说:"这个不重要。"

小刘说:"我觉得你今天最后对许宗灿说的话好圆滑啊,许宗灿被你说得一愣一愣的不知道是喜是悲。"

陈曦叹口气,说:"昨天晚上我一直在想,一个死刑复核的辩护人在这最后关头到底做什么最有意义。"

小刘说:"这还用想啊师父,救人啊。"

陈曦说:"一审二审都判死刑的案子,要在复核阶段把人救下来,希望有多大?我们这个案子还算是希望比较大的,但大多数的案子基本都维持了,如果我们假定死刑复核的辩护人就案件本身所做的工作已经没什么实际意义的话,那我们还有什么价值?"

小刘说:"师父也不要这么悲观,你看医院的医生,对每个重症患者还不是要上药、上抢救手段、进ICU,哪怕这当中很多病人到最后依然死去。这是本职工作啊。"

陈曦说:"这个我没意见,可能……"

小刘说:"可能什么?"

陈曦说:"我的意思,与其期待一个不可知的或者说几乎不可能的未来,还不如认真地做好这段时间的工作。"

小刘有点糊涂了,说:"做什么工作啊师父?我们不是正在做吗?"

陈曦说:"我的意思是,帮他做好准备。"

小刘说:"准备什么啊?"

陈曦想了想,说:"你个猪脑壳。"

小刘撇撇嘴,说:"师父你自己恐怕也没有想清楚吧。"

大雨哗哗地下,陈曦到最后只好打开雾灯和双跳灯,用60码的速度慢慢地走。

走了半小时,大雨停了,陈曦打开车窗,贪婪地呼吸着山野间充满负氧离子的空气。

十六

陈曦和小刘等了几分钟,从谈话室外走进一男一女两个法官,陈曦和小刘赶紧从座位上站起来,等候他们坐下。

女法官看着男法官,对陈曦和小刘说:"这是朱法官,你们有什么辩护意见可以提出来,但尽量简明扼要,因为我们都很忙,尤其朱法官更忙。你们之前寄的书面辩护意见我们也收到了,如果书面辩护意见里有提到的就不要展开了。"

女法官说着,从手上的卷宗套里抽出几份小刘装订好的蓝色硬纸壳的辩护意见递给朱法官,说:"他们是滨海过来的律师,他们的书面辩护意见不错,装帧很漂亮。"

朱法官拿过一份辩护意见,哗啦啦地翻了几下,点头说:"嗯,做得的确很漂亮。"

陈曦赔着笑,说:"外表好看不好看不重要,关键是法官能够采纳我们的辩护意见才行。这个案子,我们目前还没看二审卷,之前递交的辩护意见主要是根据一审卷提出的,等我们今天看了二审卷,可能还要提出补充意见。我们今天主要的意见是……"

朱法官点头,打断了陈曦说:"我知道你们想说什么,很多辩护人的确很负责认真,但有的时候他们会过度夸大从轻和减轻情节。从我们法官的角度,我们首先需要保证的是审理的公正性,这不仅包括定罪的公正,也包括量刑的公正,就是我们俗称的平衡。你们不要觉得我们法官想杀人,我们为什么要设置死刑复核程序?就是要减少滥杀。死刑复核不是为了杀人,而是为了少杀人。你不信可以问问崔法官,我们复核庭每年审核的案子,有十分之一的被告人是在一、二审被判死刑后经过复核活下来的。"

朱法官说着把头转向那个女法官,那个被称为崔法官的女法官点点头,朱法官接着说:"你们两位辩护人放心,虽然我们是法官你们是律师,但你们和我们的目标是一致的,即救人,减少不必要的杀戮!"

朱法官边说边把短胖的右手掌往空中一挥。

陈曦听了有点感动，就简单地讲了一下自己的意见。朱法官边听边点头，也不说什么，听了几分钟，说："你们的书面意见我们会认真阅看的，一会儿崔法官会把所有案卷都拿给你们翻，你们有啥意见还可以反映给崔法官。"

整个上午，陈曦和小刘都在一本一本地看卷宗。之前李焕之提供的一审案卷复印件还算比较齐全，陈曦和小刘哗哗地翻一下就过去了。看二审卷时，陈曦看得比较细，两个人拿手机不停地拍。陈曦看着看着，发现了一份江南高院致江南检察院的函，以及江南检察院给江南高院的回函。看完了函的内容，陈曦的心不由沉了下去，说了句"麻烦了"。

小刘在拍着另一本卷，听陈曦这么说就探头过来说："咋啦？"

陈曦说："这第一份函可以反映出当时许宗灿检举他人犯罪线索的事情，江南高院二审法官注意到了，要求江南省检察院去调查相关事宜；而江南省检察院的回函则否定了许宗灿的检举立功事实，理由是当地缉毒队出了书面情况说明，证明许宗灿检举的武为军犯罪线索早在缉毒队掌握之中，所以不算他立功。"

小刘说："这就奇怪了，案卷里有不少材料不是提及许宗灿有检举的吗？看守所和缉毒队当初也出过书面证明，说根据许宗灿的线索抓获了武为军，为啥现在他们又出了一份结论截然不同的情况说明？"

陈曦说："等我们回去慢慢消化吧。"

陈曦说着翻到了一份证人证言，眼睛很快地扫过，又说："更麻烦了，省检还去过许宗灿所在的看守所，向给他提供犯罪线索的同监室人犯秦二宝调查过。按照秦二宝所做的笔录反映，许宗灿在一审判决后，到处向人家打听是否有犯罪线索，还提出可以重金购买。此外，秦二宝还被他殴打过，被迫向许宗灿提供了关于武为军的贩毒线索。威胁或购买来的检举线索法律是不承认的啊。"

小刘看着陈曦说："那咋办？"

陈曦摇摇头，说："回去慢慢消化。"

十七

从北京回来，陈曦把会见和北京阅卷的情况对李焕之说了。李焕之听了又难过又生气，说："他怎么可以这样子，都到这个时候了还在动歪心思。"

陈曦说："正常啊，哪个人不想好好地活着。"

李焕之说："那还有什么办法吗？"

陈曦说："我再好好地看看案卷吧。缉毒队一开始确认了许宗灿的检举帮助了抓人，到后来江南省检察院调查时又否定了。这里面不知道到底发生了什么。我会好好看看这些材料的形成时间，再给出补充辩护意见的。"

李焕之说："那就麻烦你了。"

陈曦顿了顿，说："不过，秦二宝的笔录对许宗灿非常不利，有相关司法解释对这种情形做出过规定的。"

李焕之说:"我知道。"

陈曦说:"还有,我们往最坏里想,就算是许宗灿这个立功真的可以成立,也不是必然得减成死缓,刑法对于一般立功的规定是可以从轻或减轻处罚,是'可以',不是'必须'。"

李焕之说:"我知道。"

十八

过了几天,陈曦和小刘又到了柏原看守所。

许宗灿说:"前几天最高法院的法官和我视频会见过了。"

陈曦说:"是哪个法官,男的女的?"

许宗灿说:"是个女的。"

陈曦说:"是姓崔吗?"

许宗灿想了想,说:"好像是的。"

陈曦说:"会见具体情况如何?"

许宗灿说:"我感觉她很同情我,说我认罪态度挺好。然后我和她说了我有检举的情节。"

陈曦说:"你的检举线索是秦二宝透露给你的?"

许宗灿说:"对。"

陈曦说:"你当时有没有跟秦二宝说过要给他钱?"

许宗灿说:"我有说过给钱,但这是他进来前我和监室里其他人说的,对他我没有说过。因为找了好几个人都没有什么结果,所以我也不问了。后来秦二宝进来后他看我可怜,主动告诉了我关于武为军的犯罪线索。"

陈曦说:"那你打秦二宝是怎么回事?"

许宗灿说:"打架和检举没有一毛钱关系,打架是后来的事情了。秦二宝把检举线索告诉我了觉得可以吃定我,在监号里随时对我吆五喝六,我实在受不了就和他打了一架。"

陈曦说:"你确定打架是后来发生的?"

许宗灿说:"肯定的,是他先把检举线索告诉我,然后我们之间才发生打架这件事的。"

陈曦说:"你这种通过同监室的犯人提供的犯罪线索进行的检举,在法律上是要被区别对待的,你知道吗?这种检举水分很大的。"

许宗灿不语。

陈曦说:"你知不知道后来秦二宝把你卖了,告诉检察官你的检举线索是他给你的?"

许宗灿有点楞,说:"不知道啊,我后来换监室了。"

陈曦有点恼火,说:"你居然还和他打架!如果这检举线索是你自己的该多好。"

许宗灿听了愣愣地想了想。

陈曦叹口气。

又聊了一会儿,许宗灿说:"还有一件事,我有两份东西要麻烦你们带出去一下。"

许宗灿说着,从衣服口袋里变戏法一般掏出来两张折叠好的纸头,隔着塑料透明垫展示给陈曦和小刘看,原来是两张悔过书,一张是写给家人的,一张是写给法官的。

陈曦快速地看完了，说："李焕之当初找我们，有一个重要的事情就是要你认识到自己的错误。这件事我可以给他一个交代了。"

看守所警察来还押时，陈曦说："麻烦警官一下，许宗灿有两份悔过书需要我们带出去，麻烦您看一遍，没啥问题的话，我们就带走了。"

警察接过许宗灿的悔过书扫了一眼，就满不在乎地把两张纸头从铁窗和塑料透明垫之间的缝隙间塞了出来。

陈曦说："谢谢警官"，然后转头跟许宗灿说："我们今天先到这里了，你多保重，我们会尽力的。"

许宗灿抬起衣袖擦擦眼角，说："谢谢陈律师和刘律师，请尽力帮帮我，我不想死，我还很年轻。"

十九

出了看守所，小刘说："陈律师，这个许宗灿真是傻乎乎的，刚被警察抓到时他完全可以把张卿卿车上的毒品供出来，这样他第一个有机会保命。那时他扛着不说，现在已经二审了才又去搞检举的事。既然搞检举的事吧，又去和救他命的人打架。你说他是不是脑子有问题？"

陈曦笑说："小刘啊你才是不懂事。许宗灿刚被抓时，他的第一念头是不能让警察查到更多的毒品，因为他知道毒品犯罪是按照涉及的毒品数量量刑的，这样既可以保护他自己，也可以保护张卿卿和韩国伟。此外，从他的情感出发，他也不可能把自己的女人说出来。他这样做，表面上看是为了自己，其实是经过权衡后采取的最佳方案。"

小刘说："其实许宗灿蛮自私的，我看卷宗材料反映出来的。路上很多时候，许宗灿都是让张卿卿帮他打掩护，只是到了最后阶段，才让张卿卿走在后面。他如果真喜欢张卿卿，就不该让张卿卿掺和到这个案子里来，他在这个案子里利用了张卿卿。"

陈曦点头，说："你说的不是没有道理。人这一辈子，怎么可能所有事情都算计得清清楚楚。许宗灿是聪明反被聪明误，他以为不说出张卿卿车上的毒品，别人也不会说，警察就找不到毒品。其实警察只要在张卿卿身上搜出了车钥匙，一般也会去搜查张卿卿的车辆。所以不管他是否交代，张卿卿车上那4公斤毒品肯定是藏不住的。"

小刘说："至于后来他向看守所提供了武为军的犯罪线索还和帮助他的秦二宝打架，完全就是不顾死活了，他难道想不到秦二宝以后还会反水害他？"

陈曦说："我不知道之前的律师有没有好好地教过他那些关于立功的法规和司法解释，如果他明白的话，应该就不敢和秦二宝打架了。"

小刘说："我感觉没有，我们要不要再问一下周律师？"

陈曦摇头说："没必要了，也许之前许宗灿也没和周律师说真话。"

小刘沉默了一分钟，说："我刚才看了许宗灿写的悔过书，写得还挺真诚的,尤其是他写给家人的那封,看得我眼泪都要下来了。"

陈曦说:"你哭有屁用啊,一个律师,哭什么哭。"

小刘说:"我没哭啊,我是说眼泪要掉了。"

二十

吃完了晚饭,陈曦问小刘要不要去江边走走。小刘说累了不想动,先回了酒店休息,陈曦就一个人顺着江边的马路慢慢往前走。

才8点多,马路上的人就已经稀稀疏疏了,这对于从滨海过来的陈曦来说很不习惯。夜雾降下来了,空气里湿漉漉的,路边的灯都罩上了一层纱布似的,朦朦胧胧。一间临街的店铺已放下的卷帘门里,传出稀里哗啦的麻将声和吵吵闹闹的人声,以及飘出的饭菜香味。

陈曦走到一间快捷酒店门口,有几个旅人拖着行李,在和酒店前台大声地讨价还价。陈曦停下来想听听他们在说什么,几个旅人瞥见陈曦在门外站着不动,就扭头看陈曦,陈曦有点不自然,就继续往前走了。

走了一段,到了江边的一个汽车轮渡码头。江边的雾越发地浓厚了,陈曦听到了水浪拍击江岸的声音,但却连岸边的水线都看不见。陈曦点了一支烟,继续往江边走,走着走着,看到有个人影反方向从雾里浮现出来,肩上扛着几根鱼竿,手上拎着一个桶。陈曦继续往里走,总算走到了江边,摸到了码头的附着雾水的栏杆,但依然什么都看不见,只听到哗哗的水声。

天气有点冷了,陈曦靠着栏杆抽完一支烟,反身往回走,这才发现刚才那个夜钓的人并没有走远,站在离他不远的地方抽烟。陈曦走过了他身边,听见那人朝他嘟囔了一句:"我还以为你有么子想不开呢,这么晚了跑来江边。"陈曦笑笑,说:"谢谢你啊,我只是想来看看长江。"

陈曦走到酒店门口,看到对面的"老街米粉店",那红色的招牌已经被烟火熏成了黑红色,里面还坐着三五个顾客。陈曦闻到牛肉汤的香味,忍不住蹀了进去,找个位子坐下。一个四十多岁的男人叼着烟走过来,问陈曦要吃什么粉,陈曦说:"你们店什么最好吃?"男人说:"我家的牛腩汤粉最好吃。"陈曦说:"来一碗嘛。"男人说:"大碗小碗?"陈曦说:"小碗。"男人朝厨房那边大声地喊了一句:"小碗牛腩粉一个,堂吃。"然后从烟卷里弹出一支香烟递给陈曦。陈曦摆摆手说"不抽。"男人有点不高兴地"嗯?"了一声,说:"你进来我就闻见了烟味,咋不抽呢?"陈曦笑了,接过了香烟,问:"粉多少钱一碗?"男人不屑地看了陈曦一眼,说:"不贵。"然后转身走开了。

二十一

陈曦和小刘向最高法院递交的补充辩护意见摘录如下:

之前我们向贵院递交了死刑复核辩护意见,并查阅了全部卷宗,现就本案提出以下补充意见。本补充意见围绕

该论点展开:

许宗灿在二审期间检举他人犯罪的行为应认定立功。

我们注意到,在二审期间,江南高院于2019年10月11日向江南省检察院发出《关于请审查许宗灿是否构成立功的函》,请该院就许宗灿检举揭发武为军贩卖毒品一事是否构成立功予以审查。2019年11月16日,江南省检察院回函(《关于许宗灿是否构成立功的审查意见函》,以下简称《审查意见函》)称:"江左市公安局禁毒大队在接到举报线索前,已经通过特情获悉武为军的贩毒线索并摸排出贩毒地点。"上诉人许宗灿虽能检举揭发他人犯罪,但其提供的线索侦查机关已经掌握,依法不构成立功。

为印证该观点,江南省高院卷内还附有一份江左市公安局禁毒大队2019年11月4日出具的《情况说明》,该说明的大致内容为:2019年7月,该局收到柏原市看守所转交许宗灿举报武为军贩卖毒品的举报件。在此之前,该局禁毒大队大队长李庆丰已从特情处获悉了武为军贩毒的线索,并通过特情摸排出武为军的贩毒地点。7月3日,侦查员拿到举报件后,按大队长指示蹲守抓获相关吸毒人员和武为军。

很显然,江南省检察院的《审查意见函》结论是根据该份《情况说明》得出的,《审查意见函》的内容可分为两个层面:第一,公诉机关确认了许宗灿有检举揭发他人犯罪的行为;第二,由于公安机关已经掌握了相关犯罪线索，且许宗灿检举的犯罪不够具体，所以不构成立功。

本辩护人不同意该意见函观点，理由如下：

第一，在本案中，江左市公安局禁毒大队就许宗灿的检举行为先后出具了两份内容相矛盾的说明材料。

江左市公安局禁毒大队2019年7月4日出具的《抓获经过》（见本辩护人提交的证据清单之8）是这样表述相关事实的：2019年7月，江左市公安局禁毒大队接到柏原市看守所转交的举报材料：该看守所在押犯罪嫌疑人许宗灿举报武为军贩卖毒品。2019年7月3日23时许，我禁毒大队民警在江左市某供销社宿舍一出租屋，将涉嫌贩卖毒品的武为军及吸毒人员王某抓获，从武为军的出租屋内查获疑似毒品若干……

在这份说明材料中，江左市公安局禁毒大队并未提及自身已掌握相关犯罪线索，而是明确在收到许宗灿的举报材料后去抓人的。假如公安机关早已掌握武为军的犯罪线索，正常情况下的《抓获经过》表述应该是这样的："根据某某特情提供的线索，我队干警如何如何……"为何在该份《抓获经过》中根本未提及这个情节？但在2019年11月4日出具的《情况说明》中，又出现了"大队长李庆丰已从特情处获悉了武为军贩毒的线索"这一"事实"。

第二，"大队长李庆丰已从特情处获悉了武为军贩毒的线索"这一事实之细节到底如何？

考虑到毒品犯罪案件中对于特情人员的保护，辩护人对相关司法机关的掩饰性做法予以理解，但由于本案中的相关细节直接影响到上诉人许宗灿的生死，故还请最高人民法院在采取相关保护性措施下就一些细节进行调查，比如李庆丰是何时获悉武为军贩毒的线索的？为何在许宗灿举报前一直未对武为军采取抓捕措施？

第三，江左市公安局禁毒大队2019年11月4日出具的《情况说明》与该局2019年9月11日武为军案《起诉意见书》内容也存在冲突。

根据该局武为军案《起诉意见书》（见本辩护人提交的证据清单之9）："……犯罪嫌疑人武为军涉嫌贩卖毒品一案，我局经审查，于2019年7月3日立案侦查……认定上述犯罪事实证据如下：……2. 举报人许宗灿的询问笔录……"可见该起诉意见书是认可根据许宗灿的举报抓获武为军的。

第四，柏原市看守所2019年9月23日出具的《关于在押人员许宗灿提供线索协助破获贩卖毒品案的情况说明》印证了许宗灿检举行为的价值。

根据柏原市看守所出具的这份《情况说明》（见本辩护人提交的证据清单之10），"案件破获后，办案单位（即江左市公安局）在即将对犯罪嫌疑人武为军移送起诉时向我所反馈了信息，随后，将抓获经过及逮捕证、起诉意见书复印件等文书寄送至我所存档，感谢我所提供线索破获此案。"

倘若江左市公安局早已掌握武为军的犯罪线索,为何又如此大张旗鼓地"感谢我所提供线索破获此案?"

第五,提请法院注意一个重要的事实:许宗灿早在抓捕武为军半年多前即向柏原市看守所干警提供了武为军的犯罪线索。

根据本辩护人提交的证据清单之7,许宗灿在2018年12月25日即已经向柏原市看守所干警反映了武为军贩毒的线索,这离公安人员在2019年7月3日抓捕武为军足足早了半年!不知是因为什么原因,许宗灿的举报线索直到2019年7月才转交到江左市禁毒大队处。至于禁毒大队大队长李庆丰到底是何时从特情处获悉武为军犯罪的线索,并无相关证据证明。

2018年12月25日这个时间点非常重要——假如大队长李庆丰是在该时间点后才获悉武为军犯罪的线索呢?如果是这样,"因为公安机关已经掌握了相关犯罪线索,所以不能认定许宗灿立功。"这个逻辑就失去了事实依据。

我们再假设一种极端的情形,假如缉毒警察为了保护特情而故意忽略某些重要的时间点,检察机关以此否定许宗灿的检举价值并促使最高法院复核了死刑,对许宗灿是不是极大的不公?对我们宽严相济的刑事政策是不是有非常消极的影响?

综上,江左市公安局禁毒大队2019年11月4日出具的《情况说明》内容与先前形成的众多文件(包括该局自身在 2019 年 7 月 4 日出具的《抓获经过》）均不一致，其证明效力明显弱于先前众多文件形成的证明力，对许宗灿有利的证据证明力明显大于不利的证据，江南省检察院以此否定许宗灿检举的犯罪线索无价值之依据明显不足。

第六，就 2019 年 10 月 30 日柏原市检察院受江南省检察院指派向秦二宝所做的调查笔录（内容为秦二宝被逼向许宗灿提供武为军的犯罪线索），辩护人发表几点意见：

第一点，想活下去是每个被告人在收到死刑判决后的正常反应，所以如果许宗灿在看守所里真有向人打听过犯罪线索也很正常；

第二点，秦二宝证词说他向许宗灿提供了武为军贩毒的线索，但从目前证据材料看系孤证，没有其他证据证实；

第三点，就算许宗灿检举的犯罪线索是秦二宝提供给许宗灿的，但秦二宝与许宗灿在监号里的打架与许要求秦提供犯罪线索并无关系，两人打架发生的时间点晚于许宗灿向看守所提供犯罪线索的时间点，即许宗灿向看守所提供武为军线索在前，许和秦打架在后，这在时间逻辑上就不符合所谓"被逼透露犯罪线索"这一说法。关于这一点事实，也请予以调查。

……

综上，辩护人认为，综合各类文件的证明力，应肯定许宗灿检举立功之价值。

二十二

再次见到崔法官,陈曦二话没说就把许宗灿写的悔过书递了上去。

崔法官接过来看完了,说:"陈律师、刘律师放心吧,上次我提审他时也觉得他态度非常好,不是必然要杀的那种,当然,可不可以留条命,也不是我们承办法官一个人说了算的,这要领导们做最后决定。"

陈曦点头。

崔法官又认真地问了许宗灿的家庭情况,小刘也一一答复了。

陈曦说:"崔法官我们的补充辩护意见您收到了吗?"

崔法官说:"收到了。"

陈曦说:"您觉得我们的意见有道理吗?"

崔法官笑,说:"陈律师你们真是急性子,说实话你们的补充意见我还没看。您放心,你们的意见我会认真看的。这个案子的重点就在于许宗灿的检举是否符合立功要件,是否可以从轻或减轻。"

陈曦说:"好的。"

出了最高法院,小刘说:"陈律师,我觉得许宗灿还是挺有希望的。"

陈曦说:"为啥这样说?"

小刘说:"你看崔法官对我们态度多好。"

陈曦说:"刑事法官对你态度好有时不一定是好事。"

小刘说:"啊?"

陈曦说:"崔法官今天问许宗灿的家庭情况,其实她在和许宗灿视频会见时都问过的。"

小刘说:"那她为啥还问我们?"

陈曦说:"你觉得呢?"

看看时间还早,陈曦说:"小刘,我们走到高铁站吧。"

小刘说:"啊?"

陈曦一边走一边翻手机,想起了最高院的顾贺庭,忍不住站住了。

小刘说:"咋啦,陈律师?"

陈曦想了想说:"没事,走吧。"

前面是一个公园,两个人顺着公园的围墙往前走。墙很长,两个人足足走了十分钟才遇到十字路口。

二十三

这期间,许宗灿爸爸还给陈曦和小刘带来了一些当地土特产。

时不时地,许宗灿姐夫或者李焕之也会在群里问一问有没有进展的话,陈曦都会说不要担心,按照我们的经验,时间拖得越长许宗灿越有希望。

小刘说:"这是真的吗?"

陈曦说:"这的确是真的,不是安慰客户用的。时间拖得越长,越说明案子有问题,就说明许宗灿越有希望活下来。如果案子结果很快就下来了,反而不是好事。"

二十四

时间慢慢地,又过去了半年。

二十五

那天录完一个事务所合伙人的春节节目,陈曦回到办公室打开手机,发现又多了不少信息。陈曦一条条地翻下去,忽然看到了许宗灿案这个群里许宗灿姐夫问了一句:陈律师,今天我们接到一个电话,对方说是清江中院的,让我们安排最多三个人在这两天速去看守所看一下许宗灿。不知道这是什么意思?

陈曦脑子"嗡"的一下。

二十六

离放假前几天,陈曦接到一个电话。

看到电话是江南省清江市的区号,陈曦不由有点头皮发紧。他深吸一口气接起了电话。对方说是清江中院的法官,今天寄出了一份最高法院的裁定书和送达回证,麻烦陈律师收到了把送达回证签字了直接寄回最高法院。

陈曦说:"好的,法官,我冒昧问一下,许宗灿是啥时候执行的?"

对方在电话里笑,说:"你咋知道已经执行了?"

陈曦说:"你们肯定先执行了才会把文书给我啊。"

对方说:"是前天执行的。"

陈曦说:"你们一般是用枪决还是注射啊?"

对方想了想,说:"我们现在两种方式都有。"

陈曦说:"明白了。"

对方没再说什么。

陈曦说:"那个,还顺利吧?"

对方停顿了一下,说:"还顺利。"

陈曦说:"好的,谢谢。"

二十七

春节陈曦回了老家。

大年三十那天晚上,陈曦和一帮亲戚兄弟喝得有点高,回到家斜靠着沙发,拿着一瓶1995年的郎酒在把玩,说:"可惜可惜,酒都跑了一半了。"陈曦的父母在看春节联欢晚会,一边看一边抱怨,说:"怎么这个晚会越来越没有名堂。"陈曦抬头看电视上,男男女女浑身红彤彤的在群魔乱舞。陈曦打开了手机,开始看那些祝福微信。凡是群发的陈曦都不回,有提到陈曦名字的,陈曦简单地回两句。一行行地看下去,忽然看到了"许宗灿案"那个群有个红色的小圆圈,陈曦的心脏不由乱跳了一下。

打开看,是许宗灿姐夫发来的微信:陈律师,之前的事情你和小刘律师都辛苦了,我们知道你们尽力了,不要过意不去，我们不会责怪你们的。我们还是朋友，以后还是要往来。许宗灿爸爸和我祝你全家春节快乐。

　　陈曦放下了手机，轻轻叹口气，觉得有些雾气从眼前升起。

　　陈曦想了想，在群里回了一句：

　　彭伯伯、莫先生和焕之：春节快乐。

　　陈曦发完了往沙发上一靠，过了 30 秒，又加了一句：

　　保重。

（2021 年 4 月 1 日）

未被受理的重婚案

> 许先生走后,小刘说:"洪律师,我现在可以明确许先生受的伤害比吴胜利受到的还大。"

一

我说:"吴胜利,你确定要起诉你妻子田文秀重婚吗?"

吴胜利犹豫了两秒钟,说:"是。"

我说:"你有没有考虑过这样做会对你孩子构成伤害?"

吴胜利说:"孩子不小了,懂事了。"

我说:"司法实践中对于重婚案的证据要求很高,法院对于重婚案的处理也是非常谨慎的。"

吴胜利说:"我知道。"

我说:"你确定要起诉吗?"

吴胜利说:"对的,洪律师。"

我叹口气说:"好吧,那你在这几份自诉状上签字吧。"

吴胜利说:"洪律师,你帮我打官司你赚你的律师费,叹什么气。"

我叹了第二口气。

二

从监狱出来，小刘说："洪律师，这个吴胜利真是的，他自己被判了 14 年，从现在算也还有 11 年才能出来，他老婆一个人在外面带着孩子多艰难啊，他还要告人家重婚，不知道他咋想的。就算他老婆在外面真的找个男人也正常啊。如果是我的话，被判刑那天就跟老婆离婚了，免得拖累人家。"

我说："你一个小丫头，哪里知道男人的苦。"

小刘说："我只知道女人更苦。"

我说："苦啥苦，你不看男人平均寿命都比女人短几年。"

小刘说："那是你们男人自己闹的，老是吃喝嫖赌，二百岁都不够你们糟蹋。"

我说："你吵架长进了啊？"

三

许先生来事务所时，我一开始以为是他自己的事情，但等我们在会议室坐定开始聊时，才发现不是那么回事。

许先生说："这不是我的事，是我朋友吴胜利的事。他因为犯罪被判了 14 年。刚开始时他想自己进去了，他老婆在外面带着一个 10 岁的孩子不容易，他不想拖累她，提出要和她离婚，但他老婆很爱他，不同意离婚。可过了才不到两年，他老婆现在提出要离婚了。"

我说："那就离呗，如果对孩子和他老婆有好处的话。"

许先生摇摇头，说："不是那么简单。他老婆在他刚被判刑不久就和别的男人好上了，而且已经发展到她让孩子叫这个男人'爸爸'的地步。"

我问："他们有住到一起吗？"

许先生说："有。"

我问："住了多长时间了？"

许先生说："有一年多了。"

我说："这个情况可以证实吗？"

许先生说："我去过她小区的居委会，居委会的人同意帮我们出证明。"

我说："如果是证人证言的话，光盖章没啥用，还需要证人本人到法庭证实。"

许先生说："这个没问题，我可以帮沟通。"

在旁边做笔录的小刘忽然冒冒失失地插了一句："许先生，你咋对这事情了解得这么清楚？"

许先生笑笑，说："吴胜利是我好朋友，他当初因为经济犯罪被判刑时，连律师费也是我帮出的，后来他进去后，就托我帮照顾一下他太太。所以我会时不时去看看田文秀，然后就发现了她跟别的男人实际住在一起。"

小刘点点头说："哦。"

我说："如果这样的话，起诉的原告应该是吴胜利。这事情吴胜利知道了吗？"

许先生说："他知道，我之前找了律师去监狱问过他了，他要告他太太重婚。"

我说:"许先生,我冒昧问一下,您之前有律师,那为啥不让前面的律师接着做呢?"

许先生说:"前面那个律师不是做刑事的,所以我才通过熟人介绍来找你们。"

我说:"哦。"

许先生说:"洪律师您看看,这个案子律师费你们需要多少?如果要起诉的话,我们要准备一些什么材料?"

我说:"重婚案是自诉案,需要律师去跑证据,所以耗费的时间会比较多。另外,法院对于重婚案的态度是比较谨慎的,我记得之前滨海法院判过一个重婚案,那是因为孩子都生出来了,证据确实充分。"

许先生说:"费用不是问题,即便成功率不高,我们也要上。"

四

许先生走后,小刘说:"洪律师,我咋觉得这个案子许先生才是受害者呢,他好像比田文秀的老公还起劲。"

我说:"人家为朋友两肋插刀,你还说风凉话。"

小刘说:"我凭直觉啦。"

我说:"我的直觉是这个案子可以多收点律师费。"

小刘说:"洪律师好猥琐。"

我说:"如果师父猥琐,徒弟会不猥琐吗?"

五

到监狱会见吴胜利让他在委托书上签字的那天,和吴胜利核实了许先生讲的一些情况。吴胜利说许先生的确对他很不错,刑事诉讼时替他出律师费,到了监狱每个月会见时,也是许先生开着车送田文秀和孩子往返。一开始田文秀给吴胜利写信还写得比较勤,慢慢地信就少了,一年多后信没有了,甚至有时一个月一次的会见也不去了,而是让吴胜利的父亲带孩子去看看爸爸。

我说:"时光会改变很多东西。"

吴胜利说:"我也知道,但我还是接受不了田文秀和其他男人在一起这个事实。"

我说:"你刚开始时,不是还打算和田文秀离婚的吗?"

吴胜利说:"洪律师,你刚才不是说了吗,时光会改变很多东西的。"

六

跑了一个月,找了不下八九个证人,收集到了一些初步的证据。小刘整理好了笔录,做好了起诉状,说:"洪律师,我觉得差不多了。"

我说:"证据如何呢?"

小刘说:"我们找了居委会的工作人员和被告的邻居、原告的亲属和好友,还有孩子的家教老师做了笔录。居委会的工作人员和被告邻居可以证实,有一个叫桑大成的男人经常出入田文秀家;居委会的工作人员还可以证实,听有人讲田文秀早就和她老公离婚了,所以才和这个男人好的,但事实上田文秀起诉要求离婚是最近一个月的事情;吴胜利的爸爸可以证实,有一次在田文秀家里发现有男人的睡衣等物,但吴胜利已经被判刑劳改了,所以这个睡衣肯定不是吴胜利的;孩子的家教老师可以证实,家教时有一个男人接送孩子;吴胜利的好友可以证实,有几次几家人一起出去玩时,桑大成都是和田文秀以及吴胜利的孩子一起去的,孩子甚至在其他人面前称桑大成'爸爸'。"

我说:"听起来桑大成对田文秀和她儿子还是挺好的嘛。"

小刘说:"嗯。有个邻居还证实说,桑大成有时还帮田文秀家做饭,有好吃的还会送邻居一点。"

我说:"田文秀家住在什么小区?"

小刘说:"是一个比较老的那种滨海的老公房,房子都不大,邻居都很熟的那种。"

我说:"如果是高档小区就难取证了。"

小刘说:"所有这些证人证言都要放进证据目录吗?"

我说:"你蠢啊,那种替桑大成说好话的证人当然不用啦。"

小刘递给我一张纸,说:"这个就是田文秀。"

我看了看小刘拉的口卡,上面是一个端庄文静的中年女子。

我说:"奇怪。"

小刘说:"啥奇怪?"

我说:"没啥,她长的不是我想象的那种样子。"

小刘说:"你觉得她该长啥样子?吸引男人的那种?"

七

在第二次去监狱让吴胜利在自诉状上签字后,我又约了许先生见面。

我说:"许先生,诉状和材料都准备好了,但我觉得单凭这些证据可能还是不够的。这些都是些外围证据。"

许先生惊奇地说:"为啥?有这么多人可以证实桑大成和田文秀搞在一起了,而且不是一两天,已经有一年多了,连吴胜利的孩子都叫桑大成'爸爸'了,为啥还不是重婚?"

我说:"因为角度不一样。老百姓理解的重婚也许和乱搞男女关系是一样的,但从法律人的角度看,对于重婚的界定要求很高,不是在一起睡几个晚上或者让孩子叫爸爸就可以算构成重婚的。"

许先生说:"哦。"

我说:"而且。"

许先生说:"而且啥?"

我说:"而且吴胜利被判14年有期徒刑这个情况,到时也会博得法官的同情心。"

许先生说:"都到这个份上了,不起诉也不可能,你们就往下做吧。"

八

小刘带着诉状和材料去法院跑了一趟，然后气呼呼地回来了，说："洪律师，法院不讲道理。"

我说："咋啦？"

小刘说："我去法院交材料，他们随便看了看就说达不到证据要求，说不受理。"

我说："不受理让他们出裁定书。"

小刘说："我就是这么说的，但那个立案庭的法官很凶，说他们不出书面文件。"

我说："然后呢？"

小刘说："然后我就回来了啊。"

我说："你没和他们吵啊？"

小刘说："可以和法官吵架吗？"

我说："当然。"

小刘说："那下次你带着我去吵。"

我说："算啦。师父是那种拉下脸吵架的律师吗？成何体统。你把材料用 EMS 快递给立案庭。他们必须得出裁定。"

九

一个月后，我们收到了法院不予受理的裁定书。

许先生说："我们现在咋办？"

我说："我可以针对该份裁定书，再上诉一次。"

许先生说:"那我们上诉。"

我说:"上诉被改判的几率非常小。"

许先生说:"哪怕万分之一我们也上诉。田文秀太坏了,我帮她老公帮了那么多,帮她帮了那么多。"

我说:"然后呢?"

许先生说:"什么然后?"

许先生走后,小刘说:"洪律师,我现在可以明确许先生受的伤害比吴胜利受到的还大。"

我笑了,说:"然后呢?"

小刘也笑了,说:"没了。"

十

两个月后,针对裁定的上诉也被驳回了。

再过了两个月,许先生来电话,说田文秀搬家了。

我说:"搬去哪里了?"

许先生说:"不知道,我在找派出所的朋友帮忙找。洪律师,如果找到了我们还能做什么?"

我说:"这个有点难了。如果连重婚也做不了,其他的办法就更没啥意义了。"

放下电话,我跟小刘说:"许先生真的好受伤。"

小刘说:"师父你不是说过,时间会改变一切的嘛。"

(2019年1月31日)

安小梅离婚记

> 老马有点慌,说:"法官,我还有其他证据,可以证明他们根本没法维持婚姻关系。"

一

我相信,安小梅如果第一次接到的是离婚判决,一定会出人命的。

如果看诉状,是一个再简单不过的离婚案件:原告马卫南因夫妻关系不佳,且被告安小梅有家暴行为,故请求法院判决解除双方的婚姻关系。

但是。

二

那天我在开车,看到电话是江总打来的,就靠边停了车把电话打回去。我说:"江总,啥事?"

江总说:"洪律师,我这里有个离婚案。"

我说:"事情复杂吗?"

江总说:"唉,洪律师,这事情说起来真是可气。我原来家里带孩子的小保姆女孩是四川那边的彝族,我有个朋友介绍的朋友姓马的，在一次饭局上见到小保姆，说自己儿子还没女朋友，想介绍给自己的儿子。我当时想我孩子也长大了，也该让这小保姆出去见见世面，就答应了。小保姆到了滨海，和这个姓马的儿子交了朋友，过了不久就结婚了。结果结婚不到半年，两口子就吵闹，然后这男的说我家小保姆有暴力倾向，向法院提出离婚。我想我家小保姆原来带我孩子时没看出来有啥暴力倾向啊，为啥到了他家就有了？我问呢，小保姆也不多说。我想既然人家都提出离婚了，就找个律师给她，也算帮她一把吧。"

我说："江总是仗义之人啊。你让她打我电话吧。"

三

我问安小梅："你这个名字咋是彝族的名字啊？"

安小梅说："我也不知道为啥叫这个名字，听家里人说我们以前是乌撒部的，为了生活方便，取了一个汉族的姓。"

我问："啥乌撒部？"

安小梅说："我也不知道，好像是彝族的一个部落分支吧。"

我说："好吧，你先把收到的诉状和证据材料给我看看。"

安小梅低头从一个跨肩布袋里拿出了一叠材料。

看完材料，我问："你有经常打他吗？"

安小梅脸涨红了，说："嗯。都是他先骂我打我，我才还手。一点小事就打，一点小事就打。他打不过我。"

我说："有孩子不？"

安小梅说:"没有。"

我说:"有财产分割不?"

安小梅说:"我没钱,他也没啥钱。"

我说:"你们的房子是啥时候买的?"

安小梅说:"我们住的是落在他爸爸名下的老公房,因为我们老打架而且他打不过我,他搬回他爸爸那边去住了,他爸爸那边还有套老公房。"

我说:"那就离呗,如果两个人过不下去。"

安小梅眼眶湿了,说:"洪律师,当初我在江总家里带孩子带得好好的,是他家爹要我来滨海。现在如果离婚了,我连住的地方都没有。而且我是彝族,我根本没法回老家,我们老家人根本理解不了离婚这件事,我跟老家人讲不清楚,会被人家笑死的。我肯定是不回去的。"

我问:"如果真判离了呢?"

安小梅咬牙切齿地说:"我会杀了他们。"

我说:"他们是谁?"

安小梅说:"马卫南和他爹。"

在一边做简单记录的小刘抬起头瞪大眼睛。

我说:"这个这个,杀人成本很高的啊,你自己可以去打工挣钱,然后租房子住啊。"

安小梅不言语。

我说:"杀马卫南应该,但为啥要株连他爸爸呢?"

安小梅脸涨红了,还是不言语。

我考虑了一下，说："安小梅，离婚这个事情，法院一般第一次不会判离，但你们有家庭暴力行为，判离的可能性还是不小。我会尽力争取让法官第一次不判离，给你缓冲的时间。你也要想办法自己找工作啥的，因为如果对方坚持第二次再起诉，就很难说了。"

安小梅想了想，说："听你的。"

等安小梅走了后，小刘说："洪律师，如果官司输了，安小梅真的会杀人吗？"

我说："当然，少数民族说话算数。以前我在云南，看他们打架看得多了，根本不吵的，看一眼不顺眼就抄家伙。"

四

开庭那天，对面原告席上坐着一个猥琐的中年男人和一个更猥琐的老年男人。安小梅说，小的是马卫南，老的是他爹。

我说："这家人咋这么抠门呢，连律师都不请，真让我瞧不起。"

安小梅说："他们连当初给我的项链都要跟我要回去。"

我说："那项链在水里漂得起来吗？"

安小梅说："啥？我没试过。"

小刘在旁边说："洪律师好坏。"

我对安小梅说："原来我不相信你打得过你老公，今天看到了你老公，我相信了。"

庭审快且枯燥，原告要求离婚，我作为被告代理人不同意,理由是如果离婚了,被告没收入,也没地方居住。女法官等双方都辩论完毕,说:"这事情没啥好争的嘛,夫妻吵个架、打个架很正常,我以前也和老公打过,后来就不打了。"

马卫南在法庭上基本上不说话,都是老马在说。老马听了法官的劝说,不停地晃他地中海式的脑袋,说:"法官不行啊,这个四川女人太厉害了,她把我儿子赶出他们的房子,现在自己一个人霸占着房子。我儿子去一次被她打一次,去两次被她打两次。不离婚,我们的日子没法过。"

法官又苦口婆心地劝了半天,老马还是晃脑袋。法官不耐烦了,说:"实在不想调解,那你们等判决吧。"

老马有点慌,说:"法官,我还有其他证据,可以证明他们根本没法维持婚姻关系。"

法官有点晕,说:"庭都开结束了,你有新证据?"

老马手抖脚抖地从黑拎袋里拿出了一份文件,上去递给书记员,书记员又递给审判台上的法官。

法官拿过来翻翻,不由眉头皱起来,说:"你儿子是 ED?"

我听了有点懵,问安小梅:"这是咋回事?"

安小梅脸涨红了,低头说:"是呢,他不行。"

小刘一脸困惑低声问我:"ED 是啥?"

我叹口气,说:"你看过电影《ET》吗?"

小刘说:"没有啊。"

我说:"代沟啊。ED 是 ET 的兄弟。"

小刘一脸茫然。

法官说:"被告,来,这个材料拿去看看。"

我拿下来翻了翻,顺手递给小刘,小刘看着脸就红了。

老马说:"法官啊,他们真的没法在一起生活啊。我儿子有这病,的确不适合再在一起了。"

安小梅忽然就站起身来,抓起我放在桌子上的一支水笔就向老马扔过去,水笔"嗖"地擦过了老马微偏的地中海脑袋,把父子俩吓了一大跳。老马说:"你要干什么?"

法官也被吓了一跳,拿法槌使劲往垫板上一敲,说:"被告你干嘛?给我坐下来,你不知道这里是法庭吗?我先口头训诫你一次,再这样我叫法警了。"

安小梅哭了,边哭边骂,说:"你个老狗日的,你儿子来搞我搞不动,你就想来搞我,还说帮你家传香火,传你妈个逼。"

法官和我还有小刘都愣了。

老马火气很大地说:"法官不要听她瞎说,她是知道我儿子有这毛病后跟我家讹钱不成乱讲的。她信口雌黄。"

五

以原告当天提出新证据为由,我申请了十天答辩期。

回到律所,我说:"安小梅,今天还好我没带万宝龙水笔去。如果带去被你摔了,我要不要你赔?"

安小梅说:"洪律师,不好意思。"

我说:"下不为例,你既然请了律师,就要相信律师好吗?我们不要在法庭上动手。"

安小梅说:"好。"

我说:"你给我讲讲到底咋回事?这些事情为啥你第一天来事务所不讲?"

安小梅说:"洪律师,我之前不想讲,这种事情想起来都恶心。马卫南有这毛病,他还老说是我的问题。然后他爸爸有一次跟我讲,他们家只有马卫南,是单传,要我跟他做,只要我不说,外面的人也不知道。我当时气得都不知道说什么好。后来有一次这个老杂种还真的想来搞我,被我打了一顿。"

我说:"你有证据吗?比如电话录音啥的。"

安小梅说:"没有啊。"

我说:"马卫南妈妈呢?"

安小梅说:"早死了。"

我说:"难怪。"

我想了想,说:"你在滨海有老乡吗?"

安小梅说:"有个远房的堂哥。"

我说:"下次开庭你让他多找几个人来,先等在法院门口,看到马卫南来了跟着他们进来旁听。"

六

第二次开庭时,到了开庭时间原告还没出现。

法官说:"这家人咋回事?"正说着,台下书记员的电话响了,书记员接起来听了就笑,说:"审判长,原告在法院门口,因为看见被告家好几个人在法院门口,就不敢进来。"

法官看着我，说："洪律师！你想干什么？"

我说："啊？什么干什么？"

法官说："书记员，你让门口的人派个法警去把原告带进来。告诉那些来旁听的，这个案件涉及个人隐私，不允许旁听。"

我恍然大悟，说："不好意思，我忘了这个案子不允许旁听。"

核实了上次原告提交的医学意见后，我说："法官，我想向原告发问。"

法官说："你问。"

我问："马卫南，你啥时候知道自己是ED的？"

马卫南没说话，看看他父亲。

老马说："就是和被告结婚后。"

我说："法官，我请求由原告本人回答问题。"

法官说："好，原告代理人，你不要替你儿子回答问题。"

我说："马卫南，你今年已经35岁了，你之前交过几个女朋友？"

马卫南看看父亲，说："一个都没有。"

我说："这明显违反生理逻辑嘛。是不是你之前交女朋友时就知道自己有这种疾病，所以才一直没有结婚？"

马卫南说："没有，是和安小梅结婚时才知道的。"

老马说："被告律师，你问这个干什么？跟案情无关。"

我说："是不是因为你和你父亲都知道你有这种疾病，所以才合谋欺骗了被告，先让被告和你结婚，然后让你父亲和被告为你马家传宗接代？"

安小梅离婚记 | 117

马卫南说:"没有。"

我说:"是不是因为你们觉得被告是从西部来的小姑娘又是少数民族好欺负?"

马卫南声音变大了,说:"不是。"

我转向法官,说:"法官,我申请调查令,调查原告的医院就诊记录。"

老马气得浑身发抖,大声地说:"法官,我抗议,被告律师信口雌黄。如果我要找老婆我自己就直接找了,干嘛要和安小梅发生关系?"

我说:"也许你的确是想过,但是你这么老,讨个能生孩子的老婆不容易吧?很贵的,是不?"

法官说:"被告代理人,你说人家欺骗被告,有证据吗?"

我说:"没有。"

法官说:"没有证据就不要再问了。"

我说:"我问完了。"

最后法官问还有什么代理意见,我说:"如果从夫妻关系常理讲,被告是应该离开原告;但现在如果判离了,被告就没有住的地方,而且被告没有工作,判离会造成新的不安定因素,而且,被告是少数民族。"

法官说:"少数民族怎么了?"

我笑笑,说:"被告之前跟我讲过,如果被判离了,她要杀人。"

法官看着我,说:"你威胁我?我办离婚案子办得多了,要砍人、要泼硫酸、要自焚的都见过。"

我说:"我哪里敢威胁法官啊,这是被告亲口跟我讲的啊。"

法官问:"你们双方有没有调解方案?"

我说:"可以调解啊,拿钱。"

法官问:"你们要多少?"

我报了个数字。

法官摇摇头,问原告老马:"你们啥意见?"

老马说:"我们没钱啊,给个三五万还可以,但一要离婚,二要安小梅从我们房子里搬出去。"

我说:"看看,说到重点了吧?安小梅住着你们的房子你们心疼了?没钱你还传宗接代啊?没钱拿什么给你的孙儿买奶粉?哦,应该是儿子。还是钱要留着继续骗新的儿媳妇?"

法官说:"洪律师闭嘴,你这是调解吗?"

结束后,安小梅说:"洪律师,我当初都没有想到他们有这么坏。"

我说:"把人想坏一点是我们律师的天职,我们应该做的,别客气。"

七

接到驳回原告诉请的判决后,我给安小梅打电话,说:"虽然这次驳回了,但半年后他们可能还是会再起诉的,所以你要抓紧时间学点技能,出去打工养活自己,这样你才可以在滨海待下去。滨海地方大,坏人也不少,你自己多注意。"

安小梅说"好",然后又问:"如果他们还来我住处要我搬出去咋办?"

我说:"你以前不是把人家打出去过吗?"

安小梅有点不好意思,说:"嗯。"

我说:"接着打。"

放下电话,小刘说:"洪律师,你上次不是说不要动手的吗?"

我说:"是啊。"

小刘说:"那你为啥现在又叫人家动手了?"

我说:"小刘啊小刘,你咋没啥长进啊,我原来说的是我们不在法庭上动手啊。"

小刘说:"如果下次再起诉判离,安小梅还会杀人吗?"

我说:"不会了。"

小刘说:"为啥?"

我说:"那时她会有自己的新生活的。"

八

4个月之后,安小梅又打电话来,说:"洪律师,我不想再住在他们家了。"

我说:"为啥?"

安小梅说:"我想有自己的生活了,我现在在外面打工,有自己的收入了。"

我说:"找到男朋友了?"

安小梅说:"嗯。"

我说:"啥时有的?"

那边沉默了一下,说:"刚有不久。"

我说:"你先忍一忍。你现在住的房子是免费的,你出去租房子住还要花钱。两个月之后你又会收到传票了,那时候让他们再出一笔钱。而且你现在还没离婚,不要被他们拿到对你不利的证据。"

安小梅说:"好的,听洪律师的。"

九

马卫南第二次起诉以调解结案,老马家付给安小梅一笔钱,安小梅搬出老马家的那套老公房,双方解除了婚姻关系。

拿到调解书,我把结果告诉江总。江总很开心,说:"老马这个老杂种,我也是瞎了狗眼把他当朋友看,他原来还欠我一笔钱呢,洪律师你再替我打个官司把钱拿回来。"

我很开心地说:"没问题,江总他欠你多少钱?"

江总说:"两万块,我有借条。"

我说:"啊?这个这个,要不我就叫小朋友帮您跑一趟吧,这么少的钱我不好意思收费。"

江总说:"你客气啥?这钱收回来就当你的律师费吧。"

我说:"江总太客气了,多不好意思啊,这么简单的事情。"

(2018 年 11 月 14 日)

一桩"未遂"的强奸案

> 我说:"第三,也是最重要的,你千万不能被警察吓唬和诱骗,不要做不利于自己的供述。"

一

电话响时,我和小刘正在接待两个 P2P 的客户家属。这两个家属坐下来已经快一个小时了,问题问了一箩筐,却依然没有要签署委托书的意思。我心里有点不耐烦了,但嘴上还是没有说什么。听到电话,我说不好意思我去接个电话,然后起身出了会议室。

老刘电话里说:"老洪啊,最近生意好吧?"

我说:"托政府的福啊,最近 P2P 抓了不少人,看守所都关不下了,我们刑事律师得为政府分忧解愁啊。"

老刘说:"看把你嘚瑟的,听说监察委的案子你们律师见不到?那以后你们不是得集体转岗了?"

我说:"刑事律师烟酒不离身,不爱穿西装,卖相差,跟司法机关打交道时间长了脾气大,转岗不容易啊。你有监察委的案子介绍给我?"

老刘笑了,说:"你想得美啊,我们哪里有那么多坏人,坏人毕竟是极少数嘛,要相信党和政府。"

我说:"坏人多点好啊,我们有生意。"

老刘说:"你们律师咋没几个好人呢?说正事,我家阿姨的一个老乡,也是做阿姨的,她老公涉嫌强奸被抓了,要找个律师。"

我说:"强奸?"

老刘在电话里笑,说:"是强奸,我也想不通,这年头咋还会有强奸案子。这种案子你接不接啊?"

我说:"老刘,瞧你说的,领导安排的事情我哪敢挑肥拣瘦啊,你把我电话给她吧。"

回到会议室,小刘在收拾笔记本。我说:"那两个人呢?"

小刘说:"他们走了,还说谢谢洪律师,他们考虑好了会和您联系要不要委托我们。"

我说:"唉,又被占了便宜。"

小刘说:"洪律师,你被占的便宜还少吗?"

二

中午吃了饭在江边走时,电话又响起。秘书说:"洪律师您约的客户程先生到了,在8号会议室。"我说:"怎么比约好的时间提前了半小时啊?"秘书说:"不知道,他们好像很急的样子。"

三

和小刘到了会议室,里面坐着三个人,一男一女两个年轻人和一个矮胖的中年妇女,看到我们进去就站了起来。

我说:"你是程先生?"

男青年说:"是。"

我说:"坐吧,我们不浪费时间,说说咋回事。"

程先生说:"昨晚我爸爸被抓了,听警察说涉嫌强奸。"

我扭头看中年妇女和女青年问:"你们是他啥人?"

中年妇女欲言又止,把眼睛焦急地去看男青年。

程先生说:"她是我妈妈,她是我姐姐,我妈妈不太会说话,洪律师有啥问题我跟你说。"

小刘听了把头抬起来去看那个中年妇女,中年妇女眼神躲开了小刘。

程先生说:"我爸爸在一个小区做电工,好像认识小区里一个女老乡,也在小区里工作的。昨晚那个女老乡的老公报警说我爸爸强奸他老婆,纠集了几个亲戚把我爸爸打了一顿,警察来就把我爸爸带走了。"

我说:"你爸爸强奸了一个女老乡?"

程先生点点头说:"警察是这么讲的。"

我说:"你爸爸和这个女老乡认识很久了吗?"

程先生看看中年妇女,说:"应该是。"

中年妇女开始啜泣。

程先生问:"洪律师,我们现在该咋办?"

我说:"现在你们见不到他,只有我们律师可以见。是不是强奸我现在也不好说,只有见了你爸爸了解了情况才能给个判断。"

程先生说:"可以的,费用多少?"

我心里盘算了一下说:"你们是朋友介绍来的,我给你们一个优惠价,而且你们这个案子可能第一个阶段就了结了,你们就先按第一个阶段付费吧。"

程先生问:"多少钱?"

我报了个数字。

程先生马上从随身携带的包里拿出了几沓现金,说:"洪律师,你下午可以去见我爸爸不?"

四

去看守所的路上,小刘说:"洪律师啊,我听起来觉得程先生爸爸和那个女的有一腿啊。"

我说:"是啊,凭我经验觉得他是被诬陷了。"

小刘说:"他家人倒很护他啊,二话不说就付律师费了,还现金!"

我说:"我也是第一次遇到报了价二话不说就付钱还是带现金过来的。你看看这家人,外地人来滨海打拼,妈妈做阿姨,爸爸是电工,他们的收入应该不高吧。我们好好做这个案子吧。"

小刘说:"洪律师见钱眼开啊,我看你刚才看到现金眼睛都亮了。"

我说:"还是现金看着有感觉啊,连号票的新钱,看着就喜欢,我都不想交给财务了。"

五

老程是个面色微黑、身材不高的中年男子,看到我后就问:"谁委托你的?"

我说:"你儿子。"

老程说:"我老婆呢?"

我说:"委托时你儿子、你女儿、你老婆都来了。"

老程低下头沉默了两秒钟。

我说:"你咋回事,跟我说实话,不然我不好帮你判断。"

老程点头,说:"那天上班时那个女人跟我发微信,约我下班后见面,我下了班就去她家。"

我问:"她家在哪里?"

老程说:"在我们一起工作的小区旁边不远的一个老公房小区,走过去几分钟就到了。"

我说:"然后呢?"

老程说:"我进她家后一开始讲了一会儿话,然后就脱衣服。"

我说:"怎么脱的?"

老程去看小刘,有点犹豫。

我说:"说详细点,不然我们不好帮你判断。"

小刘有点不高兴地说:"程先生你不要不好意思,我们是律师,不好对我们遮遮掩掩的。"

老程忙不迭地点头，说："一开始我们是自己脱，我脱得快，看她脱得慢，我还帮她脱。"

我说："她有反对吗？"

老程说："是她微信约我来的，怎么会反对呢？"

我说："后来做了吗？"

老程低头说："做了。"

我说："那强奸是咋回事？"

老程说："她老公回来得早，撞见了。我们吵起来。吵了一会儿我就先走了。后来她又发微信给我，说让我回去和她老公讲清楚。我回去后看到她老公还有几个他们的亲戚也在，跟我谈如何解决，是公了还是私了。我说私了咋了，他们说要3万块钱，我说我没那么多钱，他们就打我，还叫了警察来，说我强奸。"

我说："我大概明白了，你和她之间平时如何联系？"

老程说："微信。"

我说："你和她之间这种关系有多久了？"

老程说："大概半年吧。她说她是真心爱我的。"

我说："爱个锤子，爱你还把你骗回去让警察抓你。"

老程不说话。

我说："你的手机呢？"

老程说："警察收走了。"

我说："警察来提审过了吗？"

老程说："只提审过一次，他们问我是不是强奸，我说我们是自愿的。"

我说:"你们做那事时,旁边邻居有人在家吗?"

老程说:"我没注意,不过她家房子隔音很差的,因为是老公房。"

小刘说:"你们声音大吗?"

老程白小刘一眼不说话。

我说:"如果今天你给我讲的是真的,那么你问题不大,估计警察很快就会放人。警察再来提审时你要记住我的话,第一是如实跟警察讲你和她的关系,尤其要讲手机里有两个人平时的微信联系,要求警察好好看看你们的微信记录;第二是每次警察给你做的笔录要仔细地看,不是自己说的话千万千万不要签字,或者要修改成自己说的。记住了?"

老程说:"记住了。"

我说:"第三,也是最重要的,你千万不能被警察吓唬和诱骗,不要做不利于自己的供述。"

老程说:"如果他们家亲戚都说我是强奸呢?"

我说:"他家亲戚看到你做那事了?"

六

出了看守所,小刘说:"洪律师,你觉得他今天说的是真的吗?"

我说:"是真的。"

小刘说:"为啥?"

我说:"强奸也是体力活啊。"

小刘说:"啥意思?"

我说:"啥意思啥意思?刑事案子做多了你就知道客户说的是真话还是假话了。你回去让他儿子来取保候审申请书上签个字,然后你去找警察交一下。"

小刘说:"这臭男人,他老婆对他那么好,他还去外头找。"

我说:"他们间的夫妻关系到底咋回事你咋知道?"

小刘翻翻白眼,说:"你刚才为什么不问问他?"

我说:"这超出我们的代理范围了。"

七

才过了两天,小程就发微信给我:"洪律师,我爸爸的案子有消息了吗?"

我说:"没那么快,再等两天。"

小程说:"哦。"

第四天,小程又发微信,说:"洪律师,取保候审的申请警察同意了吗?"

我说:"我们还没收到回音呢。"

小程说:"不好意思,这事情出了我们全家都急,打扰洪律师了。"

我说:"没事。"

第五天,警察不同意取保的书面答复下来了。我拍了个照片微信发给小程。

这次小程没发微信,直接电话过来了,说:"洪律师,警察为啥不同意取保啊?是不是需要打点关系?"

我说:"可能警察太忙吧,我们的申请递得太快了,按照规定他们必须限期书面答复,如果案子还没查清,他们又不敢放你爸爸,就只能先拒绝我们的申请了。"

小程说:"哦,好的,我们听您的。您这两天有空不?"

我叹口气,说:"我明天去看守所见你爸爸。"

我说:"程先生,我再问你一次,你的确没有采用暴力和人家发生关系?"

老程说:"洪律师我如果骗你,以后我被电打死。"

我说:"你当时有没有打或掐人家女的?换句话说,女的当时身上有没有伤?"

老程摇摇头,说:"没有。哦,对了,昨天警察来提审我,说女的身上有伤,说让我说实话。"

我说:"为啥女的会有伤?在什么部位?"

老程说:"应该是她老公打的,我根本就没有打或者掐过她。伤在什么部位警察也没说。"

我说:"我再重复一下上次我跟你说的,如果你真没有采用暴力和她发生关系,那么你千万不能被警察吓唬和诱骗,不要做不利于自己的供述。"

老程说:"知道了。"

小刘说:"洪律师,你为啥怀疑老程打或掐那个女的啊?"

我白了她一眼。

八

回到事务所，我打了个电话过去说："程先生你放心，你爸爸是无辜的，警察看了你爸爸手机上的微信后就会明白到底咋回事，再耐心地等两天。"

小程说："洪律师，要不我们给你一点钱，你去找找公安的关系？是不是因为我们是穷人，他们警察就这么欺负我们？"

我说："不要这么想，要相信党和政府。"

挂了电话，小刘在旁边说："你既然这么肯定这个案子警察会放人，干嘛不收下当事人要搞关系的钱，最后把放人的功劳归自己？你不收人家的钱，到时人家还会觉得你洪律师不努力。"

我说："你长进了哈，师父的葵花宝典都被你学去了？"

小刘说："本来就是嘛，有些当事人就是要哄着骗着的才开心。"

我说："这只能说明葵花宝典你才学了毛皮，还没学到精髓。如果这个当事人是有钱人，师父肯定敲一笔。"

小刘睁大眼睛说："真的？"

九

一周后小程打电话来，很高兴地说警察通知去看守所接人，问还要注意什么。

我说："到时你把警察给你的法律文书发过来给我看看。"

文书发过来，是一份因证据不足的释放通知书。

小程问："这事情算结束了吗？"

我说："结束了。"

小刘说："洪律师，怎么就结束了呢？那个女的老公诬告老程不要坐牢吗？老程被白白关了这么多天，他们还可以申请国家赔偿嘛。"

我说："你觉得老程把人家的老婆睡了还很委屈是不？"

小刘笑说："老程出去他老婆会不会和他闹离婚？"

我说："不重要了，没有什么比老程的自由更重要。"

小刘说："他们肯定很感激你呢。"

我说："不会的，小程马上就会在微信上把我删掉的。"

小刘说："为啥？"

我说："不为啥。"

（2019 年 3 月 29 日）

未披露的遗嘱

我望望阿姨,又转头去望望会议室落地窗外黄浦江对面滨海中心大楼那扭曲的身影。我说:"阿姨啊,你们儿子是个好孩子。"

一

有一天正在看案子,事务所人事蔡主管跑过来说:"洪律师,能不能把小刘借用一天?"

我说:"咋啦?"

蔡主管说:"今天前台小姑娘请假,没人了,想借用小刘帮顶一下班。"

我说:"行啊,给多少钱一天?"

蔡主管白我一眼,出了办公室。

二

吃过午饭回到律所,小刘跑进办公室说:"洪律师,有生意来啦,有两个老人来咨询,涉及继承的,要不你来接待一下?"

我说:"看来让你做前台还是有好处嘛。不过继承法不是我强项啊,你找别的律师去接待一下?"

小刘说:"洪律师你死心眼,法律不都是触类旁通的嘛,说不定就可以收个五万十万的,再说今天所里好多律师都不在。"

我说:"好吧,几号会议室?"

小刘说:"15号。"

三

15号会议室里坐着一男一女两个六十多岁的老人,阿姨正在用自己的遮阳帽轻轻地扇着,阿叔的脸上渗满了细细的汗珠。两个老人的眼圈都是暗黑的,阿叔的眼睛明显是哭过的。看到我进来,两个老人站了起来。

我说:"叔叔阿姨坐,不用站起来。今天外面热,我们办公室空调冷,你们小心不要感冒。我先把空调调小一点。"

阿姨接过我递的名片,说:"你是洪律师?"

我说:"你们有什么法律问题?"

两个老人你看我我看你,看了好一会儿,最后阿姨开口了:"还是我来说吧。"

我说:"好的,不急,慢慢说。"

阿姨叹口气,说:"这事情我们也不好意思说出口,是关于我们儿子的事情。"

我说:"没关系,我们律师会为客户保密的,这是我们的职业道德要求。"

阿姨看看老伴,说:"洪律师,你知道同性恋这事情吗?"

我说:"我知道啊。同性恋咋啦?"

阿姨说:"不瞒你说,我们老家是江苏小地方的,我儿子大学毕业后就来滨海找工作,没有回老家。他年纪很大了,一直不找女朋友,我们就催啊催,结果后来有一天,他跟我们说他喜欢男生。"

我说:"他来得对啊,滨海是个大城市,兼容并包,只要你不损害他人利益,不违法,干啥都行啊。"

阿姨说:"你这样说嘛道理上对,但我们受不了啊。"

我说:"阿姨啊,孩子大了,他自己的幸福才是最重要的,对不对?"

阿姨叹口气,说:"话是这么说,但我们只有他这一个孩子,他这么一来,我们不是连孙子都不能抱了?"

我说:"呃,这个……"

阿姨把两只手放在一起拍了几下,说:"洪律师,我们小地方的人脸皮薄。他不讨媳妇也就算了,他还把男朋友带回家来,说要让男朋友来认下门。这不是让亲戚、邻居都知道他是同性恋了吗?"

阿叔在旁边叹口气,说:"老太婆,你不要说这些浪费时间的话了,直接说正题吧。"

阿姨流泪说:"洪律师,你想想看,我儿子和另一个男人在我们面前跪下来叫妈,这是啥感觉?"

我说:"呃,这个……"

阿姨说:"他那个男朋友是个坏东西,回家来见我们就是他男朋友的主意。"

我说:"不见的话,你们是不是更不高兴?"

阿姨说:"我不想见他那个男朋友。"

我说:"你们是不想把遗产给他们吗?"

阿姨开始抽泣,阿叔在旁边边流眼泪边拿出手帕替老伴擦眼泪,说:"我们有什么遗产啊,我儿子死了,我们想问一问关于他遗产的事情。"

我说:"啊?"

阿叔说:"我儿子半年前患了血癌,在滨海找了好几个医院都没用。一个月前他去世了。"

我说:"你们儿子年纪不大吧?"

阿叔说:"就35岁啊。"

阿叔说:"我儿子很争气,工作后自己创业,事业做得很好,在滨海有公司,还买了一套别墅。得知儿子生了病,我们就从老家赶来,天天忙着照顾儿子。儿子过世后,他男朋友却说儿子在滨海的房子还有公司的股份都是他的,说我儿子已经答应留给他了。洪律师你说说,孩子不把财产留给自己的父母,怎么会把财产留给他的男朋友呢?再说我们国家法律又不承认同性恋,他凭什么来继承我儿子的遗产?"

我说:"按照目前我们国家的法律,同性恋的确是无法适用继承法中关于法定继承的条款,但继承法还有一个原则,即遗嘱继承优先于法定继承。换句话说,如果你儿子生前对于财产的处理有过交代,那么就必须按照交代来执行;如果没有交代,才按照法律规定的继承顺序来。"

阿叔说:"这个我们也问过了,不过……"

阿姨忽然就打断进来,说:"洪律师啊,说到这个遗嘱的事情,我们就想问一下,如果我儿子生前已经意识不清了,他说的话还有效吗?"

我说:"这个要看情况的,要看当时的情景和条件。"

阿姨说:"我们有视频,可以证明我儿子当时已经很虚弱了,他那时候说的话应当不作数吧?"

我说:"法律上主要是看意思表示时,神志是否处于清醒状态,是否是真实的意思表示,至于物理状态上的虚弱,倒不是主要考虑的。"

阿姨说:"那洪律师,你可以看看视频吗?"

我抬手看看表,说:"视频长吗?"

阿叔说:"一个多小时吧,不过我们可以快进。洪律师,你如果觉得占用时间太多,我们付咨询费。"

我说:"没关系,先看视频吧。"

阿姨在随手带的一个暗红色小包里搜寻着。小包的提手已经起毛了,看上去是用了很久的东西。

阿姨说:"怎么找不到?"

阿叔说:"你是不是之前给张律师看,还没有还给我们?"

阿姨白他一眼,有点尴尬地说:"洪律师,这个视频今天我们没带,要不我回去找到了再联系你,约个时间我们看一看?"

我笑笑,说:"没关系,下次带来再看。"

阿叔说:"这次咨询多少钱,洪律师?"

我说:"下次来一起算吧。"

四

虽然有了思想准备,但我们看到视频时还是有些震惊。

儿子已经瘦得皮包骨头,皮肤煞白,头上裹着头巾。病床旁边是他的男朋友和阿叔、阿姨。儿子在轻轻地嘟嚷着什么,他男朋友一边哭,一边大声地诱导着儿子往下说,内容似乎涉及某公司的股份和某路段的房产。阿叔和阿姨一边流泪,一边点头劝着儿子。

我和小刘看视频时,阿叔和阿姨把眼睛看到别处,不停地擦眼泪。

我停了视频,问:"这个视频谁拍的?"

阿叔说:"是我们的一个亲戚。"

我说:"声音效果不是很好,你儿子的声音几乎听不到。"

阿叔说:"是啊,这是临死前第三天拍的,他已经话都快说不出来了。"

我想了想,问:"阿叔,你们想要参与分配公司股份和房产?"

阿姨说:"是啊洪律师,我们要把本来属于我们儿子的财产拿回来。"

我沉默了一下,说:"你儿子生前没有给你们留下财产?"

阿叔没吱声。

阿姨说:"没有啊洪律师,现在他男朋友把公司股份和房产都拿走了,所以我们想要拿回来。"

小刘在旁边说:"不会这么快吧?您家孩子过世才一个月左右,一般来说,公司股份和房产要过户都要到相关部门办手续,不会这么容易的,应该说现在房产和股份还没有新的权利人吧?"

阿姨说:"这个我们不懂啊,所以我们来找你们,看我们如何才能拿回我们儿子的东西。"

我想了一下,说:"这样吧,我们先和对方沟通一下,看看能否协商解决。如果能协商解决,效率会高一些。实在不行再走诉讼途径。"

阿姨说:"好啊,洪律师您这边律师费是多少?"

我说:"我先和对方沟通一下,看看案件难易程度,再给你们报价吧。"

电话打过去,对方接听了。我说我是谁谁委托的律师,想就他们儿子的遗产问题和你沟通一下,你方便吗?

对方很冰冷的语气,说:"他们来找你了?"

我说:"对啊,他们想起诉解决公司股份和房产问题,但我想也许这里面有协商的空间,所以先和你联系一下。"

对方沉默了一下,说:"既然你是律师,今天我就不在电话里和你解释了,我会让我的律师跟你联系的。"

我说:"可以啊,麻烦你记一下我的手机号。"

对方记下了我的手机号,然后把电话挂了。

未披露的遗嘱 | 139

放下电话我想了想，又拨通了阿姨的电话，问他们儿子生前到底有没有留给过他们财产。

阿姨说："就是有时候每年会零零碎碎地给个一二十万，其他没有了。"

我说："上次见面时您没说这个事情嘛。"

阿姨说："我们以为这是儿子给我们的零花钱，不算遗产啊。"

我想了想，说："您说得也对。"

五

马律师电话来时，我正在跑步机上。我说："马儿今天咋有空来电话啊，要请老同学吃饭？老子毕业以后就没吃过你的饭了。"

马律师在电话那头笑了，说："毕业以前你也没吃到过我的饭啊，我对你可是一如既往的吝啬。"

我说："对啊，你的吝啬越发炉火纯青了。在学校时我们觉得你的吝啬是因为你穷，现在你做了律师，我才发现你的吝啬是天生的，就像你的五短身材一样，到死都改不了。"

马律师哈哈笑，说："你的尖酸刻薄也改不了啊。说正事啊，你最近手头是不是有一件继承案子？"

我说："哪个继承案？"

马律师说："就是那个同志的遗产案。"

我说："靠，滨海滩这么大，大到已经容不下马律师一张挣钱的办公桌了。你是那个男朋友的律师？"

马律师说："惭愧惭愧，挣点小钱却没想到被你撞见了。"

我说："我还没签正式合同，我想先了解一下情况。"

马律师说："可以啊，哪天我们碰一下？我来你们所吧。"

当马律师把一份公证遗嘱交到我手上时，我定定地看了他五秒钟。

我说："咋回事？"

马律师说："你先看看内容吧。"

我打开翻了一下，说："你小子够黑啊，教你的当事人把死者公司股份和房产都做到了自己名下，人家的父母什么都没拿到。"

马律师摇摇头，说："你误解我了。如果我够黑就不把这个遗嘱给你看了，我等你们起诉了，再拿出这份遗嘱来，赢了官司我再收一笔律师费。"

我说："你说得也对，吝啬也有吝啬的善良。那你给我讲讲到底咋回事。"

马律师说："据我了解，这个事情是你的当事人太贪婪。死者男朋友其实已经跟死者相处很久了，当初两个人一起创业开公司，死者的公司股份里面有很大一部分本来就是他男朋友的，只是挂在他名下而已。"

我说："房子呢？"

马律师说："房子的确是死者的财产，之前两个人在一起很久了,他男朋友一直和他住在这房子里,现在他死了,就要把男朋友赶出来吗?"

我说:"这个遗嘱他父母不知道吗?"

马律师点点头,说:"听男朋友说,这遗嘱的确没给他父母看过。"

我说:"为什么?"

马律师叹口气,说:"你也知道,他父母很反对他们儿子和男朋友的这段关系,事实上在他去世前,他们和男朋友的关系就越发紧张了。他为了不想让父母伤心,就没有把这份遗嘱给他们看。有些事情他改变不了,但他希望能安安静静地离去,如果实在要闹他也听不见了。"

我说:"好缜密的心思啊,但这样是不是更伤父母的心啊。"

马律师奇怪地看着我,说:"为啥伤心呢?"

我说:"所有的财产都给了伴侣而没有考虑自己的父母,父母怎么会不伤心呢?"

马律师愣愣地看我一下,哈哈笑起来。

我说:"你笑啥?"

马律师说:"你是不是又被客户骗了?儿子在去世前已经帮父母在老家买了一套大房子,还给了500万的存款,这个事情你不知道?"

我愣愣地看着马律师,嘴巴张了张但没说什么。

马律师又哈哈地笑起来,说:"来,我给你拍张照,瞧你这表情。"

六

两位老人进了会议室后,我说:"阿叔阿姨,我们不要绕圈子了,你们孩子患了白血病后在你们老家给你们买了套大房子,还给你们存了500万这个事情,之前为啥不告诉我?"

阿叔表情有点尴尬,没说话。

阿姨叹口气,说:"洪律师啊,我儿子是给我们买了一套房子,钱也给了点,但我们觉得这和遗产没关系啊。我们去问别的律师,别的律师说遗产是指生前仍留在死者名下的财产,我们仍然有份的。"

我摇摇头,说:"你们没份了。对方律师是我同学,和我沟通过。你儿子生前有一份公证遗嘱,对于公司股份和滨海的房产已经做出了安排。只是为了不让你们双方在他床前吵架,他生前没有给你们看过这份文件。"

阿叔和阿姨呆呆地相互看了对方一眼,又定定地看我。我叹口气,低下头玩手机。

阿姨沉默了半分钟,说:"洪律师,文件你看到过?"

我说:"我看到过。"

阿姨说:"我们能看看吗?"

我说:"对方律师不让我复印或拍照。"

阿姨想了想,说:"对方律师是你同学?"

我说:"是啊。"

阿姨说:"那你能不能和对方律师商量一下?"

我说:"商量什么?"

阿姨说:"滨海的房子很值钱的,他一个人占了那套滨海的大房子,总该给我们点补偿吧?"

我望望阿姨,又转头去望望会议室落地窗外黄浦江对面滨海中心大楼那扭曲的身影。

我说:"阿姨啊,你们儿子是个好孩子。"

阿姨望着我,没说话。

阿叔低下头擦眼泪。

我说:"你们以后会非常想他的。"

(2019 年 4 月 12 日)

被敲诈的艾滋病毒携带者

我正和托尼打电话约见面时间，小刘进来说："洪律师，所里找不到消毒液，我准备去附近找找，您要不要也带一包？"

一

有一天，三楼的陈律师来办公室找我，说有个很奇怪的案子需要与我合作。我问怎么个奇怪法？他说他有个客户托尼是个同志，遇到点麻烦事，好像是托尼的伴侣为了某些事情要挟他。陈律师听了觉得有可能涉嫌刑事犯罪，所以来问我是否可以一起合作。我说："约个时间先听听吧。"

到了约好的时间，托尼来到了事务所会议室。这是一个四十多岁、穿戴举止很优雅的白领高管。和我们握手寒暄完毕，托尼开始讲他的事情。

托尼有个伴侣杰克，两个人好了快一年了，因为最近两个人闹分手，杰克跟他要分手费。托尼给了他50万他嫌不够，还要500万，并且威胁说如果不给就要把他俩的事情说出去，不仅要群发邮件给托尼公司，还要向他公司的美国总部去揭发。

我说："滨海这个地方同志关系也没什么啊，你怕什么？"

托尼犹豫了一下，说："我是公司高管，不愿意自己的性取向被暴露。"

我心里有点狐疑，问："分手费你愿意给吗？"

托尼说："我愿意给一点，但他要得太高了。"

我问："就为了隐瞒同志关系，他跟你要 500 万？"

托尼想了想，说："是。"

我说："我可以先和杰克沟通一下吗？"

托尼犹豫了一下，说："对方已经请了律师。"

我说："对方有律师更好办。"

二

第二天我接通了对方律师电话，约了时间到对方律师事务所，见到了张律师。我说："两个人相好，能好就好，不能好就散，为什么要分手费？"

张律师狡黠地笑笑，说："我们要的不是分手费，是我客户的损失。"

我问："什么损失？"

张律师说："我的客户杰克和托尼相好时，帮他提供了很多炒 A 股的线索。托尼炒股赚了不少钱，本来答应给杰克 500 万的，但没有兑现。"

我问："有书面证据吗？"

张律师说："当然有，这些证据如果诉讼的话，我们会提供的。"

我说："如果只是这点钱的问题，为啥还要威胁托尼去揭发举报？"

张律师神秘地笑笑，说："不单这个，你的客户托尼还有个大问题。"

我笑问："是多大的问题啊？"

张律师忍了半分钟，说："你的客户有艾滋病，他把这病传染给我的客户了。"

我心里暗暗吃了一惊，原来我当初的狐疑总算找到了答案，这应该才是500万的真正源头。我对张律师说："你凭什么说我的客户有艾滋病，而且是我的客户把艾滋病传给了你的客户？"

张律师说："这方面的证据我们也会提供的。"

我想了想，说："我回去和我的客户沟通一下，再和你协商500万的事情。"

回所路上，助理小刘害怕地问："洪律师，托尼的艾滋病会不会传染给我们啊？昨天他来所里时我也和他握过手。"

我说："应该会吧？你回去赶紧拿消毒液把两只手都好好泡一泡。"

小刘听了脸上现出恐怖的表情。

回到了所里，我正和托尼打电话约见面时间，小刘进来说："洪律师，所里找不到消毒液，我准备去附近找找，您要不要也带一包？"

我吃吃地笑，说："小刘，你咋这么相信洪律师？你自己上网查一查艾滋病毒的传播途径再决定要不要买消毒液，好不好？"

三

第二次和托尼见面，我开门见山地问："你是不是有艾滋病？"

托尼看我这么问，知道没啥好隐瞒了，说："我是艾滋病毒携带者，不是艾滋病患者。"

我说："抱歉我用词有误，我知道患者和病毒携带者不一样。"

托尼尴尬地笑笑，问："洪律师，你不怕被传染吧？"然后看了看隔了一个座位坐着的小刘，小刘紧闭着嘴不说话。

我笑了，说："我了解艾滋病的相关知识，以前和艾滋病携带者一起吃过饭。托尼，有些话我希望你不要对我隐瞒，这样我才能完全帮你。"

托尼点点头说："好。"

我问："你是什么时候发现自己是病毒携带者的？"

托尼说："3年前。"

我说："那就意味着你和杰克相好前，就已经知道自己是病毒携带者了？"

托尼低下头，说："是。"

我看看低头记录的小刘，说："托尼，接下来是个关键的问题，希望你能告诉我真相。你和托尼发生关系时，都采取安全措施吗？"

托尼低头想了想，说："是。"

我问:"杰克是何时知道、怎么知道你是病毒携带者的?"

托尼说:"大概半年前我告诉他的。"

我问:"为何一开始交往时不告知对方?"

托尼说:"一开始就告诉怕对方就不和自己好了。"

我问:"那后来为啥又告诉对方了?"

托尼说:"后来感情深了,觉得不告诉对方不合适。"

我说:"你的意思是,你告诉了杰克你是个艾滋病毒携带者,他还和你好了半年?"

托尼说:"是啊,杰克很喜欢我。"

我问:"炒 A 股给杰克分成是咋回事?"

托尼说:"分手时杰克写了个协议给我,说把补偿费以炒股分成的方式给他一点钱。我当时没有答应他的这个要求,而是另外给他账户里打了 50 万,但他还是不依不饶。"

我点点头,问:"事后杰克跟你要补偿费,是通过什么方式?"

托尼说:"他发了短信微信,还有邮件。"

我说:"你把这些短信、微信和邮件都给我看看。"

托尼点点头。

四

托尼走后,我问小刘:"你觉得托尼今天对我们说的都是真话吗?"

小刘说:"我觉得挺符合逻辑的啊。"

然后她又困惑地问:"为什么他要对我们撒谎呢?"

我笑笑。

五

看完了托尼转过来的短信、微信和邮件，我约了张律师第二次见面。

我说："张律师，如果您手上有当初托尼写下的补偿协议，能否先给我看看，如果这份协议能说服我的话，我可以去说服托尼，这样对于事情的解决不是更有效率吗？"

张律师想了想，说："我可以给您看看复印件。"

我说："我就看复印件，您拿出原件万一我狗急跳墙把原件吞了，您也没法和您的客户交代。"

张律师忍不住哈哈笑，然后拿出了一份补偿协议的复印件。我看了看，这是一份打印的协议，下面有托尼和杰克两个人的签名，大概内容是杰克帮托尼炒股，托尼愿意补偿500万元。

我说："我能拿回去给托尼确认一下吗？"

张律师豪爽地说："没问题。"

我说："我再问一个问题，杰克是怎么知道托尼是艾滋病毒携带者的？"

张律师说："杰克有一次发现了托尼在用药，用一种艾滋病毒携带者的常用药。"

我说："杰克怎么知道这种药是艾滋病毒携带者的常用药？"

张律师愣了一下，说："药品都会有说明书的啊。"

我笑笑，说："杰克目前的身体状况如何？"

张律师说："他身体很差，目前连工作都辞了。"

我说："我能和杰克见个面吗？"

张律师说："不能。"

我问："杰克有近期的医院体检报告，或者其他的材料来证明他目前的艾滋病毒携带状况或者被感染状况吗？"

张律师说："这个杰克手上当然有。"

我说："这方面的材料张律师您见过吗？"

张律师又愣了一下，说："我当然见过。"

我笑笑，说："最后一个问题，杰克除了和托尼相好外，是否有其他的性伴侣？"

张律师脸上有点挂不住了，说："洪律师，您这样问是为了解决问题吗？有协议在这里，我们就履行协议好不好？"

我说："这个问题的确有点破坏我们的和平气氛，但也是一个很关键的问题。或者我再进一步问，杰克在认识托尼之前，杰克自己是病毒携带者吗？"

张律师脸拉下来，说："洪律师，这样谈下去没有意义了，您今天先把协议交给托尼确认吧。"

我说："好。"

出了张律师的律师事务所，小刘问："洪律师，这个案子到现在我都不知道这里面到底哪个是好人哪个是坏人了。"

我说："这个不重要。"

小刘说："洪律师，您太坏了。"

我说:"只有坏到了极致才会变好。"

六

回到事务所,我给托尼发了邮件,把张律师给的协议扫描附件请他确认。一会儿托尼来电话,说这个协议下面托尼的签名是造假的。

我说:"为什么说这个签名是假的?"

托尼说:"因为杰克平时和我在一起,熟悉我的签名,造假很容易。"

我说:"如果诉讼时,杰克拿出原件来,那是不是还需要做司法鉴定来确认签名真假?"

托尼说:"做鉴定不怕的,而且杰克不一定拿得出原件。"

我说:"你为什么说杰克拿不出原件?"

托尼在电话那头沉默了一会儿,说:"杰克造假只敢造复印件或者传真件,如果拿出造假的原件很容易被鉴定出来,他敢拿出来我就更不怕他了。"

我沉默了一分钟。

我说:"还有一个问题,你过去一年炒 A 股的盈利会超过 500 万吗?"

他想了想,说:"我过去一年的盈利差不多就是 500 万。"

七

过了两天,我和张律师通了个电话。我说:"张律师,这个案子和您接触过好几次了,我也把你们的意思和托尼说了,但托尼不同意给500万。即便要协商的话,也需要你们满足两个条件:一是给我们看那份补偿协议的原件,二是出示杰克目前身体健康状况的书面材料。如果不能满足这两个条件,你们可以通过正常的司法诉讼途径去提你们的要求,以解决两个人目前的争端。如果杰克还是以目前这种要公开两个人的同志关系以及托尼是艾滋病毒携带者的事实来要补偿,我个人觉得这已经触犯到刑事领域,涉嫌敲诈勒索,所以希望杰克能停止目前的要挟方式,否则我们将会向公安部门控告。"

张律师在电话里很不高兴,说:"洪律师,您的意思我知道了,您先不要威胁我,我会和我的客户沟通如何采取下一步行动。"

我问:"我的律师函是发给您转给杰克,还是我直接发给杰克?"

张律师说:"您发给我吧。"

八

小刘问:"洪律师,这个案子里两个人真的签订过补偿协议吗?"

我笑了:"案子前后经过你和我一样清楚,你觉得呢?"

小刘说:"两个人肯定有一个人在说假话。"

我说:"你说得绝对正确。"

九

过了两个月,我问三楼的陈律师:"托尼最近如何呢?"

陈律师说:"哦对了,我有空问问他,最近忙着公司的其他事情都没问这事了。他好像也没再提这事。"

(2018 年 8 月 20 日)

陈姐的中秋节

> 男人很开心地说:"现在已经半年了,等明年中秋她就应该出来了。"

一

有天下午去附近银行办事,办完事情已经3点了,想抄近路回单位,就信马由缰地往老小区的道路里走。道路很窄,弯来拐去,楼房窗台上晾晒着五颜六色的衣裤,路边闲坐着一些没事干的老人,有的闲看着路人,有的在路边打麻将,有的在路边洗着下午饭要用的蔬菜。再走两步,看到两三个涂脂抹粉的中年女人,见我走近了,其中两个看看我就把眼神转过去,另外一个一直盯着我,轻轻地问:"先生要服务吗?"

我笑笑,说:"我也要上班。"

这个中年女人的声音好熟悉,让我在脑海里好一阵搜索。原来是十年前办过的一个介绍卖淫案里的被告人,叫陈姐。陈姐的声音和这个女的太像了。

二

陈姐其实是夜场的老鸨,因为被警察冲场子没跑掉,就关进了看守所。

记得有一天上午,平时办房产案子的沈律师问我办不办介绍卖淫的案子,我说给律师费就办。沈律师说费用不会太高,我说:"办。"

当天下午,约好的王先生来到了事务所。这是一个左腿有残疾的中年男人,见到我和助理小刘进了会议室,就努力地把身体重心放在右腿上站起来。我说:"你腿咋啦?"男人不好意思地说:"车祸,两年多前闹的。"我说:"哦。"我把自己的名片递上去,男人说:"不好意思我没名片。"我说:"没关系,说说啥事情吧。"

男人坐下了,看看我旁边的小刘,有点犹豫。我说:"没关系你就直说吧,她也是律师,你就当我们是医生好了。"

男人于是开口讲他老婆陈姐的事情。

他们是5年前在老家结的婚,婚后生了一个男孩,患有先天性心脏病需要手术。但他们没那么多钱,于是决定来滨海找事情做,男人去做货车司机,女人在洗脚城上班,即便这样,手术费用依然不够。两年前,一场车祸伤及男人,男人落下了残疾,没法再开车。好在老板还讲人情,没有辞退他,而是给他换了个仓库登记的岗位,只是工资低了不少。男人出车祸后,陈姐哭了一阵,后来就偷偷出去做小姐。一开始男人看陈姐花枝招展地出去上班,还问陈姐出去做什么,陈姐就说是老乡介绍了一个工资比较高的夜班工作。时间长了,男人就明白了咋回事,两个人很是吵了一阵,但看着日渐长大的儿子,男人叹口气,慢慢地就不再和老婆争吵。

我看着这个男人递给我的刑事拘留通知书副本，上面写的罪名是介绍卖淫。我说："你老婆如果只是做小姐，怎么会被抓进看守所？"男人说："没法，陈姐情商高，她做了一年小姐，又开始介绍别的女孩子做，慢慢就开始在夜场里做妈咪。"

我说："那你要帮她请律师？"

男人说："嗯。"

我说："你有钱吗？"

男人点点头，说："陈姐原来也跟我说过，她做这个风险大，可能会被抓起来，所以平时会给我一些钱，让我存起来日后留着给孩子做手术用。一年前陈姐就出过一次事，但那次只是在拘留所里关了几天就放出来了。"

男人犹豫地问："如果请你为她辩护要多少钱？"

我想了想，报了个数字。

男人眼珠子转了一圈，问："洪律师，可以再少一点吗？"

我说："行。"

男人办完委托手续走了后，脸色绯红的小刘在后面恨恨地说："洪律师，怎么会有这样的男人！居然让自己的老婆出去做小姐。"

我笑问："如果你是这个男人该咋办？"

小刘说："可以申请救济啊，或者去找慈善机构想办法。"

我笑笑说："这倒是个好主意，要不下次你帮陈姐的老公办个委托手续，帮他跑跑试试？"

小刘看着我，不知道该咋回答。

陈姐的中秋节 | 157

三

陈姐来到会见室时,我说:"我是你老公请的律师,这位是刘律师。"

陈姐"啊"了一声说:"是我老公?"

我说:"对啊。"

陈姐低下头流泪。

我说:"先说案子吧,别哭了,哭浪费时间,等说完案子再交代给家里的话。"

陈姐抬起头讲案子。说那天晚上11点有警察来冲场子,连老板都没得到消息,结果当场就抓了十好几个小姐和男的。经甄别后,刑拘了四五个人。

我问:"你平时管的小姐有几个?"

陈姐犹豫着说:"就三五个吧。"

我说:"陈姐你不要瞒我了,你的事情你老公都告诉我了。你就该说啥说啥吧,不然我不好帮你分析案情。"

陈姐有点不好意思,抹抹眼角说:"好。"

我问:"你平时跟小姐抽成记账吗?"

陈姐点头说:"记的。"

我问:"账本呢?"

陈姐说:"账本警察没找到。"

我问:"平时认识你的小姐多吗?"

陈姐说:"我们那里的小姐流动性大,很多做一两个月就换场子，而且很多的身份证和名字都是假的。"

我问："平时你们有教过小姐如何回答警察的问题吗？"

陈姐说："应该有教过吧。"

陈姐看看我旁边的小刘，说："洪律师去过夜场吗？"

小刘听陈姐这么问就抬起头看我。

我很严肃地说："现在不是你问我问题，而是我问你问题。小刘看什么看，记笔录。"

小刘赶紧又低下头记笔录。

问完了案情，我说："这样吧，如果今天你和我讲的是真的，那么我还可以想办法，帮你把刑期降低一点。当然，最后的分析，要等看了公安侦查卷才能得出。"

陈姐点点头，说："洪律师，能帮我取保候审和争取缓刑吗？"

我摇摇头，说："很难。"

陈姐问："为啥？"

我说："因为你不是滨海本地人，而且这种风化犯罪同意取保的也很少。"

陈姐说："我家里有困难情况啊。"

我说："我知道你家里的情况，我会和承办警察沟通取保的事。"

陈姐说："好的。"

我问："你还有什么事要交代给家里吗？"

陈姐交代完家里的事，说："洪律师，你出去后能帮我打两个电话吗？一个是李警官，另一个是张先生。"

我说:"你要对他们说什么?"

陈姐犹豫了一下,说:"你就告诉他们我出事了就行,如果要说什么话,可以告诉你帮带进来。"

我说:"好。"

陈姐看看小刘,说:"洪律师,你出去打电话的事情不要告诉我老公啊。"

我说:"嗯。"

会见结束后,陈姐起身撩撩自己的头发,搓搓被手铐勒出红印的手腕,看看衣着艳丽的小刘,说:"不好意思啊,洪律师,这里面条件差,连化妆品都没有,想买也不让买。"

我说:"在这里你还化妆干嘛?"

陈姐莞尔一笑。

四

出了看守所,小刘问:"洪律师,为啥她要找人都不让我们告诉她老公呢?"

我说:"你说呢?"

小刘问:"李警官和张先生和她关系暧昧吗?"

我说:"你说呢?"

回到了办公室,我按照陈姐给的电话号码先打李警官,电话没人接;又打了张先生。张先生听我说是律师,很警惕地问什么事。我说是陈姐让我打电话的。张先生说哪个陈姐,我说是某夜场的陈姐。张先生停滞了几秒钟,说"我不认识什么陈姐",然后就把电话挂了。

第二天到了警察局,见到了承办的张警官,递了取保候审的申请。张警官看了我递的申请有点不高兴,说:"我和你在电话里就说过这个案子不会同意取保的,你还专门来递申请,你递了申请我还要写书面的决定。"我赶忙赔出笑脸,说:"你如果不收那我就不递了,不过这个案子里陈姐的确可怜,家里老公是残疾,孩子是先天性心脏病。"说完我把准备好的有关病情证明递给张警官。张警官眉头紧皱地看了看,说:"这样吧,取保的申请你拿回去,我也不写决定了。病情证明留下来给我,我帮你争取一下。是否可以我都会电话通知你。"

我赶忙说:"那谢谢了。"

过了两天,张警官来了个电话,说领导不同意取保。

五

第二次去看守所见陈姐,陈姐问我电话打了没。我说打了,李警官没接电话,张先生说不认识陈姐。

陈姐恍然大悟说:"我在夜场用的是另一个名字,张先生可能搞错了。"

我说我报了夜场的名字。

陈姐说"哦",然后沉默了一分钟,说:"算了。"

六

侦查阶段结束后,我看到了案卷的所有材料,发现这个案子的证据材料不多，主要集中在小姐和嫖客的证言上，几乎没什么书证，起诉的事实主要也是案发当场锁定的事实，并未对之前的其他事实穷追猛打。看完案卷，我打了电话给王先生，说："看完卷宗了，刑期在3年以内是很有可能的。"

男人说："要判这么长啊？"

我说："3年还长啊？"

男人说："时间拖长了，连孩子手术的钱都快用完了。"

男人想了想，又说："你转告我老婆，无论如何我也会带好孩子等着她出来。如果钱够了，我就先让孩子做手术。"

我说："好。"

七

开庭那天，陈姐、夜场的老板、收银员以及另外两个妈咪一起站在被告席上。

公诉人是个气势磅礴的女检察官，宣读了起诉书，问各被告人是否认罪，各被告人都点头说认罪。公诉人有点不尽兴，问夜场老板说，被告人某某，你说说你都干什么了？

老板做害羞状，说："我干了坏事。"

公诉人追着问："你干了什么坏事？"

老板说："我让他们在我夜场干了见不得人的事。"

公诉人说："什么是见不得人的事？"

老板犹豫了一下，说："就是男女的那个事。"

公诉人还想问，审判长说："公诉人发问可不可以简单一点?他们都认罪了嘛。"

小刘悄悄跟我说:"洪律师,陈姐低着头在法庭上笑呢。"

我说:"我也想笑呢。"

一审宣判是在中秋节放假前的一天。陈姐以介绍卖淫罪被判处一年半有期徒刑。

那天在法院门口,陈姐男人拎了两盒杏花楼的月饼,说:"过节了,祝洪律师、刘律师节日快乐,这个就算是一点心意。"

小刘说:"哎呀算了,你那么不容易,别这样了。"

男人很开心地说:"现在已经半年了,等明年中秋她就应该出来了。"

八

过了几天,男人打电话来,说:"洪律师,还有件事。"

我问:"什么事?"

男人说:"今天我收到了一笔邮政汇款,有两万元,但这个汇款人我不认识。你到看守所能帮我问问,是不是陈姐认识的人?"

我说:"好。"

去了看守所,我问陈姐,有个汇款的人叫某某的你认识不?

陈姐听了我说的名字,说:"不认识。"

然后陈姐眼睛里泛出了泪光。

(2018年9月21日)

漂亮的"女扒手"

> 小刘说:"这个案子有什么秘密啊?"
> 我像大师般慈祥地笑了,说:"小刘啊,你猜?"

一

这是我见过的最漂亮的女嫌疑人,没有之一。

当身材颀长、皮肤白嫩的赵颖然被看守带到会见室时,我脑海里跳出"惊艳"这个词,觉得她老公给我的身份证上的她应该是另一个人。

等她坐定后,我问:"你是赵颖然吗?"

她看看我和小刘,说:"是。"

我说:"我们是你老公请的律师,他请我们在侦查阶段作为你的代理人。你对我们代理你的案件没有异议吧?"

她一听就哭了,哭得梨花带雨容颜尽失。

等她哭够了,我说:"你能告诉我咋回事吗?"

她说那天她在闵行的一家高档服装店里逛着看服装,结账时糊涂了,把一件没有买单的衣服也带出了门店,结果被门店员工追出来,说她盗窃,然后报警,于是她就被警察抓来了。

我说:"赵颖然,我们是你的律师,你要跟我说实话,不要藏着掖着。"

她又哭了,说:"我不缺钱,我老公年收入几百万,我现在都不上班,每个月老公都给我零花钱,我干嘛要去偷这件标价才几千块钱的衣服?"

出了看守所,小刘说:"洪律师,你刚才那态度好凶,就像警察一样。"

我说:"做律师就是要把人和事往最坏里想,不然你就不是好律师。"

二

第二天和她老公张先生见面,我把会见情况转告他,我说:"如果她说的是真的,我会做无罪辩护,但现在首先是要申请取保候审。"

张先生说:"对的对的,我太太哪里受得了这样的苦。"

我说:"你是滨海本地人,你妻子是东北人。她跟我说她现在是不上班的,她以前是做什么的?"

张先生想了一会儿,说:"她以前应该是在东北一家公司做前台的。"

我说:"你们啥时认识的?啥时结婚的?"

张先生说是一年前在东北认识的,半年前结的婚,结婚后就把赵颖然接来滨海了。

我问:"你每个月给赵颖然多少零花钱?"

张先生说:"不一定,有时多有时少,她手里没钱了就跟我要。"

我说:"好吧,等我去和警察沟通了,告诉你是否可以申请取保。"

三

送张先生进了电梯,看电梯显示屏上数字变小了,小刘说:"洪律师,我觉得张先生那样子根本配不上赵颖然嘛,长得矮一个头不说,那脸长得那个样子,那肚子随时都沉甸甸的。"

我说:"嗯嗯,同意同意,他的事迹让我们这些歪瓜裂枣深受鼓舞。男人嘛,要有内在美。"

小刘撇撇嘴,说:"不就有点钱嘛,滨海有钱人这么多,干嘛不去找个有钱又帅的?"

我说:"很有道理啊,下次会见时你可以疏导疏导赵颖然。"

小刘又撇撇嘴,说:"洪律师太坏了。"

我说:"有什么样的徒弟,就有什么样的师傅。"

四

刘警官长得满脸横肉,一看就是很火爆的那一款,而且是对律师有阶级仇恨的,见到我第一句话就是:"你是早上打电话的那个洪律师?"

我赔着笑说:"是,滨海上万名律师里同名同姓的三个洪流律师,不才正是恰好长得最帅的那位。"

刘警官懒得跟我贫嘴,说:"跟你说这个案子不可能取保候审,为啥你还跑过来?你不是在浪费我们办案时间吗?"

我说:"没办法啊,我们也是混口饭吃。刘警官有难处我们知道,但我们律师也有难处啊,收了人家的钱,哪怕糊弄糊弄也总要做点事情对不?这个案子应该不是很难,当然刘警官掌握的材料比我们全面,所以我哪里说错了您也别生气。如果只是一件几千块钱的衣服,何必搞得这么复杂呢?一个女孩子,哪怕取保候审也不影响诉讼啊。"

刘警官看看我,说:"你去会见过赵颖然了没?"

我说:"会见过了,我觉得根据她的描述,应该是一个过失之举。"

刘警官冷笑,说:"还过失,你们律师都他妈什么水平。"

我有点恼火了,说:"刘警官,我们文明办案好不好,要骂人我的水平也不低。"

刘警官说:"我不跟你浪费时间,我马上要出去了。实话跟你说吧,赵颖然有盗窃前科,她的材料我们从东北调到了,她现在还在累犯期内。你觉得她这个情况符合取保条件吗?"

刘警官说完了就出了警队的办公室。

那一刻我的感觉是一把该打清一色的好牌,居然被我打出了诈胡。

我问:"你的前科是咋回事?上次会见为啥不说?"

赵颖然低下头又哭了,说:"他们已经知道我前科的事情了?"

我说:"明明跑一次看守所就可以解决的问题,你害得我跑两次。你不跟你的律师说实话,你的律师如何帮你?"

赵颖然说:"洪律师,你能不能和警察商量一下,不要把前科的事情告诉我老公?"

我说:"不可能,是你老公付的律师费,而且这事情他早晚会知道,晚知道不如早知道好。"

赵颖然说:"我的确是有前科,那是以前不懂事,但这次我的确不是故意的。"

我说:"是不是故意等我看了材料再说吧。"

五

我跟张先生说:"你妻子有前科你知道吗?"

张先生愣了一下,夹烟的手指头轻轻抖了抖,说:"什么是前科?"

我说:"她以前因为盗窃被判过刑,这次的行为如果被认定为犯罪的话,她就是累犯。这也是警察不同意取保的原因。"

张先生愣了第二下,说:"前科的事是她说的吗?如果不能取保的话,那我妻子会被判多重?"

我说:"是警察告诉我的,判刑可能一年左右吧,而且应该是会实际执行,不给缓刑的。"

张先生愣了第三下,然后从桌子上的软中华烟壳里拿出第二支烟续上,问了很多法律层面和非法律层面的问题,包括能否找关系以及保外就医、减刑啥的。

再次送他到电梯口,张先生说:"洪律师,帮我找找闵行的关系吧，花多少钱无所谓。"

我说："好，我帮问问。"

小刘说："洪律师，这种案子你真要找关系吗？"

我说："我咋拒绝人家呢？"

小刘说："这个张先生咋连自己老婆的身世都搞不清楚呢？有犯罪记录这样的事情他居然不知道？"

我说："我也不知道他知道不知道。"

小刘说："还有一个问题我想不清楚。"

我说："啥？"

小刘说："赵颖然她老公那么有钱，就算她以前有过盗窃前科，但为啥现在还要偷？"

我说："那是一种病，她自己控制不住，但这种辩护理由在我们司法实践中很难被法官采纳。"

小刘说："哦。"

六

找了几个闵行的朋友去问，回话都说难操作。又告诉了张先生，张先生说："那我自己再找找关系吧。"

案子到了30天左右时，赵颖然被批捕了。

七

刘警官打电话来时，我刚在电话里和一个律师吵完，正在气头上。我说:"你哪里?"

电话里说:"你通知家属来办取保。"

我说:"你是哪里?我那么多案子我咋知道哪个案子?你别是骗子吧?"

电话里说:"赵颖然怀孕了,你让她家属来办取保。"

然后电话就挂掉了。

我这才回忆起这是刘警官的声音。

八

我赶忙打了张先生的电话,说警察通知去办取保候审。

张先生在电话里显得喜出望外,说:"洪律师不错啊,居然可以取保了。"

我说:"不是我的功劳,是你的功劳。她怀孕了。"

张先生说:"啥?"

我说:"你老婆怀孕了,所以警察同意取保。"

张先生说:"怀孕了?"

我说:"嗯。"

张先生在电话那头沉默了十秒钟,说:"好的我知道了,我现在忙,过一会儿打给你。"

过了一个小时,张先生电话打过来,说和警官联系了,明天下午去警署办手续,人应该明天晚一点就可以出来。

我说:"太好了。"

九

过了几天,张先生和赵颖然一起来了事务所。赵颖然略施淡妆,比在看守所时又漂亮了很多。两个人进了事务所的会谈室坐下,张先生掏出了中华香烟,弹出了一支就点上了火。

小刘说:"张先生,您太太怀孕了您还在她面前抽烟?"

张先生说:"哦,对对。"然后把烟掐了。

赵颖然微微笑,说:"没关系没关系,我以前也抽烟的。"

张先生说:"洪律师,我们这次来,一是感谢之前你们做的工作,二是想问问,接下来这个案子未来的发展方向是如何的?"

我说:"我们前两天也研究了一下,对赵颖然这种情形,判缓刑是不太可能的,但由于你怀孕了,很有可能会采取暂予监外执行的方式。"

张先生说:"那就是说我太太就可以不进去了?"

我犹豫了一下,说:"应该是,具体的我可以再跟法院的朋友了解一下。您太太这种情形还真的是比较罕见。"

张先生说:"明白了。"

会见结束,两个人前后脚地出了事务所。张先生说:"洪律师,过两天我过来办第二和第三阶段的委托手续,这个案子多亏您辛苦了。"

我说:"不要客气,这是我们律师该做的。"

十

两个人走了后,小刘说:"洪律师,我们又可以收一笔律师费了。"

我说:"你想得美,他如果真要委托,手续今天就可以办。"

小刘说:"不会吧,他为啥不委托我们接着做下去?"

我说:"小刘啊,因为我们知道得太多啦。"

小刘有点懵的样子,说:"知道得太多?"

我说:"嗯。"

小刘说:"这个案子有什么秘密啊?"

我像大师般慈祥地笑了,说:"小刘啊,你猜?"

十一

后来张先生没有再找我们做第二和第三阶段的代理。

(2018年10月8日)

要光盘吗大哥

> 在看守所,我问陈桂芬是否要上诉,她摇摇头,说同监号的给她上过课了,她觉得上诉没啥意义,而且她也没钱。

一

警察当初侦查时是以抢劫罪名立案的。

一个寂寞的男人漫步到那条偏僻的小路时,看到有一个小伙子立在路边。男人走过去时,小伙子向左右扫了两眼,然后凑上去,问:"大哥要看盘吗?日本的、欧洲的、大陆的都有。"说着就把手里拎着的马甲袋打开,给男人扫了一眼。男人听了就停下脚步,向左右扫了一眼,问:"多少钱一张?"小伙子说:"一张10块,两张15块。"男人听了说:"我看看。"小伙子就拿出了一叠光盘。男人接过光盘,在手里上下翻飞地搓了搓,说:"就这两张吧。"小伙子说:"行。"男人从衣服口袋里掏出钱包,给了小伙子20元。小伙子眉头皱起来,说:"啥意思?"男人没听懂,说:"啥啥意思?"小伙子说:"我说的是15块。"男人说:"对啊,我给你20块你找我5块啊。"小伙子笑了,说:"大哥您拿我寻开心啊,您是第一次买盘啊?我们说的一块就是人民币100元的意思,对不对?"

男人听小伙子这么说感觉不对了,他刚想说"不买了",扭头却发现他的旁边多了两个小伙子,不知道什么时候从哪里冒出来的。两个小伙子站在他的两边,他的退路被封死了。男人有点哆嗦了,一半是气一半是怕。两个小伙子说:"大哥啊,咋的不想买了哈?做生意讲诚信是不?"

男人想了想,从钱包里掏出了 1 500 元递给对面的小伙子,说:"行,是我理解错了。"然后拿着两张盘走了。

男人回到家打开 DVD 机,把盘塞了进去,电视画面上出现了中央电视台的新闻联播。

男人于是去派出所报了案。

男人对做笔录的警察说:"他们居然拿新闻联播来骗我。"

二

便衣警察在那条偏僻的小路上守了一天。黄昏的时候,卖光盘的陈桂芬出现了。陈桂芬看到便衣警察,就上来问:"先生要不要盘?"肚子里咕咕叫的警察心想怎么今天换了个女的?于是就说"要",陈桂芬像变戏法一样,从自己宽大的罩衣下面掏出了黑塑料袋装的几十张盘。警察装模作样地挑了几张,说:"多少钱?"陈桂芬报了价格,警察边付钱边往两边看,发现没有他等待的人出现,心里很是失望,知道自己是遇到真卖盘的了,就说:"我是警察,你卖盘是违法的。"陈桂芬听了"哦"了一声转身就跑,跑了两步就被几个身强力壮的便衣抓住了。问她叫什么名字,住哪里,陈桂芬不言语。便衣警察在陈桂芬身上搜到了一张水费单子,顺着水费单子的地址,找到了陈桂芬暂住的不远处的小屋,搜到了她的身份证,还从她床下搜出了两个大麻袋,里面塞了13 000多张光盘。

警察带陈桂芬走时,陈桂芬又哭又闹,不停地喊:"我的娃咋办啊,我的娃咋办啊。"

沈律师踱进我办公室,说:"你看过黄色光盘吗?"

我说:"真话是当然没看过,假话是当然没看过。"

沈律师笑了,说:"人家说律师都不讲实话,说的就是你们搞刑事辩护的。"

我说:"律师如果都说实话,还有收费的价值吗?"

沈律师说:"很有道理。"

我说:"啥事?别浪费时间。"

沈律师说:"有个卖光盘的案子你要办吗?"

我说:"卖个光盘犯罪?不会吧。"

沈律师说:"我不搞刑事,不懂,这个是我一个法官朋友经常去吃饭的一个饭店的老板下面的一个小领班的亲戚的事情。案子好像已经到法院了,没啥钱,你接不接?"

我说:"接啊。"

沈律师露出了猥琐而欣慰的笑容。

三

我问:"陈桂芬,你为啥有那么多的光盘在家里?"

在看守所关了8个月，陈桂芬明显比照片上胖了不少，看上去比她三十多岁的年龄要大一些。听我这么一问就开始哭，浑浊的泪水在脸上划出两条浅浅的河道。

陈桂芬说："洪律师，你帮帮我，这些盘不是我的，是一个叫小张的女人暂时放在我这里的，她说她家里临时放不下了放我这里的。你知道的，我们卖光盘的搞批发的不做零售，如果我是搞批发的，我也不会在街上被警察抓住了，小张才是真正搞批发的。"

我叹口气，说："13 000多张盘，你知道可以判多重吗？"

陈桂芬犹犹豫豫地说："里面有人说要判十几年。"

我点点头。

陈桂芬又哭，说："盘真的不是我的啊。"

我说："我看过案卷了，你说的这个小张，警察也去查过，根本就没这个人，连身份证号都是假的。"

陈桂芬说："但是真的有这个人啊。"

我说："有邻居指认你的租住地老有人进进出出，有的时候还带着黑色塑料袋，这是咋回事？"

陈桂芬说："那都是来零买的人啊。"

我说："哪个零买的敢跑来你租住的地方拿盘？"

陈桂芬说："真的是啊。"

我说："提货单是咋回事？那两张从广州发货过来的提货单？"

陈桂芬说："那就是小张当时去提货用的啊。"

我说："那你为啥去货场提货呢？如果货不是你的话？"

陈桂芬说:"我没有啊。"

我说:"卷里有你雇的司机杨四宝和货场工作人员的陈述和辨认笔录,都可以证实。"

陈桂芬沉默了三十秒,一副回忆的样子,然后说:"我想起来了,我的确是去货场去过,但那是帮小张去提货的。"

我说:"陈桂芬,我不是检察官,但开庭时检察官会像我这样问你的。如果你对我都说假话,我如何帮你?"

陈桂芬又哭,说:"洪律师,我真没必要骗你,我是真的被小张骗了。"

我说:"我注意到司机杨四宝的笔录里,的确说到和你一起同车去货场提货的另外有个女人,那人是谁?"

陈桂芬说:"那人就是小张啊。"

我叹口气,说:"陈桂芬啊,杨四宝根本就不知道那个女人是谁,就算是知道,他也搞不清楚这些盘是你的还是她的。除了你自己,还有谁可以证实这个小张的存在?"

陈桂芬说:"小张很狡猾的,她原来跟我说她的住址也不固定,就是怕被公安查。"

我说:"你能提供哪怕一处小张的地址吗?"

陈桂芬说:"我不知道。"

我翻了翻卷宗,沉默了一会儿,问:"你孩子是男孩女孩?现在在哪里?"

陈桂芬听我这么一说就哭了,说:"我儿子跟我在滨海,5岁了,这两天是老乡帮带着。"

我说:"你老公呢?"

陈桂芬说:"离婚了。"

我说:"离婚了也可以来帮忙的啊。"

陈桂芬不语。

我说:"哦对了,最后一个问题,你批发一张盘赚几块钱?"

陈桂芬说:"没那么多,就几毛钱。"

我看着陈桂芬。

陈桂芬现出疑惑的表情,说:"不是批发,是零售,也不一定,有的几毛钱,有的几块钱,看人,也看货。"

我说最后第二个问题:"盘真的不是你的?"

陈桂芬说:"洪律师,这盘真不是我的。因为我和小张相处的时间长,我知道她一般的批发价能赚多少。"

四

沈律师踱进我办公室,问:"有花头吗?"

我说:"你法院关系熟,要不跟法院承办沟通沟通?这个案子我觉得比较难。"

沈律师问:"收了多少律师费?"

我说:"不多,就一两万。"

沈律师说:"拜托啊洪律师,这点钱怎么去搞关系?"

我说:"你找来的案子,结果你对客户负责,我只负责业务问题。"

沈律师皱起眉头,说:"也是啊,一般人也算了,这案子还是我一个法院哥们儿转了几个弯托过来的。那我先去问问吧，然后再说。"

过了两天，沈律师说："托人问了，这个承办孟法官挺辣手的。"

我说："辣手是啥意思？"

沈律师就笑，说："听我朋友说，孟法官刚和老公离婚不久，据说她老公外面有小三，两个人闹了一年，一年前刚离婚。这段时间孟法官性生活不协调，心情很差，有人去找她说话的都被骂，案子尤其是风化类的判得都偏重。"

我说："我这个案子又不是风化类。"

沈律师说："你咋能说不是呢？男男女女脱光了衣服乱搞，因为大家看了这个所以才会有小三、小四卖淫嫖娼的事情啊。我相信孟法官会对这个案子重判的。"

我说："卖盘的跟她的个人生活有啥关系啊？"

沈律师说："这个不是你说了算。你倒告诉我这个案子你咋辩？有罪还是无罪？"

我说："陈桂芬说盘不是她的。"

沈律师说："你们刑事律师真无聊，她说盘不是她的，那盘到底是不是她的？"

我说："这个不重要，重要的是她在庭上如果不承认盘是她的，我作为一个律师却要去说盘是她的吗？或者说，她不认罪，我要去逼她认罪吗？法律程序的目的不是发现真相，而是制造出一个真相。"

沈律师若有所思地看着我，说："洪大状说得有道理。"

我说："你赶紧滚，每天看着你在办公室转出转进的就像个拉皮条的，哪里是做律师的。我要看材料了。"

沈律师狂笑着往外走。

我说："你再找人帮说说，看这个案子还有啥机会不？"

沈律师转转他藏在镜片后面深度近视的双眼，说："要不我让我朋友赶紧给她再介绍一个老公？"

五

孟法官从审判席偏门出来时，我就有了深深的困惑。不论是否穿着法官袍，孟法官算是颜值和体型都不错的女人，为啥她老公还和她闹离婚？

孟法官上了审判长席，拿一根橡皮筋把自己散乱的头发捋到一起挽到脑后别住了，往台下看了看，说："公诉人来了吗？"

公诉人奇怪地看看她，说："来了。"

孟法官又看着我问："辩护人来了吗？"

我说："我就是。"

孟法官又问书记员："被告人带到了吗？"

书记员说："带到了。"

孟法官又问她两边的陪审员，说："那我们开始吧？"

两个陪审员老太太点点头，说："可以了。"

看着审判台上的三个女人和对面的女公诉人，我心里咯噔一下。

孟法官看着台下的我们,说:"跟你们商量一下,我手里案子多,今天我们这个案子也没啥好多讲的,一会儿希望你们控辩双方都抓紧时间,我下午还有别的案子。"

公诉人点点头。

孟法官看我没言语,问:"辩护人呢?"

我苦笑了一下,说:"法官,我尽量。"

六

公诉人宣读了起诉书,问:"陈桂芬,你认罪吗?"

陈桂芬摇摇头,说:"盘不是我的,是小张的。"

公诉人盘问了陈桂芬几分钟,陈桂芬的说辞与公安预审时的交代并无二致。

公诉人说:"审判长,鉴于被告人一直不认罪,我就不多问了,一会儿我直接举证吧。"

孟法官皱着眉说:"现在辩护人发问。"

我说:"我没问题。"

孟法官奇怪地看我一眼。

陈桂芬也奇怪地看我一眼。

孟法官说:"我有几个问题。"然后说:"陈桂芬。"

陈桂芬说:"到。"

孟法官就盯住了陈桂芬不言语,盯了将近一分钟,庭上的空气变得越发冷了。陈桂芬慢慢低下头去。

孟法官说:"陈桂芬你不用紧张,你紧张了我看得出来。

啥事情都讲出来不就不紧张了？"

陈桂芬说："法官，我不紧张啊。"

孟法官说："不紧张为啥手发抖啊？"

陈桂芬说："天冷啊法官。"

孟法官说："刚才公诉人跟你讲的刑事政策你都听懂了吗？坦白从宽抗拒从严。"

陈桂芬说："法官大人，我听懂了。"

孟法官说："那光盘到底是不是你的？"

陈桂芬低下头，说："不是我的。"

孟法官说："你抬起头看着我说。"

陈桂芬抬起来头，看我一眼，然后说："光盘不是我的。"

孟法官咬咬牙，准备要问下一个问题。

我有点血往上涌，我举起了手，说："审判长。"

孟法官把头转向我这边。

我说："被告人不认罪，我们就让公诉人举证吧。"

孟法官恶狠狠地盯着我，有点要发飙的感觉。

我说："这样我们可以节省一点时间。"

孟法官恶狠狠地盯着我，说："公诉人举证。"

公诉人开始举证。按照被告人供述、证人证言、书证物证、现场勘验笔录、鉴定结论、抓获经过情况说明的顺序一一举证。

公诉人宣读陈桂芬邻居的证言后，我说："公诉人宣读这些证人证言，只能证明经常有人在被告人住处进进出出，但是这些人到底是来做什么的，是不是都是来买光盘的，证人没法证明。"

孟法官看看公诉人,问:"公诉人有啥补充说明?"

公诉人说:"等我一并举完再予以整体说明。"

公诉人宣示公安机关在货场找到的提货清单。我说:"请法庭注意,这提货单上的签字并不是被告人所签。这个我们可以申请进行笔迹鉴定。"

公诉人宣读司机杨四宝和货场工作人员的证言,我说:"请法庭注意,这两份证言恰恰能从另一个方面证明被告人的辩解,即本案中有另一个叫小张的女人,在提货时是两个女人在现场提货,而这个女人在案发后就凭空消失了。"

公诉人的脸色开始难看了,孟法官也开始显得不耐烦。

公诉人宣读抓获经过情况说明时,我说:"提请法官注意,那些所谓贩卖淫秽光盘的,卖的可能不一定是真的淫秽光盘。"

陈桂芬、公诉人和孟法官都露出了奇怪的神情。孟法官问:"辩护人啥意思?"

我说:"我的意思在下一个证据展示时会一并说明。"

公诉人开始宣读鉴定结论,即查获的 13 000 多张光盘都是"淫秽物品"。

我说:"提请法庭注意,假设按照鉴定一张盘需耗时 1 分钟,那么 13 000 张盘需要 13 000 分钟,折算成工作时间是 217 个工作小时即 27 个工作日,换算成公历日是 37 天,就算是鉴定中心加班加点干或者增加人手干,鉴定这批盘至少需要小两周吧?但是这份鉴定意见上公安的送检日期和鉴定中心的结论日期仅仅相隔了一周,由此我们只能得出结论说这批光盘是抽查的而不是全部验看的。考虑到本案当初案发是由于有人拿假光盘冒充淫秽光盘行骗抢劫，所以辩护人在此质疑这份鉴定结论的客观性和完整性。我们可以假设一下，如果这 13 000 张光盘里哪怕有 4 000 张是假货，那对于被告人的刑期将会是一个质的变化，所以特别提请法庭对这批光盘进行重新鉴定。"

公诉人脸都绿了。

我说："还有一个问题，关于被查获的这批光盘的来源，既然是从货场找到了提货单，那么发货地广州应该有发货人，为啥在本案中对于发货人这一环节没有任何证据证实？警察为啥不去广州追查发货人？"

孟法官把手里的一本卷"啪"地打在审判台上，提高了调门用尖锐的声音说："辩护人，鉴定中心有必要把 13 000 张盘一张张看过去吗？"

孟法官左手边那位低着头打盹的老太太被吓得一抖，然后坐直了看着台下。

我说："我不了解他们的鉴定手段，但我认为不论是什么样的鉴定手段，都要保证结论的客观和全面。"

孟法官摆摆手说："你的意见书记员会帮你记录的，但我现在就可以答复你，不同意对光盘进行重新鉴定。"

我说："审判长……"

孟法官说："现在进行法庭辩论。"

我摇摇头叹口气。

公诉人幸灾乐祸地看着我。

七

过了两周判决就下来了，认定了 13 000 多张光盘均为淫秽物品，判处陈桂芬有期徒刑 11 年。判决书里压根就没提到我要求重新鉴定光盘的意见。

在看守所，我问陈桂芬是否要上诉，她摇摇头，说同监号的给她上过课了，她觉得上诉没啥意义，而且她也没钱。

我说："那光盘是不是你的？"

她说："不是。"

我说："好的。那你孩子怎么办？"

她问："什么孩子？"

八

案子结束后半年，一个室外温度达到 38 度的下午，沈律师转进我办公室，说："你还记得那个孟法官吗？"

我说："我当然记得那个妖怪。"

沈律师笑了，说："昨天我和法院的人吃饭，孟法官也在，说起光盘这个案子，她还骂你是个流氓律师。"

我也笑了，说："没法，遇到这样的女人。"

沈律师说："不是女人，是女法官。哦。她再婚了。"

我说："吾辈幸事。"

（2018 年 11 月 9 日）

诈骗犯

> 我一下子就僵在了那里。
>
> 孙纪林以及旁听席上孙纪林的家属也僵在了那里,他们的眼光都打在了我的身上。

一

"现在请全体起立。"书记员说。

尽管之前就从沈律师那里得到了消息说这个被告人会被缓刑,但随着身体的起立,我的心跳还是加快了。

"被告人孙纪林犯盗窃罪,判处有期徒刑10个月,罚金人民币2 000元……现在闭庭。"法官说完,拿起法槌铛地敲了一下。

我一下子就僵在了那里。

孙纪林以及旁听席上孙纪林的家属也僵在了那里,他们的眼光都打在了我的身上。

我感觉到脸上热乎乎的,从辩护席上下来,我低声地对家属说:"我们先出去吧。"

出了法庭,我对家属说:"你们先等一等。"然后到一边拨通了沈律师的电话。沈律师电话那边笑嘻嘻地说:"怎么样?缓刑吧?"

我低声咬牙切齿说:"沈胖子你个狗日的,你不是说这个案子缓刑吗?人家判了10个月实刑。"

沈律师电话那边一下子没声音了。隔了十秒钟,沈律师那愣怔的声音又飘过来,说:"不会吧,前两天我请他们庭领导出来吃饭不是说得好好的嘛,肯定缓刑,送他们卡也都收下了。那天喝酒喝得很愉快的。"

我恼火之下把老家骂人的土话也喷出来了,我说:"沈胖子你个憨杂种,你是不是打点不到位所以人家法官才这样收拾我们?是不是买的卡被你吞了?老子今天是哑巴被狗日——有苦说不出。你给我听清楚了,好话不说第二遍:10个月实刑,10个月实刑。"

沈律师在电话那边声音有点慌,说:"你在法院等一下,我赶紧打个电话问问。"

我收了电话压住火气,过来对家属说:"我们先等一下,我同事现在正在打电话问。"

几个家属冷冷地看我。

孙纪林的老婆问:"洪律师,这样宣判了还能再缓刑吗?"

我说:"不能了。"

孙纪林老婆又问:"上诉呢?"

我说:"没啥可操作性了,一审判的案子二审很少改,而且等二审结果出来时,这个案子关人的时间也差不多了,上诉没啥意义。"

等了一会儿,沈律师的电话还没来,我说:"这样吧,你们先回去,我搞清楚事情后,会给你们一个交代的。"

二

回到所里先去沈律师办公室,没看到他的身影,只好先转回自己办公室。旁边小刘说:"洪律师,下午这个案子宣判结果如何啊?是缓刑吗?家属满意吗?"

我看她一眼,说:"10个月实刑。"

小刘"啊"了一声,说:"您出去时不是说肯定缓刑吗?我还想您可以去享受一下胜利的感觉呢。为啥是实刑啊?"

我说:"啥为啥啊?我咋知道为啥?你别问这么简单的问题,好不好?"

到快下班时,沈律师转进了我的办公室,转身把门带上,擦把头上的汗,说:"真的是乌龙啊洪律师,他们庭长头天晚上喝酒喝高了,第二天忘记交代这事给承办人了,结果承办人就实打实判掉了。"

我说:"你是跟我玩梭哈呢?"

沈律师叹口气,说:"如果连你也怀疑我就没意思了,我们是啥交情啊?我们可是异父异母的亲兄弟啊。你看看,我当时买卡的发票和吃饭的发票都在这里。"说着沈律师还真从钱包里掏出来两张折叠好的发票。

我看看发票上的数字,说:"拜托,花这点钱请法官吃饭?你是在滨海滩混的律师吗?"

沈律师"咦"了一声,说:"你给我的钱基本上都花光了,我完全是为了你在做免费人情啊,你还来怪我?"

我叹口气,说:"算了,我们把律师费一分不少地都退给当事人吧。人家不再闹就是最好了。"

沈律师说:"只好这样了。"

我说:"你去跟庭长把卡拿回来。"

沈律师看着我,说:"你真被狗日了?"

我看看他,重重地吐了一口气。

三

第二天在去看守所的路上,接到王警官的电话。他说:"你再和周玉琼家属沟通一下,把骗来的钱退还给家属,这样对她的处理有好处。"

我说:"王警官啊多谢您的操心,我冒昧问一句,如果周玉琼家属把钱都退了,她可以取保候审吗?"

王警官在电话里笑,说:"洪律师你不要套我话,这个案子周玉琼诈骗的金额你知道的,判刑肯定3年以上。取保有意义吗?"

我说:"谢谢王警官。"

四

周玉琼是个离婚的女人,平时没有正当职业,在网上买了几套少校军服和一些假文件,冒充军校招生人员,跟人家说可以找关系进军校,陆陆续续骗了好几个不成器孩子的母亲,给了她巨额的请托费用，然后她就玩失踪，直到有一天在街上被当场撞见揪到了派出所。

会见周玉琼时，我说："来的路上，王警官问你要不要退赔？"

周玉琼说："他们要退赔多少？"

我说："要好几十万。"

周玉琼想了想，说："我没这么多钱。剩下那一点，警察来搜家时都搜走了。"

我说："你不是骗了将近100万吗？"

周玉琼说："洪律师，如果我跟你说我骗来的钱有不少真的是被军校的人拿走了，你相信吗？"

我说："相信不相信不重要，重要的是证据。"

周玉琼说："我之前检举军校钱主任的材料，公安受理了吗？"

我说："我听王警官说他们去军校调查过了，钱主任说是被你骗了，因为中间人的关系，跟你出来和被害人一起吃了两次饭，被你当成了骗受害者的工具。他根本没拿过你一分钱。"

周玉琼说："唉，既然这样说，我就不说什么了。"

旁边担任记录的小刘问："周玉琼，你说你给钱主任钱是打卡还是现金？"

周玉琼说："小姑娘，当然是现金啊。"

小刘又问："你的钱有没有从银行取出来过？"

周玉琼说："有的钱我是直接从家长那里拿来的现金，存银行也麻烦，所以我就直接又拿给钱主任了。"

小刘说："你拿钱给钱主任时，有其他人证实吗？"

周玉琼苦笑，说："刘律师你觉得呢？"

我想了想，说："你给钱是在哪里给的？"

周玉琼说："是在吃完饭钱主任送我回家的路上，在他车上。"

我点点头，说："好的。"

会见结束时，周玉琼开始抹眼泪，说："洪律师，你出去帮问一问韩颖，我儿子最近不知道怎么样了。"

出了看守所，小刘说："洪律师，刚才周玉琼说钱是在钱主任车里给的，你点头的意思是找到办法了？"

我说："我找不到办法，在车里给的钱，没有第三人目击，更没有公共场所的监控探头，钱主任不认，这个线索是死线索。"

小刘眨眨眼，说："那为啥你点头啊？"

我说："我累了，不想再问周玉琼问题了，不可以点个头吗？"

五

韩颖是帮周玉琼请律师的人。

那天许总打电话过来，说有个朋友的朋友要请律师，我说"好"。跟韩颖约好了时间，让她过来签约付费。

签约时我问韩颖："你是周玉琼什么人？"

韩颖愣了，说："朋友可以吗？"

我笑笑，说："法律没说不可以。一般来说都是近亲属来聘请的多。"

韩颖说："哦。"

我打电话给韩颖，说周玉琼要问问儿子的近况。韩颖说："明天您有空吗？有空的话，我来办公室跟您沟通一下案件的情况。"

我看看我第二天的时间安排，说："不好意思我可能没空，如果不介意的话，我们电话里沟通一下？"

韩颖犹豫了一下，说："还是见面聊吧。"

我说："半小时够吗？"

韩颖说："够。"

和韩颖见面时，韩颖小心地问："洪律师，我们的谈话警察会监听吗？"

我想了想，说："我们这个案子级别不够。"

韩颖松了口气，说："洪律师，我看您也是个实在人，不会骗我们，我就把有的情况跟您说一说。"

我点点头，感觉到脸上热乎乎的。

韩颖说："周玉琼是还有点钱在我这里，但她是想把这点钱留给儿子去外地读警校用，所以她不想把这点钱退赔给被害人。"

我说："外地警校？"

韩颖说："对啊，滨海本地估计审查比较严，所以她也不敢让他报本地警校。"

我说:"哦,周玉琼还跟我说她的钱都给了钱主任。"

韩颖犹豫了,说:"可能的确是被骗走了一些吧,但她还有点钱在我这里。我跟她是从小长大的好朋友,如果她要拿这些钱退赔被害人,对她的量刑有用吗?可以缓刑不?"

我说:"单从数量上看,不太可能缓刑,但判轻一点是肯定的。"

韩颖说:"那就要麻烦洪律师下次去见她时再和她确认一下,这点钱是拿出来退赔还是一定要留给儿子读警校。"

我想了想,说:"你让她儿子给她写点东西吧,下次我去看守所可以带过去读给她听。"

韩颖犹豫了一下,说:"好。"

我说:"周玉琼她老公呢?"

韩颖说:"她前夫吸毒,没钱。"

六

去看守所前一天,我问韩颖有啥话要带,韩颖说:"没有,让她多保重。"

我说:"她儿子有带话吗?"

韩颖说:"没有。"

我说:"这个儿子咋回事?"

韩颖在电话那头苦笑,说:"她儿子有点恨妈妈。要不您今天在看守所里存点钱,就说是她儿子给她存的。"

会见时,问了一下警察最近有没有来提审她,转告了韩颖的一些话，告诉她开庭的时间以及开庭要准备的内容，周玉琼都有点心不在焉。我问她到底要不要退赔，她说："不要。"

"我没钱。"她又补充道。

看看会见快结束时，周玉琼有点不好意思地问："我儿子有带话吗？"

我说："哦，差点忘了，你儿子让韩颖带话给我，让我转告你，他最近很忙，好像要考试了，来不及写信，让你多保重。"

周玉琼说："洪律师没有骗我？"

我显出惊奇的样子，说："为啥呢？"

周玉琼笑笑摇摇头说："他是个白眼狼。"

我拿出一张看守所的收据给周玉琼，说："你看，你儿子给你存的300元钱。"

周玉琼惊奇地看着这张收据，说："不会吧？他哪里来的钱？"

我说："这我就不知道了。"

周玉琼抬手揉眼睛，说："这两天他应该是在考警校。"

出了看守所，小刘问我："这300元钱真是她儿子给的？"

我说："嗯。"

七

开庭前，和公诉人沟通了一下被害人的态度。公诉人说："你们一分钱不赔是吧？家庭困难这理由每个被告人都会说，我都听麻木了。这个案子的被害人有的很惨，把老人的棺材钱拿出来，就想给不成器的孩子有个好一点的前途，没想到却被骗了。他们一起出了一份控告书，要求法院对周玉琼严惩。这个控告书，我开庭时会给法官的。"

我想起周玉琼的儿子，不再言语。

八

周玉琼后来被以诈骗罪判处有期徒刑10年。

收到法院寄来的判决书，我出了办公室递给小刘，看小刘飞快地把电脑屏幕上的一个窗口给关上了。我说："在谈朋友啦？"

小刘脸上飞花，说："洪律师不要乱说。"

我叹口气，说："你还年轻，要谈就多谈几个才知道哪个是最好的。卖相好的不一定好用，要找嘛就找个像为师这样相貌平平但为人善良、满腹经纶的。"

小刘看看我的头顶撇撇嘴，说："洪律师，您这款不太适合我。"

九

过了半年，韩颖给我打了个电话，说："周玉琼的儿子被江西的一个警校劝退了。"

我说："他考上了？"

韩颖说："嗯，但现在被劝退了。"

（2018年11月26日）

讨债的女人

朱立雄听我说了最新的指控金额,"哦"了一声,并没有露出很意外或者惊喜的表情,反而是陷入了沉思。

一

沈胖子晃晃悠悠地踅进我办公室,说:"人民币破 7 啦。"

我说:"破了又咋地?"

沈胖子摇头,说:"这个贸易战打的,打得我晕头转向。"

我说:"关你屁事啊贸易战,你又不做衣服裤子出口。你要和祖国站在一边啊,坚决不用美金,打败美帝野心狼。"

沈胖子说:"当然关我屁事啦,我以后出国不是得多花钱啦。"

我说:"那你别出去了呗。"

沈胖子说:"你还记得我们以前有合作过一个案子,一个外汇黄牛,叫朱立雄的?"

我说:"记得啊。这人病恹恹的,但是思维特别清晰,给我的印象特别深。"

沈胖子说:"前几天和朋友吃饭,居然在饭店遇到他。发福了,头发也白了,不过他现在不做外汇黄牛了,他说他做金融信息咨询。"

我说:"他那个非法经营案子应该是2006年还是2007年的事情了吧?"

沈胖子想了一下,说:"差不多,我记得那时我们每个人每年的外汇额度才有2 000美元吧?"

我说:"是啊,他也是运气差。不过,我印象更深的其实是他老婆。他老婆怎么样了?"

沈胖子想了想,说:"我忘记问了。"

二

从丽水出发开了一天的车回到滨海,已经非常疲惫,到了酒楼地下车库停了车,按照沈胖子给我的信息,坐了电梯上去到了包房层,服务生引导到了房间。推开门,沈胖子和三个男人正在吞云吐雾把酒言欢,几个人都是红光满面,粗声大气。沈胖子说:"哟,洪大律师总算到了,先奖励三杯,奖励三杯解解乏。"说完就把我空座前的杯子拿过去倒酒。我说:"沈胖子你今天想让我倒就直说呗。"沈胖子笑,说:"哪里哪里。"然后把酒瓶放下,扭头对另外三个人说:"这位是我的同事洪律师,有名的刑事律师,以前做过法官。"三个人看着我,点头的点头,伸手的伸手,我赶忙低头哈腰把手都握过一遍,说:"沈律师瞎吹的,我就是一个混口饭吃的律师。"沈胖子摇摇头,脖子上的肥肉皮也跟着扭来扭去,说:"洪律师谦虚了,这是很有思想的一位律师。"我说:"沈律师越来越会骂人了哈。"大家听了就笑。

沈胖子扭头看我,说:"我给你介绍一下。这位是黄总,是朱立雄的好朋友,这位是孙检察官,还有这位是吴警官。"我一边点头一边微笑,一边猜他们是哪路神仙。孙检察官说:"听沈律师说洪律师以前是法院的?"我说:"是啊,我以前在普洱中院刑庭做过。"孙检察官把手伸过来说:"那我们是同道中人啦,来,走一个。"我赶忙端起酒杯整了一个。吴警官说:"普洱是好地方啊,我上次有个案子还专门去沧普跑了一趟,来,我们也走一个。"我赶忙端起酒杯又整了一个,笑说:"是不是毒品案子?"黄总微笑着抽着烟看我们走了两个,说:"洪律师,轮到我啦,前面检察官和警官都敬过了,现在该我啦。"沈胖子在旁边打着酒嗝说:"黄总很仗义的,这次朱立雄的事情,是他一直在大力帮忙。"黄总摆手,说:"朱立雄是我的好朋友啊,他出事了我不帮忙谁帮忙?再说了,这事情我只是帮忙找找人,真正做事情还得靠孙检和吴警官。"吴警官摆手,说:"这事情呢没办法,上头一定要办,只好布置统一抓人,全滨海这次抓了好几拨倒卖外汇的。说实话,对于倒卖外汇的我真恨不起来,我家有个亲戚老是出国,你想2 000美元的额度哪里够嘛,他美元不够就老是要找黄牛,这不我就找黄总,然后黄总找的就是朱立雄。朱立雄这事情我问过承办警官他们领导了,他们领导说没法,上面布置的任务必须得完成。"

孙检对吴警官说:"你们真是的,布置的任务当然要完成,但要看你们咋完成的啊。上面又没说你们一定要完成多少数量的任务。"

我说:"按照起诉意见书的内容,朱立雄倒买倒卖外汇的数额是美元一个多亿。"

吴警官笑,说:"孙检,我们公安在第一个关口,风口浪尖,事情不能做得太难看。再说了,虽然起诉意见书是一个亿,但我们的证据材料真心不是很扎实啊,要咋删减全看你们啦。"

孙检笑笑不说话。

黄总忙不迭举起酒杯,说:"我先敬敬两位,这事情得麻烦两位多操心啦。"

沈胖子在旁边说:"刑事案子我不懂,洪律师这方面比较专业,到时候全看洪律师了。"

我说:"沈胖子你拜错菩萨啦,真正能帮忙的不是我,你该好好敬敬吴警官和孙检,你看黄总人家就比你更拎得清。"

吴警官和孙检都笑,说:"都举杯举杯。"沈胖子假装尴尬地笑笑,说:"我错了,我自罚一个。"说完端起杯子嗞的一声先干了一杯。

黄总说:"朱立雄这人在滨海外汇黄牛圈里也是个人物啊。你们知道滨海刚解放时,为了稳定金融和经济,陈毅干了一件事情,即派军队接管证券大楼、打击银元客的事情吗?"

沈胖子摇摇头。

黄总说:"当时银元客里有一个在圈子里很厉害的角色,后来被逼跳楼了。"

沈胖子说:"然后呢?"

黄总说:"跳楼的这位是朱立雄的爷爷。"

大家都不约而同地"啊"了一声。

三

朱立雄在会见室的铁窗外,边咳边说:"洪律师,又来了?"

我说:"是啊。案件已经走完侦查程序到检察院了。公安这边认定的数字是美元一个亿。"

朱立雄摇摇头。

我说:"咋了?这数字被夸大了吗?"

朱立雄说:"他们做事情太马虎了,我一个滨海滩堂堂的黄牛大王,怎么可能才有一个亿啊。"

我说:"经济犯罪都是这个样子啊,数字只能按照查证的为准。"

朱立雄说:"看来公安的兄弟也在帮我啊。"

我说:"沈律师的确有帮找人。但因为现在在风口浪尖上,公安也不能把事情做得太难看,等过一两个月看看能否把数字降低一点。"

朱立雄说:"替我谢谢黄总。小陈、小车跟我跑这一两年,实惠没拿多少,还跟着我一起被抓,感觉有点对不起他们啊。你出去再跟赵云梅说一下,让她给小陈她爸爸和小车老婆带点生活费过去。"

我说:"好。"

朱立雄说:"另外,之前帮小陈和小车找的律师,让他们也尽心一点,有空多跑跑看守所。律师嘛,我也知道能做的事情有限,但收了钱总得做事情。"

我说:"我会转告的。"

朱立雄看我脸上尴尬的表情,说:"洪律师不要生气啊,我这人爱讲实话,我知道你们律师不容易,尤其是做刑事辩护的,就像我们炒外汇一样属于高风险行业。"

我笑说:"我是合法的职业,你这是非法的职业。"

朱立雄笑说:"合不合法谁说了算?"

我说:"当然是法律啊。"

朱立雄说:"法律是谁制定的?"

我说:"立法机关啊。"

朱立雄说:"立法机关是谁组成的?"

我说:"是从人民中找出来的人啊。"

朱立雄说:"我也是人民啊,为啥他们从来不找我?"

我说:"你不懂法律啊。"

朱立雄说:"我懂金融啊。"

我说:"那你得当人大代表啊。"

朱立雄说:"你们谁会选我呢?"

他看我不言语,说:"洪律师没话说了?我跟你说洪律师,法律这东西没啥公平公正的,国家要它干嘛它就干嘛。你们律师呢就是装点门面的,一般的案子你们还可以说说话,遇到国家不想让你们开口的,就不会让你们开口。"

我说:"尊重你发表个人观点的权利。"

他看看我想了想,说:"哦,其实我也挺理解你们律师的。你们帮当事人做代理,也不是所有案子都能达到当事人的目的,但你们仍然要收律师费,因为你们有工作付出。我们做外汇黄牛,也是为了服务大家,当你缺美金而国家不换给你,或者国家换的价钱高,我帮你换一点价格更合算的,我这有啥罪恶呢?我这是利民工程啊。"

我说:"但是不利国。"

朱立雄叹口气,说:"我这个案子至少得判10年吧?"

我说:"15年。"

朱立雄说:"为啥?"

我说:"不为啥。"

朱立雄又叹口气,说:"我过两天可能要转到监狱医院,下次你来之前最好先和看守所电话确认一下我是否还在这里。"

我说:"病情更严重了吗?"

朱立雄笑笑,说:"重不重都过去,那边舒服一点。"

我说:"你这毛病会传染给我吗?"

朱立雄说:"不会。"

四

从看守所出来回到事务所,赵云梅已经等在会议室了。我把会见的内容大概和她说了一下,说朱立雄让你不要太节省,该花的钱就要花,钱是身外之物,需要借钱就去找谁谁谁,另外，他给你开了个清单，说还有谁谁谁还要付钱给人家，不要欠人家；还有谁谁谁还欠他钱，可以去要。

赵云梅不到一米五五的个头，三十多岁，看上去至少比老朱小了十多岁，全身上下典型的滨海女人穿着，该精致的地方一定精致，不该张扬的绝不张扬，却又在不经意间流露出自己的特色所在，举手投足颇有大家闺秀之风。赵云梅听我说完叹口气，说："还人家钱容易，但去要钱可没那么容易，好多人一看老朱出事了就找各种借口推，都想看看老朱是咋判的，再决定要不要还钱。我现在哪里都需要用钱。这里很多困难你也不要告诉老朱了，告诉他也没用，我自己想办法吧。"

我说："这个可以理解，老朱还说如果人家实在不还也先不要急，等看看势头再说。如果真的有人太过分的，可以去找一下邱总。"

赵云梅说："我知道了。"

我说："还有一件事。"

赵云梅说："啥事？"

我说："老朱说最近你不要再帮人换汇了，哪怕再熟的人。"

赵云梅苦笑，说："老朱真的要摘牌子了啊？他那么多老客户，哪个不是冲他的为人来的？以前我真懒得管他的破事。"

五

再次会见朱立雄时是在监狱医院。他穿着条纹病号服出现在我面前。

我说:"你真有本事啊,能转来这么悠闲的地方。你们房间几张床啊?"

他开心地笑,说:"我们房间有十几张床,目前住了五个人。伙食也比看守所好。"

我说:"你不怕被同房的病人把病过给你?"

他说:"不会的。"

我说:"我研究了一下,国家的外汇政策其实在2007年年初就有了变化,把个人外汇额度放宽到每人每年5万美元了。为啥在放宽了外汇额度后,还要打击你们这些黄牛?"

朱立雄说:"政策归政策啊,但政策价格和市场价格之间还是有空间的,他们打击我们正是为了给政策让路。不过话又说回来,从长远来看,我们做外汇黄牛的前途越来越渺茫了。国家外汇多了,我们这些黄牛就没什么生存空间了。其实在出事前我看到国家的政策变化,我就知道我们这个行业已经是末路黄花了,只是因为客户多,还一直认我,就没有及时收手。"

我说:"你未来打算转行做啥?"

朱立雄说:"没想好。不过凭直觉,我觉得未来可能互联网会很火。"

我想起之前沈胖子说的故事,说:"我冒昧问一句,你爷爷解放前是做银元的吗?"

朱立雄笑,说:"你听谁说的?"

我说:"听一个朋友。"

朱立雄说:"没有的事。"

六

案子到了检察院，过了两个月被退侦了。沈胖子得知了退侦的消息，忙不迭地跑来我办公室，得意洋洋地说："怎么样，我找的关系还可以吧？"

我笑笑，说："等退回来再说吧。"

案子回到公安转了一圈，公安给了个情况说明，又原封不动地回到了检察院，指控数字一分钱没有少。

我找到沈胖子，说："你的关系呢？"

沈胖子有点尴尬，说："不知道他们咋操作的，等我去问问。"

案子过了一个月又重新退回了公安。公安没费啥劲，二话不说依然把案子扔回了检察院。

沈胖子不好意思地说："我去问过了，说是公安内部换领导了，所以之前讲定的事情不太好操作。"

我笑笑，说："这话谁说的？"

沈胖子一副委屈的样子，说："你们刑辩律师是不是怀疑所有人？包括像我这样的亲人？"

我说："你亲？你咋坑蒙拐骗我不管，最起码给人家一个交代啊。"

沈胖子说："这个我当然懂。"想了想，做出一副痛苦的表情，咬咬牙说："实在不行，就加大对检察院的投入吧。"

我说："问你一件事。"

沈胖子说："啥事？"

我说:"活动费用到底是黄总出的还是赵云梅出的?"

沈胖子看着我,愣了十秒钟,说:"这个重要吗?"

七

过了两个月,检察院把案子移送到了法院,起诉书指控的非法经营金额从当初公安的一个多亿美元减到了九百万美元。

沈胖子说:"怎么样老洪?"

我说:"你咋证明这是你的功劳?"

沈胖子气呼呼地说:"以后你要找关系的案子不要再来找我。"

我说:"楼下饭堂的饭超难吃,但我也得吃啊。"

沈胖子瞪我一眼,出了办公室。

八

朱立雄听我说了最新的指控金额,"哦"了一声,并没有露出很意外或者惊喜的表情,反而是陷入了沉思。

我说:"咋了?"

朱立雄说:"这个数字大概可以判几年?"

我说:"我看了滨海近期几个法院处理非法经营的案子,你这个案子大概在5年到6年吧。"

朱立雄说:"我在想,我已经关了一年多了,以后到监狱再想办法减刑,应该不久就要出去了,我出去后该做什么。"

我说:"你慢慢想吧。另外赵云梅带话给你,说老李的钱要回了一点；老刘说手头紧，要等一两个月；陈总的钱难要，说要等你出去后再算一算。还有就是你女儿高二学年考考了全班第一。"

朱立雄笑了，说："我家基因就是好。"

我说："你女儿都高二了？"

朱立雄说："是啊，咋啦？"

我说："没啥。"

朱立雄说："再次告诉赵云梅，不要再和我原来的客户接触了。她平时身体不好，还挺节省，让她不要太在乎钱。钱我出去了可以赚到的。"

我想了想，说："好。"

九

开庭时，我进行了罪轻辩护，主要观点是滨海目前对非法经营罪的量刑标准偏高，甚至比最高法院的标准还高，这与滨海这样一个国际化大都市和经济发达城市的形象不相称，炒卖外汇这样的犯罪是法定犯罪，随着国家经济的发展和金融政策的变化，这样的犯罪早晚会消亡。

法庭上，承办法官倒是很认真地在听着，审判长一直在看着旁听席后面的墙壁，不知道在想什么。头发花白的人民陪审员好几次把头垂到了审判台上。

过了一个月，判决下来了，以非法经营罪判处朱立雄有期徒刑5年6个月。

十

知道赵云梅被抓进去是半年后的事情了。

那天沈胖子风风火火地冲进我的办公室,把门带上后说:"兄弟,你知道吗?"然后看着我不说话。

我说:"我知道个屁啊,你每次说话都喜欢这样吗?跟客户说话慢一点可以多收点律师费,跟你同事犯得着这样吗?"

沈胖子咽了一下口水,说:"赵云梅被抓啦。"

我"啊"了一声。

沈胖子唉声叹气,说:"他们家真是运气不好啊,咋两口子都被抓了。孩子马上高考了。"

我说:"为啥抓她?公安一般也不会这么没人情的。"

沈胖子说:"我听吴警官说,是有人去举报她的,说她在老朱被抓后开始做倒卖外汇的事情。吴警官从侧面打听了一下,说是这些人本来欠老朱钱的,原本想老朱出事了就可以赖账,没想到赵云梅催他们还钱催得很紧很认真,还找了人去威胁他们,于是他们就把赵云梅'点'了。"

沈胖子啐了一口,说:"不讲规矩啊。"

我说:"赵云梅是为了老朱用钱的。"

沈胖子怔了一下,没说话。

(2019 年 9 月 7 日)

女人的刚毅

"既然大家聊到女人，要不这样，我们每个人都讲一个故事，讲讲你印象最深的女人。"

一

几个男人的饭局。电视台老金、曹警官、马律师、魏律师。

喝完第一瓶茅台，老金电话响了，老金拿起电话看看就掐了，然后在手机上哒哒地点了几下，嘴一撇说："老婆来查岗啦。"

曹警官笑，说："老金对老婆蛮凶的嘛，不像滨海男人。"

老金笑，说："就是因为我脾气臭，才被第一个老婆踢出家门啊。"

曹警官说："老金谦虚了，你们媒体人花里胡哨的事情还少啊，肯定是你自己坏，还说是老婆的错。"

马律师说："其实滨海女人蛮好的，我接触的客户中基本上都是女客户比男客户更守信，付钱更爽气，办事效率也更高。"

老金说："马律师你长得好看嘛，女客户喜欢你。"

马律师说:"老金啊,你是电视台主持人你就来挖苦我们律师?你也知道我们律师绝大部分都长得歪瓜裂枣,长得好看谁来做律师啊。"

老金说:"如果我有你们的脑子我也不做主持人。现在我们电视台也不好混,大家都不看电视了,没人给红包也没人来打广告了。"

魏律师把口里的菜咽下去,说:"马律师说得有点道理,我是北方人,我觉得滨海的男人不如女人豪爽。我每次带家人来外滩看风景时,我都觉得这个城市是阴性的。"

魏律师说完看看桌子上的老金和曹警官,赶忙又补了一句:"当然啦,也不是所有的滨海男人。哪个地方的男女都有好有坏。"

曹警官眼睛转了转没有说话,把中华烟丢给老金和马律师一支,自己把自己的那支点燃了。

老金端起酒杯想了想,说:"我们这样喝酒干瘪瘪劝来劝去没啥意思。既然大家聊到女人,要不这样,我们每个人都讲一个故事,讲讲你印象最深的女人。讲完了如果大家都通过就都喝一杯酒,讲故事讲得不好的得自己喝三杯。"

几个男人听了都点头说好,魏律师说:"老金做节目的就是花花肠子多。那就老金先开始吧。"

二

老金低下头想了会儿,说:"哥儿几个我跟你们说实话,我认识的女人的确不少，但真给自己留下深刻印象的，你们要我现在想，还真一下子想不起来。不瞒你们说，我年轻时是个文青呢。那时记忆好，读了不少书，印象最深的是杰克·伦敦写的一篇小说，讲一个印第安女人的故事，好像是她和丈夫在阿拉斯加的冰天雪地里为了村子里被困住的人去远方搬救兵，在求援的路上历尽艰辛，粮食也快没了，中途还遇到了行将倒毙的哥哥。但为了自己的丈夫，她宁愿舍弃自己的亲哥哥，没有给她亲哥哥一粒粮食，任由哥哥走向绝望的冰天雪地。这样走啊走，最后连她自己也倒下了。"

"帕苏克。"马律师说。

老金说："什么？"

"这个女人名叫帕苏克。"马律师说。

老金眼里放出光来，说："原来你也是个文青啊。"然后站起来隔着曹警官去握马律师的手。曹警官笑，说："来，我让你们坐一起。"

"帕苏克的路，走到这儿就完了；可是你的路，查理，那还要连绵不断，越过契尔库特山，到汉因斯教区，再到大海。而且它还要继续向前，有许多太阳的光辉下面，越过没人知道的土地和陌生的海洋，要这样过很多年，年年充满了荣誉和伟大的光彩。它会领你走到有许多女人的地方，而且都是好女人，不过它再也不会使你得到比帕苏克的爱更深的爱情了。"

马律师拿着手机，长长地念了这么一段。

其他几个人都有点发愣，老金说："马律师，你的记忆力咋这么好？"

马律师笑，说："我刚上百度搜的。"

老金松了一口气，说："我说呢，这段如果真是你背下来的，以后我都不好意思说自己是文青了。"

曹警官点了一支烟，说："然后呢？"

老金拿筷子吃了口菜，清了一下喉咙，说："刚才马律师念的就是帕苏克在他男人怀里最后说的一段话。这个女人在路上每天都悄悄地省下了一点自己的口粮，为的是能让自己的男人最后走出雪原。她男人当时也疯了，说不想再走了，想和她一起死掉，但是他女人说，村子里的人还等着他的救兵呢。这样这个男人才继续往前走了，然后找到了救兵。"

"这个女人是她老公临时买的，为的是在去搬救兵的路上有个伴。另外，她的哥哥在她小时候还从熊掌下救过她，为了救她变残废了。"马律师说。

魏律师说："老金讲得的确让人感动，值得喝酒。"

老金说："我那时看这篇小说看得我眼泪汪汪。"然后作势去擦眼泪。

马律师笑，说："这个不算，这是小说，再感动也是编出来的。我们刚才约定的是要讲一个真实的故事。所以老金啊，这个故事我们每人喝一杯，你喝三杯吧。"

老金拿手指着马律师，说："马律师你咋这么坏。"

曹警官说："我支持马律师，我们应该讲一个真实的故事。老金喝三杯。"

魏律师说:"已经两票了,我再砸一块石头吧。老金喝三杯。"

大家都哈哈地笑起来,监督着老金喝了三杯,老金把头晃得像拨浪鼓一样,说:"不行了不行了。"

这时服务员进了包厢给大家换骨碟,曹警官说:"小姑娘你先出去吧,需要的时候我们会叫你。"

三

马律师说:"老金讲的这个故事倒让我想起原来看的一本书《艽野尘梦》,湘西王陈渠珍写的。讲清末清军进藏平叛,他在藏区娶了藏族女子西原。后来辛亥革命爆发,进藏清军出现内乱,陈渠珍带了一百多个兄弟和藏族女子西原,取道东归误入歧途,断粮七月余,忍饥挨饿,茹毛饮血,仅七人生还于西安。最惨的是那个背井离乡跟着他出来的藏族女子西原,一路上照顾他走出高原,好不容易到了西安,却因为不适应平原气候并染上汉人的天花,病倒过世。"

老金说:"这个故事算你讲的吗?"

马律师白老金一眼,说:"你刚才讲的是小说,我现在讲的是陈渠珍的回忆录,是真实发生的事情。当然了,我还有我自己的故事。"

老金失望地叹口气,说:"你讲嘛。"

马律师说:"我原来接了一个职务侵占案子,被告人长得挺帅,他女朋友倒长得很一般。"

魏律师说:"女朋友是滨海的吗?"

马律师点头,说:"滨海本地的。"

魏律师说:"嗯嗯,然后呢?"

马律师说:"被告人的父母第一次来我们事务所时,这个女孩子跟着一起来的,坐在我们会议室里不停地啜泣,还给了我一封长长的信,要我带去看守所给她男朋友看。"

老金说:"都写啥了?"

马律师说:"不就那些肉麻的词语嘛。"

老金笑,说:"人家写给男朋友看的信,你看啥看。"

马律师说:"我必须看啊,万一有什么和案情有关的内容我会吃药的。"

曹警官点头,说:"这种事情要小心,马律师这样做是对的。"

魏律师说:"然后呢?"

马律师说:"这个女孩子写的内容太多了,只是因为没啥文学性所以我没咋记得。但其中有一句我记得很清楚,她说,我听马律师讲,你的案子如果辩得好,可能就三四年。不要说三四年,就算是三四十年我也会等你的。"

老金说:"这个女孩子咋这样乌鸦嘴啊。"

马律师笑,说:"就是嘛,也就是因为乌鸦嘴所以我记住了这句话。"

魏律师说:"后来呢?"

马律师说:"这个女孩子几乎每周都写信给我要我带去给

她男朋友看。你们想我哪里有这么多时间去跑看守所啊，我当时都后悔接这个案子收律师费收少了。"

大家听了都哈哈笑。

曹警官说："然后呢？"

马律师说："我原来以为就要这样一直每周一封信地持续下去了，因为我觉得那个被告人长得帅，家里还算是有钱，配她挺配得上的。但这样过了三个月，女孩子的信就少了，变成两三周一封。信的内容也少了，以前是两三页纸，后来就只有一页，甚至连一页都写不满。到后来连信也没有了，就是让我口头带几句话。"

老金说："后面肯定黄了。"

马律师点头，说："这样过了半年，就连口头带的话也没有了。有一次我去看守所前问她有啥话，她说她要出国培训一段时间，如果有事会主动联系的。这样又过了一个月，我问被告人爸爸，说怎么最近那个女孩子没消息了，被告人爸爸唉声叹气，说马律师不瞒你说，女孩子结婚了，但这个消息你先不要和我儿子讲。"

曹警官说："正常嘛，长得再帅也不能当饭吃。"

马律师叹口气，说："是啊，我一开始还觉得这个案子应该两个人不会分开，因为刑期不长，两个人也年轻。再说分就分吧，咋会这么快就结婚，又不是大龄青年。你们说说，就算是谈恋爱也要谈个一两年吧。所以我现在看到当事人家属来我面前哭的，我都会想他们会哭多久。"

曹警官说:"人嘛,都会适应新生活的。"

魏律师说:"马律师你这个故事不是正能量,不好玩,你喝三杯吧。"

老金说:"对对对,负心女子这种事情没啥意思,你自己喝三杯。"

曹警官说:"马律师啊,我这票已经没啥反对的意义了,你就喝三杯吧。我们陪你喝一杯。"

马律师瞧瞧魏律师和曹警官,说:"嗯嗯,接下来轮到你们讲故事了。"

四

魏律师说我讲一个抢劫案的故事吧。

马律师端着酒杯,说:"赶紧讲,然后我们投票让你喝三杯。"

魏律师说:"其实我讲的和马律师讲的差不多,也是一个被告人家属的故事。"

马律师说:"那还讲啥讲,直接喝酒得了。"

老金就笑,说:"马律师你咋报复心这么强,你先让魏律师讲嘛。"

马律师也笑,说:"我是知恩图报。"

魏律师说:"说来惭愧,你们也知道像抢劫盗窃这样的案子,都是穷人的犯罪,收不到什么律师费的。当时我接这个案子是一个警察朋友推荐过来,我想朋友推荐过来的不接不合适,所以就接了。"

曹警官笑,说:"以后我也给你介绍几个盗窃抢劫的。"

魏律师说:"这案子其实很简单,被告人在游戏机房怀疑有人作弊,就约了两个人把那人骗到出租车上,逼着被害人把赢的几万块钱拿出来。后来被判了10年。"

马律师说:"完了?"

魏律师说:"没呢。刚开始。"

"那个抢劫的被告人妈妈死得早,父亲先天有残疾,根本管不了他,所以他从小就是那种缺乏家教、天不怕地不怕、没啥亲情的小混混,这种人你们随便在街上在地铁里拿眼睛扫一圈都能看到一两个,哪,就是那些身上文身的,看手机不搭理他人的,或者眼睛很凶的,发型很酷的。我第一次去会见他时,聊了没两句,他就问我为啥这么晚才来,说其他被告人的律师早都会见过了。他还要求我最好每周都去看他两次。当时我心里那个气啊。那时他老婆挺着个大肚子,马上要生孩子了,他一点也不关心。而且这个案子我也没收多少钱,少少的一点律师费也就够付我的10个工作小时,这点钱还是他老婆东拼西凑跟别人借的,于是我把他臭骂了一顿。"

马律师说:"是该骂,才够10个工作小时的律师费他想干嘛,会见两三次就没了。"

魏律师有点不好意思,说:"不是啦,倒不是因为收费低,而是因为这人太没礼貌了。"

曹警官说:"马律师不要打岔,让魏律师接着说。"

魏律师说:"他要我多去会见他我没答应,但问题是他老婆又来提这样的要求了,才见了没两天,他老婆微信来说有啥事情要带话;才过了一周,又说家里有啥事情需要他决定。你们也知道,刑事案子在侦查阶段律师最大的作用,就是作为被告人与亲属沟通的桥梁,但这样频繁的沟通我也受不了啊。一开始我还有点不好意思拒绝,后来我就让我助理去跑看守所,再后来我助理也受不了了,我只好跟她讲,我们的工作小时也是要养家糊口的。她倒也还好,没提什么过分的要求,只是说魏律师以后你每两到三周去见他一次好不?我说还有一个办法,就是你可以找看守所门口的那些排队律师,他们收费比较低,如果只是带个话啥的,你可以让他们去做。后来她就的确找看守所门口的排队律师去见了她老公好多次。"

　　马律师说:"你也够狠的,收了人家律师费又叫人家去找排队律师。"

　　魏律师两手一摊头一歪,说:"马律师,你遇到这种情况你咋处理你告诉我?"

　　马律师说:"这种案子就不接呗。"

　　曹警官说:"马律师你比魏律师更坏,魏律师不要理他,接着说。"

　　魏律师说:"案子从抓人到开庭拖了一年多。这期间,他们的孩子生下来了,是个男孩。被告人的父亲对孙子自然是喜欢得不得了。然后围绕着孙子又出问题了。被告人的父亲和姑妈觉得儿媳年轻,儿子犯的是重罪,她早晚会离开儿子和孩子，所以对她开始有点冷眼相对了，想把孩子拿过去。这段时间她需要花钱，她自己没啥钱，她父母家庭里看她老公是这样一个人，也一直在劝她离婚，所以不想给她什么钱。她老公请律师要花钱，孩子每天都要花钱，很多时候她跟他们两边要钱他们都不给，当然他们也拿不出来多少，都是穷人家庭。她有我的微信，就经常来哭诉这样的事情，说她最难受的不是缺钱，而是所有的人都在反对她，她都不知道自己做得到底对不对了。哭得我怪难受的。哭了两三次我受不了了，我就跟她说，你再跟我聊这样的事情我就把你拉黑，然后她就不敢来哭诉了。"

老金叹口气。

魏律师说："开庭通知下来后，我告诉了她。她说我可不可以带自己的儿子来给他爸爸看一眼。我说开庭是不允许小孩尤其是未成年儿童进法庭的。她说我不带进法庭，只是带来在法庭外面给他看一眼。我心想她咋那么多事情啊。

"开庭那天，她真是带儿子来了。她老家在江苏一个小县城，到滨海没高铁，坐汽车要坐五六个小时。开完庭，我跟审判长申请能否让被告人和家属见一下说两句话，已经一年多没见过面了。审判长还算好说话，给他们见了 5 分钟，连同其他被告人家属一起都沾了光。"

老金说："你等等，你的意思是这些家属平时都见不到他们的亲人吗？"

魏律师说："对啊。"

老金说:"为啥不让见? 不人道啊。"

魏律师说:"对啊。"

老金翻着白眼球,不知道该说什么。

魏律师说:"见了5分钟,法院就把被告人关进囚车还押看守所。她抱着儿子跑到法院门口,看到囚车出来就跟着囚车跑,在路边跑了大概一百米,嚎啕着在街沿坐下来。她抱着的孩子大概是因为饿了就开始哭,她就边哭边解开衣服喂孩子。孩子不哭了,她也不哭了。"

曹警官掏出烟来给马律师、老金都丢了一支,自己点上火,把火机丢给马律师。大家沉默了半分钟。

魏律师说:"讲完了。"

马律师说:"后来呢?"

魏律师说:"后来我看她在微信上好像开了网店,在卖一些婴幼儿用品。我也没问她后来到底怎么样了。"

老金问:"为啥不问?"

魏律师说:"不想问。"

曹警官说:"魏律师讲的这个故事很感人,所以我建议魏律师要喝三杯,这是我们给你的荣誉奖励。"

老金和马律师都坏笑,说:"对头对头。"

魏律师也笑,说:"反正是茅台,我喜欢。"说完就去拿起酒瓶倒酒。

老金说:"该曹警官啦。"

曹警官从烟盒里又弹出一支中华烟,点燃了深吸一口,把身子放在椅子里，说："好吧，我也给大家讲一个女人。"

五

"那是一个毒品案子，对象是个广东女人。我们老早就接到了线报，说有一宗从广东过来的冰毒。这个案子其实从一开始就在我们的掌控中。毒品是用快递的方式运输的，这个女人胆子也真大，居然用快递运输的方式。按理快递公司对于一些违禁品也是会检测的，但这次快递公司居然没有检测出来。可见这女人也是很有贩毒经验。毒品就这样从广东来到了滨海。"

马律师问："毒品数量有多少？"

曹警官说："8公斤。"

马律师说："死定了。"

曹警官说："女人和毒品分开到了滨海，我们早就在她住的酒店蹲点了。我们原来以为除了她之外还会有别的客户，所以一直很耐心没去惊动她。但是后来发现她始终是一个人，快递来时我们只好收网了。"

老金对着空中吐了个烟圈，说："到目前为止，精彩段落还没出现。"

曹警官说："这个案子毒品数量大，听线报说她背后还有她老公以及下面的一帮小喽啰，广东那边的货就可能是她老公和下面的人发出来的。所以我们抓到她以后大家都很高兴，觉得可以有个立功的机会了。抓到她时我也在现场。那是一个瘦瘦小小的女人，个子大概一米五五吧，三十多岁，颧骨有点高，就是广东人常有的那种样子。我们两个兄弟一边一个按住她胳膊可以直接把她轻轻拎起来。我想这样子只要突审一两次，应该就可以抓其他人了。"

魏律师说："对，不要说女人，男人都扛不住你们的刑讯逼供。"

曹警官笑，说："魏律师你错了，一个人的强悍和性别、肉体无关，这世界上最强大的不是钢铁，不是人多势众，而是心中的爱和信任。魏律师之前讲到滨海女人的豪爽，我想说的是，在我办理过的案件里，最强悍的不是男人，也不是北方人。以前我们审案子，好多北方男人反而是最怂的，还没动手呢就跟我们要烟抽。我遇到过最强悍的，就是这个瘦小文弱的广东女人。"

魏律师笑笑，想说什么但没说。

"我们把这个女人抓住后，就准备去外地抓人了。没想到我们做笔录的同事告诉我，说这个女人不肯把她老公和下面的小喽啰供出来。我去看守所见她，我说你还挺硬的嘛。她看着我不说话。我有点疑惑，问同事咋回事，同事说她耳朵好像有一只聋了。我说怎么耳朵突然就聋了？同事有点不好意思，说你声音大一点她听得见的。我心里明白了，大声说你好好想想，你啥都不讲会被判死刑的，如果你把其他人讲出来，你还能活命。女人看着我不说话，我苦口婆心讲了半天她就是看着我不说话。我说你不考虑自己，那连自己的孩子也不考虑吗？你的孩子才 8 岁。她听我说到孩子眼泪就下来了，我想我的机会总算来了,女人嘛,总是软弱的。"

魏律师挥舞着胖胖的手掌,要把其他三个人吐出的烟雾拨开,说:"她说了吗?"

曹警官说:"讲到这个我就想骂你们律师。这个女人问,'如果我把其他人检举出来其他人能活吗?'我说:'那倒不一定,要看具体情节。'她说她请的律师已经告诉她,她如果把其他人检举出来她自己可以免死,但其他人可能就活不了了。她说:'警官,你能保证其他人可以免死吗?'我说:'我尽量。'她听了很失望,就不再搭理我。"

魏律师说:"强悍。"

曹警官说:"后来我们去广东跑了两趟,发现没有她的口供,我们还真拿她老公和其他人没办法,她在广东那边做的事情很干净,让我们无从下手。我后来又去过看守所两次,还拿了她孩子的照片给她看,每次给她看照片她都掉眼泪,但最后还是不说。说实话,到后来我都想如果她真说出来,我可能真的会想办法帮她老公不死。可我也不能讲那样的话,只能稍稍暗示一下,但她从不信任我。"

老金很感兴趣地说:"你会如何帮她老公?"

曹警官笑笑,说:"老金,以后你遇到这样的事情我一定帮你。"

马律师说:"老金,你不知道案子是做出来的?"

老金困惑地摇头,说:"不懂。"

马律师说:"不懂算了。"

曹警官说:"最后一次提审完她,我转头要走了,她忽然喊住我说'曹警官',我心头一喜,暗想总算有结果了,回头看她。"

她说:"反正总是要死一个是不?"

我当时愣了,不知道咋回答她,然后她就被狱警带走了。

马律师说:"强悍。"

"两年以后,我听说她被执行了。"曹警官深深吸了口烟说:"当时我也没太在意,因为很多被告人在预审能挺住,但时间长了就不行了。我以前遇到过很多被告人,到了法院阶段又爆料想立功的,但这个时候因为证据都灭失了,他们讲的线索也没啥用,所以失去了立功的机会。"

马律师说:"那她后来到底有没有供出她老公?"

曹警官摇摇头,说:"后来有一天,我在看守所遇到代理她案子的刘律师,问起她来,刘律师说她一直到死都没有检举他人。"

魏律师点点头,说:"的确强悍。为了这个女人,曹警官干三杯吧。"

大家都笑起来,说:"应该应该。"然后魏律师就起来给曹警官倒酒,倒满了一杯倒第二杯时,说"没了"。老金说:"再开一瓶。"

马律师说:"有一个小问题,曹警官。"

曹警官说:"啥?"

马律师说:"你不是在治安部门吗?讲的好像这个案子真

是你办的似的。"

曹警官笑笑,说:"我 5 年前在缉毒干过,后来换部门了。"

这时电话响,大家一看又是老金的,就都笑。老金脸上有点挂不住,接了电话说:"侬勿要烦了好勿啦,马上结束马上结束。"

(2019 年 8 月 5 日)

国藏汾酒

警察把沈建国带进了会见室的椅子里坐下，扣上护栏出去了。他抬头对警察的背影说了句"谢谢"，虽然目光迷茫但却微笑地看着我和小刘。

一、李大夫

春节前给太原的李大夫发微信，问他那里能否搞得到好一点的汾酒。李大夫说："你说的好的标准是啥啊？"我说想要陈一点的汾酒。李大夫沉吟半晌，说："我有个朋友玩酒的，让他闹点给你。"

过了一周，李大夫的快递发过来，是半斤装的国藏汾酒。我发微信给李大夫表达谢意，李大夫语音追过来说："这是2005年出的很好的一款，后来再没生产过，现在市面上已经买不到了。你有空就自己悠悠地喝，别拿出去糟蹋。"

我说："汾酒以前出过一款50毫升小瓶的，品质非常好。"

李大夫说："我知道那款，品质和这款国藏汾酒是一样的，现在市面上已经找不到了。"

开了一瓶国藏汾酒，岁月的沉香悠悠溢出，让人感叹光阴的积淀原来可以如此迷人。酒入口初微辣，进入喉咙就顺滑了,再举杯,就行云流水渐入佳境。

就是它了。

这就是沈建国的念念不忘。

二、曹警官

曹警官来电话,说给我介绍一个案子。

我说:"曹警官介绍的案子不收钱也做。"

曹警官笑说:"你一个大律师,我怎么敢揩你的油。"

我满足而谦虚地说:"哪里哪里,啥案子啊?"

曹警官说:"这个案子有好几个罪名,挪用公款、贪污,还有一个什么国有公司人员滥用职权。"

我说:"死了死了,这么多罪名。"

曹警官说:"这个人是我父亲的同辈,叫沈建国,某集团公司里一个大型国企巨升公司的老总,能力非常强。在他职业上升期,一家濒临倒闭的分公司经他打理,一年后业绩就扭亏为盈,成为集团公司里的翘楚。他在那个行业里摸爬滚打了30年,算是老法师了,5年前还因为辉煌成绩获得过'五一'劳动奖章。因为瞧不起上面来的空降领导埋下祸根,遇到督导组来反腐,人家就查他公司的账,发现公司的钱果然被拿到他女人的公司去周转。现金流断了,他只好去自首。挪用的金额蛮大的,前后流水有好几十个亿,有将近3.5个亿的窟窿。据说人家为了树典型,查出来一个挪用公款罪嫌不够,又给他加了贪污和滥用职权两个罪。这是个好人,你一定想办法帮帮他。"

我说:"他女人是做生意的?"

曹警官说:"沈建国原来是离婚的,七八年前认识了一位做金属贸易的单身女老总孙美英。离婚已久的沈建国对干练的孙美英颇为欣赏,时间长了两个人就走到了一起。"

我说:"他啥时候被抓的?"

曹警官想了想,说:"如果加上之前被纪委关的日子,大概一年多了。案发后,孙美英也自首了。她只有一个挪用公款罪。不过专案组是把他们两个人分案处理的。现在两个人的案子都到法院了。"

我说:"之前沈建国请的是哪里的律师?"

曹警官说:"他之前没有请律师。"

我差点惊掉了下巴,说:"这么大的事情他之前居然没请律师?"

曹警官说:"我更正一下,他之前请了一个带话的生活律师,帮他平时给家里带个话,但对案情一点帮助都没有。你想象不到吧?我也想象不到!我爸爸告诉我时,我觉得遇到了埋伏在地球的火星人。有几句私底下的话我讲给你听,他之前完全相信专案组的人,人家要他相信组织他就相信,要他讲什么他就讲,人家说请律师没啥用还浪费钱,他就真没请律师。"

我说:"原来是老党员啊。那为啥他现在要请律师了?"

曹警官说:"他被人家骗了。"

三、会见（一）

沈建国的哥哥、姐姐和我约了时间，来事务所办了委托手续。

警察把沈建国带进会见室的椅子里坐下，扣上护栏出去了。他抬头对警察的背影说了句"谢谢"，然后目光迷茫地看着我和小刘。

这是一个五十多岁的中年男人，头发花白，身材匀称，身上的衣服洗得干干净净。

我说："我是曹警官推荐的洪律师，这是我的同事刘律师。您对我们做您的辩护人有意见吗？"

沈建国说："曹警官推荐的我没意见，他爸我们是老朋友了。"

我说："您为啥之前一年多都没请律师为你提供法律上的帮助？"

沈建国说："前面专案组的人说没必要，事情都很清楚。"

我说："您好歹也是混过世界的人，他们说什么您就信什么？"

沈建国有点不好意思，说："他们讲只要我配合，会给我一个好结果。他们原来讲只起诉挪用公款和滥用职权，在侦查终结时，我看起诉意见书上的确是两个罪名。我想我给国家造成这么严重的损失，这两个罪名我都认了。现在到了起诉阶段，事情和之前比并没有多，都是原来我交代的事情，起诉书却加了贪污,变成了三个罪名。"

我笑了,说:"正常啊,是不是他们告诉您,本来只想起诉两个罪名,然后领导不同意,没办法,只好增加了一个罪名?"

沈建国愣了一下,说:"他们的确是这样说的。"

我说:"所以嘛。我听说您和上面领导关系不太好?"

沈建国笑笑,说:"空降干部,啥都不懂,啥都要装懂,拦脚绊手的。"

我说:"您先大概和我说一下咋回事吧。"

沈建国想了想,说:"挪用的事情就不浪费时间了,洪律师您看起诉书就可以了,这个事情我认。"

我和小刘互相看看,小刘说:"沈先生您对起诉书指控您挪用巨升公司公款几十个亿和造成3.5个亿的损失没意见?"

沈建国点点头,说:"没意见。巨升公司资金的确被拆借出去给孙美英的明琪公司用了,这锅该我背。"

我说:"企业间的资金拆借是不是你们这个行业里常见的?"

沈建国苦笑着说:"是啊,只要你不出事,一般不会有人来查你。这就像你开车在路上跑,有时超一点速人家也不管的,但只要你出事了,就新账老账一起算。我没想到金属行业一下子垮得这么厉害,资金流说断就断。不过她公司的房产变现后应该可以弥补损失。"

我问:"大概是怎么拆借的?"

沈建国想了想,说:"是通过第三方千河贸易公司,用票据贴现进行无实物融资。"

我说:"你们巨升公司通过拆借有获利吗?"

沈建国说:"有的,我们巨升公司吃利息的。"

我说:"您当初和孙美英是怎么商量挪用公款的事的?"

沈建国想了想,说:"也没啥,你们看起诉书咋写就是咋回事了。"

我说:"贪污罪是咋回事?"

沈建国沉默了十秒,说:"这个贪污罪真是莫须有啊。十多年前我们巨升公司有钱,大家说要盘活资金,研究来研究去,决定去做外盘炒伦敦的金属期货。因为我最懂期货,讨论下来就决定让我操盘,这事情公司几个高管都知道的。我们把钱打到了我朋友张大秦名下的盛景公司,借他的账户去炒,前前后后投入大概有 5 500 余万。炒期货这事情公司是赚钱的,赚的钱以及之前的 5 500 余万投资都从盛景公司回到了我们巨升公司账上。在给公司炒的同时,我也在盛景公司为自己炒期货,恰恰就是这一点给我惹了麻烦。炒期货结束后,张大秦把我自己炒期货赚的 600 余万打到我个人账户上。现在他们把我们巨升公司炒期货和我自己炒期货两件事混在一起,说我这 600 余万是贪污公款。"

我说:"您在同一时间段内,在盛景公司为巨升公司和您个人炒期货?"

沈建国说:"对。他们说我既然挪用几十个亿都认了,5 500 万和 600 万这点小钱就也一并认掉,都算我挪用,不然账上不好看。我想既然他们这么说,我就承认吧,否则说不定还把公司其他人也牵扯进来。没想到到了起诉阶段,他们把公司 5 500 余万炒期货的事和我自己炒的 600 余万盈利捆在一起,给我加了一个贪污罪。"

我翻翻起诉书,说:"人家起诉书写得真好,您看看:'2002 年至 2010 年,被告人沈建国在担任巨升公司总经理期间,擅自决定以预付款的形式,将公款 5 500 余万元转至盛景公司为巨升公司进行期货交易,其间沈建国将盈利款 600 余万元转至其个人账户。'这起诉书写得滴水不漏,根本不讲你自己炒期货的事情,让人一看就是贪污犯罪。您没想到这小小的 600 万恰恰是最大的坑吧? 这可是 10 年以上的罪啊。"

沈建国说:"是啊,但是当初公司炒期货是集体决定的,我自己炒期货的事实他们也故意忽略了。"

小刘说:"这叫移花接木。"

沈建国说:"当时他们跟我讲 600 万要定贪污我也懵了。提审后他们中的一个人悄悄跟我说,他们内部对是否定贪污也有不同意见,但有的事他们具体办案人员决定不了,让我赶紧请一个好律师辩护。我在公司这么多年,从没想过占公司的便宜,这个污名我不要。我一定要表明我的态度和真正的事实。"

小刘说:"沈先生,您刚才说您从不占公司便宜,那为啥还挪用公司的资金给孙美英用呢?"

沈建国苦笑一下没说话。

我瞪小刘一眼,说:"好好记笔录。"

我说："国有公司人员滥用职权罪呢？"

沈建国再苦笑，说："洪律师，当初我们巨升公司去山西风城公司考察他们的一个有色金属矿，那时我还不是总经理。我们公司去考察后觉得有前途，就开始陆陆续续地投入7亿资金，当然我们采取的方式有点打擦边球，按照起诉书的说法是假贸易真融资。但我想这也达不到被刑事处罚的高度吧？等我当总经理后，因为风城盘子铺得过大，加之那时有色金属行情开始走下坡路，已经还不出钱来，他们不仅欠我们钱，还欠银行的钱。这时巨升公司就开会讨论，到底还要不要继续投。如果停止投资，那矿肯定就死了，之前巨升公司的7亿投资就打了水漂；如果再追投，可能还是要打水漂，但也可能就活过来了。巨升公司开会时也出现了两派意见，最后经我拍板决定追投，其他人虽然有不同意见，但是也签字同意了。先期投了2亿，后来又追投了4亿。为了确保投资安全，我还要求风城公司提供担保，但是风城公司提供的担保数据好像有水分。到案发时，投资依然没有追回。他们查出这个事情，就指控我滥用职权。"

我说："你们在投资时有做过事前评估吗？"

沈建国说："我的前任在投资时是没有设定抵押或者担保的。等我决定追投时，我还特意让下面的办事人员去看风城公司的仓库，提供真实数据担保。"

看看时间不早了，我说："因为案情复杂，我们要先看案卷材料，消化一下再慢慢和您沟通，最后再决定我们的辩护策略。"

沈建国说:"好。"

小刘说:"您还有什么话要带给家人吗?"

沈建国想了想,说:"今天没有。不过,麻烦洪律师帮我带个话给曹警官,让他方便的话把我的情况告诉一下邱主任。"

我说:"哪个邱主任?"

沈建国犹豫了一下,说:"市里的邱主任,你们告诉曹警官他知道的。"

我说:"好。"

小刘把笔录拿给沈建国签字,沈建国努力眯起眼睛,在找签字的地方。

我说:"您眼睛怎么了?"

沈建国说:"青光眼,还老花。"

我说:"之前的审讯笔录您每页都看过吗?"

沈建国说:"刚进来时眼睛还可以,后来越来越不行了。有的笔录我也懒得看就签字了。"

我说:"沈先生,我要再和您确认一下,今天您和我讲的都是真实情况吗?"

沈建国看看我,说:"是的,百分之百真话。"

我说:"如果您误导我们的话,吃亏的是您自己。"

沈建国说:"明白。哦对了,我的律师费是谁出的?"

我说:"是你哥哥、姐姐。"

沈建国说:"他们没啥钱的,两个普通工人,一辈子也没从我这里得到什么好处。这样吧洪律师,我本来还是有点积蓄的,但这次已经把我所有的财产都没收了。我家里还有两根老木头，你带话给曹警官，让他转告北京的董总，就说他之前喜欢的我那两根老木头我可以转给他，让他折算成钱给我哥哥、姐姐。"

我说："我听你哥哥、姐姐说，你现在家里值钱一点的东西就是那两根木头了，你很喜欢那东西，那东西先不动了，留着等你出来了再说。"

沈建国苦笑，说："能出来最好，即便出来了可能眼睛都瞎了，也看不见那木头了。你让他们处理掉吧。"

警察来提沈建国回房间时，沈建国对我们点点头，说："不好意思麻烦你们了，这么热的天。"

四、热天

出了会见室到看守所门口，一个七十多岁的老人在家属接见区登记接济物品，警察在耐心地指导着填单子。

去停车场开了车出来，看到刚才那个老人在37度高温的烈日下佝偻着身子在路边走。

我轻轻叹口气。

小刘说："洪律师咋了？"

我说："你看这老人，七老八十到了乐享天年的时候，还跑来看守所给人送衣服，会给谁送呢？"

小刘说："也许是给儿子送？"

在后视镜里看那老人的身形越来越小，我说："你感觉沈建国这个人咋样？"

小刘说:"我觉得这人挺有范儿的,如果按起诉书指控,他的量刑已经快到20年了,但我看他还是不急不慌的样子,跟谁都客客气气。"

我说:"是啊,用滨海话讲这人就是个模子。但估计人家要拿他做反腐典型,所以他的罪行能挖就挖,不能挖也要挖。"

小刘说:"既然孙美英用了沈建国公司的钱,他们应该是共同犯罪,为啥他们还要分案处理?"

我说:"现在很多大案要案,司法部门都分拆开做。"

小刘说:"为啥?"

我笑笑,说:"就是为了对付你们这些讨厌的律师。你回去查查小河案。"

小刘说:"沈建国的律师费谁出的?"

我说:"他哥哥、姐姐出了点,大部分是孙美英的女儿刘雨霞付的。"

小刘说:"哦,她家还挺仗义嘛。"

我说:"这小姑娘当初在她妈妈的一家公司里挂过法人,因为这个案件被牵扯进去,关了一段时间才放出来的。"

给曹警官打了电话,把会见情况简单说了,并说沈建国要把他的情况转告邱主任。

曹警官说:"我晓得了。洪律师辛苦了。"

五、吴法官(一)

回到办公室,我赶紧给承办法官吴法官打电话,问开庭的大概时间。吴法官倒也爽快，说："这个案子不会很快开庭。你先不要急，孙美英的律师跟我们说要尽快处理她公司名下的房产，以此来换取一个好的结果。处理房产也要一点时间的。她的房产能处理，对你客户也有好处。"

我说："为啥要把孙美英和沈建国两个人分成两个案子来审理啊，这明明就是一个共同犯罪的案件。孙美英的很多材料我在沈建国案子里都看不到。"

法官在电话里笑，说："这案子从一开始专案组就是分开侦查处理的，我也没办法。"

我说："这样不是造成人为的司法资源浪费嘛。能否两个案子并案审理？"

法官说："这个我自己决定不了。"

挂了电话，小刘在旁边说："洪律师，你明明知道他们分拆的原因，为何还要问法官？"

我说："我故意的。"

六、卷宗

出乎我们意料的是，这样一个认定挪用金额几十个亿、牵连到三个罪名的案件，卷宗只有20本左右。

我翻了一遍材料，把小刘叫来说："这个案子重点看贪污罪和滥用职权罪的材料。贪污罪重点看审计报告、张大秦证言和沈建国笔录，以及巨升公司、沈建国与张大秦或者盛景公司之间的财务往来凭证。滥用职权罪重点看证人证言以及相关的会议记录，当初巨升公司对山西风城公司的审查评估材料，再查查山西风城公司目前啥状况。"

小刘说："好。"

过了几天，小刘说："沈建国笔录看下来，对沈建国不利。"

我说："废话，他之前的笔录当然对他不利，不然咋会定他贪污。"

小刘说："这么大的案子，还动用了专案组，怎么他的笔录只有9份？他在一年前就被抓了，但笔录记载的时间显示，他是被抓3个月后才开始被反贪人员提审。"

我说："这就对了，肯定有一些前期的笔录人家不想给我们看呗。还看出其他问题来了吗？"

小刘说："沈建国他们这种国企，平时开会按理应该都有会议记录或者备忘录，但我翻了一遍卷宗，没看到跟贪污罪或者滥用职权有关的会议记录或者备忘录。"

我说："一份都没有？"

小刘说："严格地讲是有一些，但似乎都和案件指控事实无关，貌似只是要证明一下公司的日常工作流程。"

我说："其他呢？"

小刘说："张大秦的证言有说到沈建国个人也炒期货，但证言里对炒期货的具体时间、盈利金额等根本没提及。"

我说："张大秦的证言有几份？"

小刘说："好像只有一份。"

我说："这么重要的证人，直接关系到沈建国10年以上刑期的,只有区区一份书面证言,而且语焉不详?"

小刘说:"对的。"

我说:"炒期货这事情有大概了解一下吗?"

小刘说:"大概了解了一下,好像不需要太多资金的,主要是用杠杆手段,很多期货只需要5%左右的保证金就可以炒。"

七、会见(二)

再去看守所。

我说:"案卷我们初步看了一遍,内容不是很多但也不少,我们还要细细琢磨。这个案子开庭时间估计早不了,法院还等着处理好孙美英明琪公司的房产后再开庭,所以你要耐心等待。我今天主要来和你沟通一下我们目前想到的问题。"

沈建国说:"好。"

我说:"我们在卷宗里看到你的笔录只有9次,但你之前在纪委和反贪时共经历了一年多,你之前大概做了几次笔录?"

沈建国说:"不少于30次。"

我说:"所有的笔录都有视频吗?"

沈建国说:"不一定。视频应该没啥用,他们也没打我骂我。"

我说:"有没有诱供?"

沈建国说:"如果有诱供,也主要在专案组做笔录那个时候,他们等我的口供基本稳定后,就让反贪人员做正式的笔录并录视频了。"

小刘抬头看看我。

我说:"挪用公款的事情,千河贸易公司开票做无实物贸易,将资金转给孙美英名下的明琪公司,这个事情你清楚吗?"

沈建国想了想,说:"是的。洪律师,挪用公款这一节你不用作为辩护重点。"

我说:"我们注意到你有一次笔录说,你一开始不知道钱是被孙美英拿去用了,是过了一段时间才知道钱是孙美英在用?"

沈建国犹豫着说:"可能是因为我当时也有侥幸心理吧。"

小刘说:"我们看卷注意到孙美英实控的公司有好几家,虽然资金的实际使用方是明琪公司,但钱的流向是从巨升到千河到腾美再到明琪。腾美公司是孙美英名下的另一家实控公司,腾美法人是孙美英的一个远房亲戚,股东也是找人挂名的,一般人从股权结构上看不出腾美与孙美英有关,这是不是就可以印证您说的一开始您不知道钱是孙美英在用?"

沈建国说:"这个不重要。"

小刘说:"至于千河公司,是不是孙美英一开始通过千河公司融资,千河公司因为知道您和孙美英的这层关系,所以就帮孙美英从您这里融资。但这个事情孙美英一开始没和您说,也没有直接用您了解的明琪公司,而是通过您一开始不清楚的腾美公司融资,千河公司的人以为您知道所以也没明说,直到后来被您发现?然后因为窟窿越来越大就收不住了?"

沈建国说："不管是哪家公司，钱反正是没了，现在追究这些已经不重要了。"

小刘说："孙美英的笔录在我们这个卷宗里不多，只有三四份，但其中有一份的确提到了一开始她没有把融资的事情明确告诉您。"

沈建国低头，说："这个罪名不用展开辩护了。"

小刘说："就算是您认罪，我们律师也要有话说啊。"

沈建国不语。

我说："关于贪污罪，之前你的几次口供虽然有反复，可是总的看下来，让人感觉你自己的那600万盈利来源有问题。"

沈建国说："啥意思？"

我说："你这个贪污要辩无罪，关键在于要分清你自己炒期货的账和巨升公司炒期货的账。如果你炒期货的本钱是公司的，那你这600万盈利就可以往贪污上靠，尽管实践中这样的行为定贪污还是挪用也有争议。"

沈建国说："哦，没有的，我自己炒期货根本没动过公司一分钱，这点是非常清楚的。炒期货不需要太多的钱，而且我炒的短期多，风险小，一点点把盈利滚出来。当初炒期货的保证金也是我自己打给张大秦的。这个事情我和专案组说过，但他们似乎并不在意。"

我说："保证金打了多少钱？"

沈建国说："20万。"

我说："这保证金是从你账户里打到张大秦或者盛景公司

的账户里吗？"

沈建国说："不记得了，但肯定打过的。"

我说："20万的保证金可以把期货炒到600万？"

沈建国说："当然能。我前后炒了好几年，赚这点钱不难的。"

我说："沈总出去后，我也在你这里投点钱炒？"

沈建国哈哈笑说："可以啊，如果我能活着出去。"

我说："还是回到那个关键的问题，我该如何来分清你个人的账和公司的账？"

沈建国沉吟了，说："伦敦期货市场对于主体有资格要求，当时很多人炒外盘也是挂在张大秦盛景公司名下炒的，不单是我们一家人挂他公司名下。"

我说："你的意思是也许分不清了？"

沈建国说："应该分得清。张大秦他有账本的，不然他凭什么给我600万盈利而不是500万或者700万？"

我说："如果张大秦没有账本或者账本找不到了呢？"

沈建国笑，说："他肯定有，但他是否拿出来给专案组我就不清楚了。"

我说："巨升公司的5 500万炒期货赚了多少钱？"

沈建国说："因为时间久了，具体赚多少记不得了，但前前后后加起来两三千万肯定有的。"

我说："你们公司与盛景公司之间，除了炒期货的款项往来，还有其他经济往来吗？"

沈建国点头说:"我们之间有正常的现货金属贸易。如果没有这些贸易,我们炒期货的钱,也不会以预付款的形式付到盛景公司再流转回我们巨升公司。"

我说:"巨升公司和盛景公司的往来账上,能否看得出来哪些钱是巨升公司炒期货的盈利?"

沈建国眯着眼睛想了想,说:"这个有难度了,当初我们自己门槛精,炒期货的盈利我们是做成了货款返回的,货款单价是故意压低的,所以从账上根本看不出来是炒期货的盈利。"

我说:"这个就讨厌了,这个问题我回去研究一下。另外,小刘你回去到卷宗里好好找一下沈总说的20万保证金支付凭证,还有,看看能找得到相关的账本不。"

小刘说:"好的。"

我说:"张大秦在整个案卷里只有一份书面证言,且这份证言讲得不全面。如果我现在要求他出庭作证,他会说实话吗?"

沈建国说:"我不知道他是否会出庭作证。"

我说:"为啥?"

沈建国说:"当初专案组没收了他一大笔钱,说是跟犯罪有关的赃款,他吓都吓死了。"

我说:"还有这么一回事啊?但我们在卷宗里没看到对张大秦的没收扣押清单啊。"

沈建国说:"我是听专案组的人说的。"

小刘说:"那咋办,他可是贪污罪的重要证人。"

沈建国摇头说:"洪律师,你们只要尽力了就行,不要太为难,也不要为了我太为难外面的其他人。我也不想为了证明自己的清白再把其他人牵连进来。你们有啥材料就咋辩吧,我主要就是要向众人表明一个态度。"

我说:"我可没你那么大本事,用20万保证金就能炒期货赚到600万。"

沈建国哈哈笑。

我说:"作为一个国企,你们平时开会决定投资这样的重大事项,应该都有会议记录吧?"

沈建国说:"有的,与会人员一般都签到的,或者秘书都会记录到会人员。"

我说:"我在控方提供的卷宗里没有看到与5 500万炒期货有关的会议记录,控方的证人证言大部分对你都不是很有利,都回避了当初参与决策5 500万的事实。"

沈建国叹口气,说:"算了算了。"

我说:"关于滥用职权这一节,你能否提供敢说真话的证人到庭,证实对山西风城公司有色金属矿的投资是一个正常的企业投资行为,而且是经过大家会议讨论的?"

沈建国沉吟一下,说:"这个让我下去想想。我记得当时投资前期的2亿是由大家谈论签字同意的;但后来先后追加的4亿,可能我没有找人开会而是自己决定了。"

我说:"风城这个投资如果你当时不要坚持的话,你啥事都没有,你为啥要冒这个风险呢?"

沈建国说:"这个事情没有那么简单。当时我们集团公司面临证监会审查,风城这件事爆出来可能就被摘牌了,所以我处理这件事时还要从集团全局的角度来考虑,这会影响到公司的长远发展。另外,我认为风城是做实业的,只要矿还在,就不用担心资金的回流,只是时间早晚的事情。但没想到我后来就被抓了。"

我说:"你追加投资的动机还是为了公司的利益嘛,怎么能说是滥用职权呢。另外,山西风城公司我们也查了,目前是正常经营状态,没有吊销或注销,而且他们的老总是作为证人出现在本案案卷里,提供了书面证词。既然用钱的人都不抓,为啥抓出钱的人?"

沈建国摇头说:"不知道。"

会见结束时,沈建国忽然笑了,说:"张大秦这个人啊,以前我们在一起打麻将时他就胆子小,一般不肯做大牌的。"

我说:"你们是打滨海麻将还是川麻啊?"

八、巧妇难为无米炊

从看守所出来,小刘说:"洪律师,您平时还打麻将啊?平时看您道貌岸然,还以为您不干这些事啊。"

我说:"我从不道貌岸然啊,一直都是一副流氓嘴脸。"

小刘说:"你们麻将打多大啊?"

我说:"一块一炮。"

小刘说:"骗人。"

我说:"回去根据今天会见的情况,再整理一个工作思路出来。"

小刘说:"这个案子关于贪污和滥用职权的材料明显是人为做出来的,一些重要的证人为了自保都不可能帮我们。洪律师,这可咋辩护啊?"

我说:"有啥食材做啥菜呗。连你都看出来这个案子很多材料是人为做出来的,为师就更有信心啦。"

小刘撇嘴说:"巧妇难为无米之炊,沈建国对其他人这么仗义,但好多人可没有对他仗义。我们尽力了就行,他最后别怪我们就行了。"

我说:"也不要怪其他人,很多人遇到危险首先自保也正常。"

小刘说:"我还有一个想法,就是沈建国炒期货,不可能在同一天为公司和他个人开炒。如果炒期货只需要用很少的保证金,如果他先投入了自己的保证金为自己炒,那么其实就用不到公司后来投入的资金了。"

我想了想说:"你这个思路不一定有用,就算是他先前有保证金,但谁又能确保他之后没用过公司的资金呢?你回去先查查他个人保证金的汇入时间,再看看审计报告上认定的公司炒期货的时间。"

九、一张 20 万元的支票

第二天早上,小刘风风火火跑进办公室说:"洪律师,我找到了一份 20 万元的支票凭证。这是 2001 年 6 月份银城证券公司营业部支取的,夹杂在一堆审计报告附件里,但这份凭证在审计报告中根本未作为附件提及。好的是这个时间早于巨升公司炒期货的时间,因为起诉书认定公司炒期货的时间是从2002年到2010年,这说明沈建国早在2001年就开始自己个人炒期货了,那时他根本没有用公款的必要,也用不到公款;坏的是从这张凭证上看不出来与沈建国炒期货有什么关系,看上去开票人和收票人都和沈建国、张大秦无关。"

我说:"有没有找到沈建国一直提及的张大秦的账本?"

小刘说:"案卷材料装订得非常乱,尤其是财务凭证,我找得好费劲,他说的个人炒期货的账本根本就找不到。"

再去看守所。

我把那份20万元的支票凭证给沈建国看了,说:"为啥这是银城证券公司营业部支取的,这张凭证与期货保证金有啥关系?"

沈建国眯着眼看了一下,说:"就是这张凭证,当时就是我提供给专案组的,我跟他们讲过,这就是我付给张大秦的期货保证金。"

我说:"那为啥是银城证券公司营业部支取的呢?"

沈建国说:"应该是张大秦让我这么做的,他说需要先交一点保证金,我就按照他的指令,找朋友开了一张票给他。"

我说:"你开票的朋友还能找得到吗?"

沈建国说:"两年前去世了。"

我说:"看来张大秦必须得出庭了,他不出也得出。"

沈建国没说话。

十、吴法官（二）

我打电话给吴法官，说："我需要看视频。"

吴法官说："什么视频？"

我说："我要看沈建国在纪委时被审查的视频。"

吴法官说："纪委有视频吗？"

我说："肯定有啊。"

吴法官说："我问问。"

过了两天，吴法官来电话，说纪委没有视频。

我说："怎么可能没有视频呢？"

吴法官说："他们就是这么告诉我的啊。"

我说："我的当事人讲，这个案子在纪委时就做过很多笔录，但这些笔录后来一份都没有提供出来。从这些被隐藏的笔录，我们应该可以看出很多问题，纪委可能存在诱供嫌疑。"

吴法官说："洪律师，你作为律师你应该知道该如何说话。如果有什么辩护观点，可以到法庭上讲。你跟我要视频我告诉你了，我这里没有视频。"

我说："没事没事，没有就算了。"

十一、犹豫

虽然沈建国从来不要求我们要多长时间就去会见一次，但差不多到了一定的时间，我和小刘要么一起要么单独去见他一下。

有一次去见沈建国，沈建国说："听里面的人讲，如果辩无罪可能判刑会比较重，可能会把起诉书上给的自首也拿掉。"

我说："你是啥想法？"

沈建国沉默了十秒钟，说："既然我委托了你们作为我的辩护人，我的行为到底有罪还是无罪，你们比我更有判断力。"

我笑说："沈总官腔出来了哈，你可不是不敢承担责任的人。我的判断力当然更专业，但所有案子辩护结果都是当事人你们自己承担。很多案子律师做无罪辩护的基础是当事人自己真的无罪，或者说当事人自己有无罪的信心。你是哪一种情况？"

沈建国笑了说："我两种都是。"

我顿了一下，说："沈总，我再问你一次，这600万真的是你自己炒期货炒出来的，没有动用单位的一分钱？"

沈建国看看我，说："洪律师，你怀疑我？"

我说："律师嘛，从来就不敢随便相信别人。我只是再确认一下。"

沈建国说："这600万真的是我自己每天晚上一点一点地炒出来的，跟公司一分钱关系都没有。"

我说："那就好。就起诉书指控的三宗罪，贪污罪我们辩无罪，滥用职权我们也辩无罪，挪用公款我们辩罪轻。"

沈建国说："滥用职权如果也辩无罪，会不会让人家不开心？"

我说："肯定会。"

沈建国说："如果辩无罪，会不会牵扯进来其他人？"

我说:"肯定需要一些证人出来说话。"

沈建国沉吟了一下,说:"洪律师,滥用职权罪就辩罪轻吧,当初我也是这么和专案组的人说的,国家毕竟因为我的决策损失了好几个亿。"

正在记笔录的小刘抬头看看他又扭头看我。

我说:"可是我们把案卷材料看下来,觉得你这个罪名也有问题啊。"

沈建国说:"我知道,但如果因为我辩无罪把很多人牵扯进来也不好。"

小刘说:"要不这样沈总,您在法庭上仅仅对事实的客观性发表意见,对于案件的定性由我们律师来说?毕竟是否有罪您说了不算,我们说了也不算。您只要把客观事实向法庭陈述就可以了。"

沈建国想想说:"这样挺好。"

我说:"沈总啊,你如果在法庭上先投降了,我们还顶个屁啊,我们也投降。"

沈建国开心地笑,说:"这个案子最好和最坏的结果会是啥?"

我说:"坏的话20年,好的话10年到13年。"

十二、证人

和曹警官通电话,把最近的情况和他沟通了,说:"我需要找证人,看能先帮沟通一下不。"

曹警官说:"你要找谁?"

我说:"我要找至少三到四个人,如果可以的话要四到五个人。虽然我可以直接去找,但我想最好你爸爸能先去沟通一下,毕竟你们这边关系更近一些。关于贪污罪,我要找当初帮沈建国炒期货的张大秦,证实当时沈建国炒期货是有同时在炒公司的和个人的,这账可以分清楚。还有是他们公司原来的副手陈小东,我看他做的笔录还比较客观,他当初有提到说公司决定炒期货的事,看他肯出面帮忙证实炒期货是公司小集体的决定不?还有一个冷其钧,他应该也知道公司炒期货的事情。还有就是关于滥用职权罪,我要找他们公司的李俊林,他非常清楚沈建国最后追加风城投资的原因,而且他当初跟沈建国的关系特别好,但是很奇怪在控方卷宗里没看到李俊林的笔录。如果可以的话,再找找秘书方向南。"

曹警官说:"你说的这几个人名字我记住了,我让我父亲去沟通一下。凭我的经验,我觉得有难度。这种事情人家能躲尽量躲,而且如果先前控方人员找过他们的话,他们更不会出来作证。"

一周后曹警官回复:张大秦好像不在国内,电话联系不上;陈小东怕公司领导和检察院再找他的麻烦,婉拒了;冷其钧说考虑好了会再联系;李俊林说当初有给专案组做过笔录,都是实话实说的,但如果现在还要他去法庭上作证的话,他有顾虑,因为他也咨询过律师,律师给他的建议是尽量不要上庭,并请带话给老领导,要老领导保重。秘书方向南换公司也换手机了。

我说:"这个李俊林还是沈建国一手提拔起来的。"

曹警官说:"正常嘛。"

我说:"上次沈建国讲的邱主任有回音吗?"

曹警官想了想,说:"一两句讲不清楚,以后再说吧。"

我把无法提供证人的事告诉小刘,小刘说:"有啥食材做啥菜咯,师父。"

我说:"我们只能螺蛳壳里做道场了。我直接向法院申请证人出庭,管他们愿不愿意来。"

小刘说:"法院会同意吗?"

我说:"大概率不会,因为这是我需要的证人,而且证人还不肯来。"

小刘说:"那还申请啥?"

我说:"就是要让法官知道这案子有问题,要不停地去引起法官注意。你先做一个书面申请,就先申请张大秦、陈小东还有李俊林。"

小刘说:"好。"

我想了想,说:"李俊林先不要申请了。"

小刘说:"为啥?"

我说:"沈建国有一次有提到他,特别说过不要去为难他。另外你再要求追加一下审计人员出庭。"

小刘说:"为啥?"

我说:"你不觉得这个案子审计报告的相关数字精确得令

人怀疑吗?"

十三、吴法官(三)

我打电话跟吴法官说,我要申请证人出庭。

吴法官说:"洪律师,你觉得这个案子有必要让证人出庭吗?"

我说:"很有必要,这个案子有很大的问题,贪污和滥用职权都有很大的问题,明显是要把沈建国做成反腐典型的案子。"

吴法官说:"是不是典型不是我关心的,我只关心事实和证据。如果是你申请证人出庭的话,这些证人会到庭吗?"

我说:"当然会啊。"

吴法官说:"你先把申请寄出来吧,我们收到了议一议。"

我说:"我还要申请让本案司法审计人员出庭接受询问。"

感觉吴法官在电话里要跳起来了,说:"为啥?"

我说:"按照起诉书指控,巨升公司的钱被沈建国动用了5 500余万去盛景公司炒期货。但根据我们的了解,巨升公司在盛景公司那里炒期货前后炒了好几年,其间有不少盈利都是以压低货款单价的方式打回到巨升账上。此外,双方之间还有真正的金属现货往来,这些在审计报告上都反映不出来。审计报告对于炒期货的5 500余万的流向画出了清晰得不能更清晰的痕迹,一分不多一分不少,但炒期货如何炒的、赚了还是亏了,根本不提,这个的确很蹊跷。另一方面,沈建国在反贪的笔录里提到过他自己炒期货的事情，还提到张大秦那里有账本，说600余万都是他自己炒期货赚来的，但我们在案卷里根本就没看到有关他个人炒期货的账本和记录。所以我们也想问问审计人员，他们当初做审计时，控方到底向他们提供了什么材料。"

吴法官说："你都提书面申请过来吧，我们再议。"

我说："还有一个问题，就是沈建国在炒个人期货前曾打了20万保证金给张大秦，我们在检察院的案卷里找到了这份支票凭证，我们将作为辩护人的证据提交给法庭。"

吴法官说："你想证明什么呢？"

我说："我想证明早在巨升公司进场前，沈建国就在为自己炒期货，并且用的是自己的资金。张大秦后来付给他的600万是他自己该得的盈利，跟巨升公司的资金一点瓜葛都没有。"

十四、汾酒30年陈

再去看沈建国，谈案子的进展，告诉他几个证人要么找不到，要么有顾虑，邱主任那边暂时也没回音。沈建国笑笑，说："洪律师不要有太大的心理负担，尽力了就行了。这几天我也想好了，大不了我就死在监狱里。但贪污这个污名我是不背的。他们怎么判是他们的事，我要怎么说话是我的事。"

我说："不是不可能啊，三个罪名如果都成立，判个20年很正常。"

沈建国点头，说："明白。"

小刘看看沈建国又看看我，没说话。

我们转了话题，沈建国讲起他们一帮人当初去山西考察，对方请这些滨海人吃了顿饭，每人发了一个礼盒和红包的事。我说："这事情后来好像还被调查，专案组也找这些人做过笔录嘛。"

沈建国笑了，说："吃个饭本是人之常情嘛。再说，我们也不会因为吃了顿饭、收了个小红包就把公司几个亿的资金砸到没有效益的矿里。他们让这些人做个笔录，这些人就老实了，以后不会跳出来帮我。"

我说："沈总是明白人啊。这里情况如何？吃的用的还可以吗？"

沈建国说："也就这样吧。管教对我还不错，给我安排的房间里人也不杂。"

我说："等沈总出来了，我们一起喝酒。"

沈建国说："是啊，好久没喝酒了。"

我说："沈总喜欢喝啥酒？"

沈建国想了想，说："我喝得杂。虽然是滨海人，但我喜欢喝白酒。"

我说："我也喜欢喝白酒。现在茅台很贵很给面子，但我更喜欢汾酒。"

沈建国点头说："茅台的文化和历史都远远不如汾酒。茅台最早的酿酒师都是从杏花村跑过去的。当初山西人喝酒的时候，贵州人还在乌烟瘴气呢。"

我笑。

沈建国眯起浑浊的双眼看我们的身后，仿佛看穿了我们身后的高墙，看到了炎热的夏季里自由天地间灼热的光一样，慢慢地说："我记得汾酒里有一款非常好的品种，50毫升小瓶的，30年陈，卖得很贵，用老原浆兑的，如果折算成500毫升的话，比茅台还贵两三倍。有一次去山西，人家拿来招待我们，真是舍不得喝。那酒不能糟蹋，得要一小口一小口地抿，用舌尖轻轻地触及，用整个身体去感受岁月的沉香。"

我说："是吗？这酒我还真没喝过。"

沈建国把目光收回来，说："等我出去了请洪律师喝，还有刘律师。"

我说："好啊，不过我至少要喝五个。"

沈建国笑，说："太浪费太浪费，一次只能喝一个。"

出了看守所，小刘说："洪律师。"

我说："啥？"

小刘说："如果真的是无罪不成立，他要待20年啊。"

我说："对啊。"

小刘说："您没有心理负担吗？"

我说："没有啊。"

小刘叹口气，说："师父果然是法院刑庭出来的。"

上网查了一下沈建国讲的那种酒，几乎找不到了，偶尔有两个卖家，价格还标得很高。我打了个电话问太原的李大夫，李大夫说别闹别闹，都是假的。

十五、等待

从我们接手这个案子开始,小半年快过去了。小刘说:"洪律师,这个案子好像超审限了,天气都变冷了还不开庭。"

我说:"不急,不要催法院。"

小刘说:"为啥?沈建国在看守所里日子好难过啊,还不如早点去监狱呢。"

我笑笑,说:"孙美英的律师目前正和巨升公司沟通出谅解书的事情,他们现在在处理孙美英的房产,房产如果能变现的话,对沈建国和孙美英的量刑都是有利的。而且,万一这段时间有色金属价格上去了,山西那矿活过来了呢?"

小刘说:"活了?"

我说:"矿活了,滨海这边的投资就有机会收回,检察院还能说沈建国滥用职权吗?"

小刘点头,说:"就算现在判了,如果以后山西的矿活了,滨海的投资能收回的话,我们还可以就这个罪名申诉。"

十六、刘雨霞

沈建国的前妻从来不关心这个锒铛入狱的前夫,他的儿子也从不打电话联系我们,只有沈建国的哥哥、姐姐常来电话问案件的进展,不过也不会提太多会见的要求。倒是孙美英的女儿刘雨霞还经常打电话来问"沈伯伯"的情况,或者给点钱请求帮带过去。

有一天，刘雨霞约了和我见面。我说："来事务所吧。"

刘雨霞说："见面可以只有我和您吗？"

我说："可以。"

到了会见室，看到一个二十多岁的女孩子坐着在玩粉红色的手机。我说："你好，刘雨霞。"

刘雨霞停止玩手机，站起来和我握手，说："这段时间您辛苦了。"

我说："哪里哪里，应该的。你妈妈还好？"

刘雨霞说："还好，我们这边托了人，看守所不怎么为难我妈妈。"

我说："你妈妈公司房产的事情处理得如何了？"

刘雨霞说："巨升公司的人去现场看过了，还比较满意。接下来是变现的问题。我妈妈的律师跟我说，巨升公司出谅解书的可能性很大，毕竟以前沈伯伯在公司里的人缘不错。"

我说："房产变现会比较花时间，让你妈妈的律师一定要做通巨升公司的工作，在开庭前拿到谅解书。"

刘雨霞说："好。"

我说："你今天来找我啥事？"

刘雨霞看看我放在桌子上的手机，说："不瞒洪律师，这案子我们一直在找人。当初我也被关进去时，就是找了人把我弄出来的。"

我笑笑没说什么。

刘雨霞注意到我的笑，说："洪律师，我知道您在想什么，但不管咋样，既然找了人家，人家是如何帮忙的不重要，重要的是我的确出来了。"

我说："你接着说。"

刘雨霞说："这次我们又找关系去问了，人家说来自检察院和法院的消息，如果认罪的话，三个罪加起来可以判到15年左右；如果不认罪就往20年以上靠了。所以我们希望您下次去会见时，把这个意见转达给沈伯伯。"

我说："你们找的是检察院和法院的谁？"

刘雨霞说："我们的关系不会告诉我们的，我们也不好问。"

我说："我不想问具体是谁，我想问你们找的是检察院、法院哪个部门的人？"

刘雨霞说："不清楚。"

我说："开玩笑，这样的案子庭都还没开，怎么就会有这样的消息出来。"

刘雨霞说："宁可信其有，不可信其无啊。"

我说："你是希望沈伯伯认罪吗？"

刘雨霞说："这个我无权决定，我就是把我这里得到的信息给到您，最终如何选择由沈伯伯决定。"

我没说话。

刘雨霞说："还有一句话，麻烦洪律师一定要转告沈伯伯，我妈妈带话出来，说如果她早出来的话，她会一直等沈伯伯的。"

我说:"好的。"

送刘雨霞到电梯口,刘雨霞说:"洪律师,还有一个事情。"

我说:"嗯?"

刘雨霞说:"如果沈伯伯坚持自己贪污罪无辜,激怒了法院、检察院导致整个量刑都偏重的话,对我妈妈会有影响吗?我听妈妈的律师说,虽然我妈妈的案子和沈伯伯的案子分开了,但法官是同一个人,法官会考虑量刑的平衡的。"

我笑,说:"这个是你妈妈的担心,还是你自己的担心?"

刘雨霞笑,说:"是我自己突然想到的。"

我说:"按照我的理解,虽然沈建国和你妈妈分案审理,但他们是共同犯罪,法官必然要考虑量刑的平衡。就挪用公款罪来说,沈建国和你妈妈都是认罪的,不应该因为沈建国对其他罪名的抗辩而影响到挪用公款罪的法律适用。"

刘雨霞说:"但是我妈妈的律师说这不是没有可能。"

我说:"我认为不太可能。"

刘雨霞说:"哦,谢谢洪律师。"

我和小刘去会见沈建国,告诉他,孙美英说如果她先出来会一直等他。

沈建国低头沉静了三十秒,抬头说:"麻烦你转告她,话我收到了,但还是请她自己多保重,不要过多考虑我。"

我说:"好。"

沈建国说:"孙美英还说了其他的话吗?"

我想了想,说:"她对你的任何决定都支持。"

十七、出庭通知

吴法官来电话，告诉了开庭时间，让我们做好准备。

我说："孙美英的房产处理了吗？"

吴法官说："孙美英的律师提供了巨升公司的谅解书，你需要我把这份材料提前寄给你吗？"

我说："不需要了，到开庭时再看吧。另外，吴法官，我们要求证人和鉴定人员出庭的申请呢？"

吴法官说："先开庭，开了庭我们合议庭如果觉得有必要再找他们。"

小刘说："为啥这些开庭的事不是书记员来通知，都要法官亲自通知？"

我说："法院书记员不够用啊。"

再去会见沈建国，我说："马上要开庭了，审理程序先告知一下。最关键的是，事实是咋样你就咋说，不要考虑其他，不要考虑当初你是如何说的，不管人家怎么吓唬你都不要怕。"

沈建国嘘了口气，说："我明白了。"

我说："另外，你儿子让我们给你带了一封信，是你哥哥让我们转交给你的。"

沈建国接过信，双手捧住了，贪婪地看着上面歪歪扭扭的字迹。

"他总算给我写信了。"沈建国笑着说："这是一年多以来第一次。"

我说:"你一定记住,不管发生什么,都按我们今天沟通的方案办。"

沈建国说:"好。"

十八、开庭

开庭那天,沈建国穿了件白衬衣,外面套了件毛衣。旁听席上坐满了人,沈建国的哥哥、姐姐还有刘雨霞也来了,安静地坐在旁听席第二排。沈建国被带进来时,努力眯起眼去看旁听席上的人。

对面坐着一男一女两个公诉人。

小刘说:"洪律师,你紧张吗?"

我说:"开庭前两天是紧张的,因为要考虑各种可能性和预案,但开庭前一天夜里就睡得很踏实了,到了最后时刻再紧张也没啥用了。"

小刘说:"酱紫啊。"

看到法庭上有两个拿着照相机的人,小刘说:"这个案子据说是他们那个集团公司建国以来最大的挪用公款案,您说媒体会报道这个案子吗?"

我说:"应该会,而且检察院和法院的自媒体也会报道这个案子的。"

小刘说:"为啥?"

我说:"你觉得他们拿相机来是给我们拍证件照的吗?"

吴法官宣布开庭,走完前面的主体信息核对流程后,女公诉人站起来宣读了起诉书。吴法官问:"沈建国,你对公诉人宣读的起诉书有什么意见?"

沈建国犹豫了十秒钟,然后凑近话筒说:"挪用公款和滥用职权罪我认的,但是说我贪污我不认。"

吴法官说:"你的意思是挪用公款和滥用职权你都认,但贪污的罪名和事实都不认吗?"

沈建国说:"我再修正一下,挪用公款的罪名和事实我认,滥用职权我不清楚我的行为是否构成犯罪,我会如实交代客观事实,请法庭确认我的行为是否构成犯罪。至于贪污,公司动用 5 500 万炒期货是事实,但公司的盈利已经被公司拿走了,那 600 余万不是公司炒期货的盈利,那是我自己炒期货炒了七八年辛辛苦苦、一点一点攒起来的,不是贪污。"

我看到女公诉人低头看案卷,男公诉人高昂着头,脸上挂着轻蔑的微笑。

吴法官点点头,说:"好吧,那先由公诉人就起诉书指控的罪名和事实开始发问。"

男公诉人用手扶扶胸前的领带挺了挺腰,说:"好的,谢谢审判长。被告人沈建国。"

沈建国说:"有。"

男公诉人说:"我想先确认一下,你在侦查和审查起诉阶段所陈述的笔录都是事实吗?"

沈建国犹豫了一下,说:"有些是,有些不是。"

男公诉人说:"哪些是,哪些不是?"

沈建国说:"这个要看具体的笔录才能讲得比较清楚。"

男公诉人说:"你就简单地向法庭说明一下,是不是挪用公款的部分都是事实,涉及贪污和滥用职权的部分都不是事实?"

沈建国说:"不是这么简单的。其实……"

男公诉人做了个手势,斩钉截铁地打断了沈建国,说:"我只需要你向法庭说明是还是不是?"

沈建国犹豫了一下,说:"可以说是吧。"

男公诉人说:"在侦查和审查起诉阶段提审时,有人打你吗?"

沈建国说:"没有。"

男公诉人说:"我们检察院的侦查人员在提审时有逼迫过你吗?如果有,请向法庭说出他的名字。"

沈建国的嘴角抽动了一下,说:"没有。"

男公诉人把眼神盯住了我和小刘,说:"好的,请法庭把沈建国的陈述记录在案。另外,我想提醒一下沈建国,法律对于自首的规定是有相应要求的,这个法律知识我们相信你的律师也向你说明过。我们在向法庭提交起诉书的时候认定了你的自首,但如果今天你在法庭上没有如实向法庭陈述的话,我们也可以不认定自首,不仅不请求法庭从轻判处,反而会根据你在法庭上的认罪表现请求从严判处。"

沈建国的脸色变得凝重了。

我把手举起来向法官示意。

吴法官摇摇手，说："律师会有发言时间的。"

男公诉人说："接下来我们将按照指控罪名顺序展开发问并出示证据，我想先和法庭和辩护人确认一下。"

吴法官说："可以。"

我说："对顺序没意见。"

十九、挪用公款

男公诉人开始就挪用公款的事实向沈建国发问，前后问了将近半个小时。

男公诉人说："你在巨升公司里的职务？"

沈建国有点诧异地说："总经理啊。"

男公诉人说："公司里的财务流程是不是要求大额的资金进出要有你的签字同意？"

沈建国说："是的，财务是我管的。"

男公诉人说："你是何时认识孙美英的？"

沈建国说："这个问题我在之前的笔录里已经多次说过了。"

男公诉人说："你再简单地向法庭陈述一下。"

沈建国说："是一次朋友聚会认识的，因为她也做金属贸易生意，所以我们就认识了。"

男公诉人说："后来是否她有送过一块名表给你？"

沈建国说："有一次是送过一块表。"

男公诉人说："她为啥送表给你？"

沈建国说："因为有一次她说她资金周转不灵，我帮她介绍了一个朋友给她资金,她说要感谢我。但这块表我当时没要。"

男公诉人说:"你们现在是什么关系?"

沈建国犹豫了一下,说:"我们是夫妻。"

男公诉人说:"你们有领结婚证吗?"

沈建国说:"没有。"

男公诉人脸上浮现出微笑,说:"既然是夫妻,为啥不领证?是为了工作方便吗?"

沈建国脸色有点难看了,说:"我们都是年纪不小的人了,不是很在乎这个东西,而且两家人都有小孩,领证会涉及很多利害关系,所以我们当时就说好不领证,两家人的亲戚朋友叫在一起吃了顿饭,两家人都认这个关系的。"

男公诉人说:"千河贸易公司对你们巨升公司的业务依赖度是不是很高?"

沈建国说:"应该说算高的。"

男公诉人说:"所以有的事情你让他们办,他们不得不办,对吗?"

沈建国摇头,说:"不能这样说,大家都是平等的贸易主体。"

男公诉人说:"所以当你要求千河公司帮忙为孙美英融资时,千河公司是不会拒绝的,对吗?"

沈建国的脸上开始现出痛苦的神色,说:"不是这样的。"

男公诉人说:"沈建国,请注意你今天在法庭上的态度,我们现在只是针对你认罪的挪用公款在发问,还没有涉及你不认的贪污罪。你难道连挪用公款也打算不认吗?"

沈建国脸色更难看了。

男公诉人说:"沈建国,你是党员吗?"

沈建国说:"我是。"

男公诉人说:"你知道你这样一个挪用公款的行为给国家造成了多大的损失吗?"

沈建国声音低低地说:"大概3个多亿吧。"

男公诉人说:"你身为一个老党员,把国家的钱当成自己的银行存款,拿给孙美英谋取私利,你们在当中到底获得了多少好处?"

沈建国没说话。

男公诉人说:"请回答我的问题,你们这样挪用公款到底获得了多少好处?"

沈建国说:"其实巨升公司的钱拿出去融资,巨升公司都有获利的。至于我们这里,孙美英的公司做亏了,我们没有获利。"

男公诉人轻蔑地笑笑,眼睛看着我们辩护人席位这边,说:"你这样说你觉得法庭会相信吗?如果连挪用公款这样一个清晰的事实你都要推卸责任,那滥用职权和贪污罪你又会如何说呢?"

小刘低下头,声音压低了说:"洪律师,这个检察官为啥对挪用公款问得这么细,问得这么咄咄逼人?这个罪名沈建国承认的啊。"

我叹口气,低低地说:"这个检察官经验很丰富啊。他在用挪用公款的事实来摧垮沈建国的心理防线,他知道沈建国对于因为挪用造成国家这么巨大的损失心里很自责的,所以要在这里打开突破口。挪用公款这一块我们帮不上太大的忙,要帮他就要涉及孙美英,况且我们也不是第二公诉人。沈建国如果在这里顶不住就麻烦了。"

吴法官说:"辩护人现在可以就挪用公款的事实向被告人发问。"

我想了想,说:"就一个问题。"

吴法官和公诉人的表情都有点意外。吴法官说:"辩护人可以发问。"

我说:"沈建国,辩护人注意到你刚才进法庭时法警在旁边搀着你,而且看人老喜欢眯着眼,这是咋回事?"

沈建国说:"我眼睛有青光眼,而且老花,看守所已经带我去过两次医院了,说马上要做手术。"

我说:"看报纸看得清楚吗?"

沈建国说:"以前还可以,被抓后在里面病情恶化得很快,我现在看人只看到一团模糊的影子。"

我说:"如果看笔录呢?"

沈建国说:"比较费劲,到后期基本看不清详细的内容了,就是大概摸索着签字。"

我扭头对吴法官说:"审判长,发问暂时到此,另外我们提请法庭注意的是,开庭前孙美英的律师向法庭提交过巨升公司出具的谅解书,证明孙美英的相关房产可以变现弥补巨升公司的损失,所以说本案虽然看上去犯罪金额特别巨大,但巨升公司的损失是完全可以弥补的。"

吴法官说:"另外一位辩护人还有问题吗?"

小刘看着我跃跃欲试。我说:"我们没有了。"

整个上午仅仅把挪用公款的事实和证据梳理完毕。法官说:"中午休庭一个小时。"然后敲了法槌。

出法庭时,沈建国的哥哥、姐姐和刘雨霞跑过来。刘雨霞说:"洪律师,这个公诉人好凶啊。"

我说:"下午会更凶的。"

刘雨霞说:"那咋办?"

我说:"没事没事,我们以德服人。"

小刘说:"洪律师,上午你为啥不让我问问题?"

我说:"在挪用公款这一块我们要尽快脱离战斗,转战贪污和滥用职权。"

二十、贪污

下午继续开庭,先就贪污罪名和事实展开询问和举证。

男公诉人说:"沈建国,你现在还是坚持上午的意见,认为自己不构成贪污罪吗?"

沈建国说:"是的。"

男公诉人笑笑,说:"上午我问你在之前的侦查和审查起诉阶段是否存在对你的刑讯逼供行为,你告诉法庭没有,对吗?"

沈建国顿了一下,说:"其实不是这么简单。"

男公诉人说:"你就告诉法庭有还是没有?"

沈建国说："之前在专案组的时候，他们告诉我，只要我认下这些事实，他们会从轻处理我。"

男公诉人说："你能告诉法庭是哪一位办案人员吗？"

沈建国说："办案人员很多，不止一两个，我真的不能明确讲出来具体是哪一个了。"

男公诉人说："如果说初期的侦查阶段有人在诱供你，那么在我们检察院给你做笔录时，你为什么还要承认你曾擅自动用 5 500 万公款去炒期货，并要求张大秦将 600 万盈利打入你个人账户？"

沈建国脸色很尴尬，说："之前我讲过 600 万是我自己炒期货的盈利，但他们跟我讲，几十个亿的事都认了，这 5 500 万和 600 万也认掉吧，反正都是一个罪名，这样也不用再把其他人牵连进来，你还可以得到自首。因为之前专案组的人跟我那么讲，所以我也就按照之前的讲法继续讲下去了。"

男公诉人说："你之前没有请律师吗？"

沈建国说："有，但那位律师主要是帮我带个家常话啥的，基本没有涉及法律问题，而且那时律师也看不到卷。"

男公诉人面朝旁听席笑了，说："你请了律师只是为了帮给家里带个话，不谈法律问题？"

沈建国低头不说话。

男公诉人说："鉴于被告人当庭翻供，公诉人不再继续询问，一会儿将就贪污这一节向法庭举证，以证明沈建国的贪污罪行。"

轮到我发问了。

我说:"沈建国,你从被抓那一天开始一共做了几次笔录?包括专案组、检察院?"

沈建国说:"应该做了将近30次。"

我说:"为什么在本案里我们能看到的笔录只有9次?"

沈建国说:"我不清楚。"

我问:"这些笔录大概都是啥时候做的?"

沈建国说:"刚被抓时做笔录做得比较密集,后来就做得比较少了。"

我说:"让你做笔录的都是些什么人?"

沈建国说:"一开始是专案组的,纪委的,好像也有检察院的。"

我说:"前期做笔录时,你有请律师吗?"

沈建国苦笑,说:"前期将近3个月,我一直被看押在专案组的单间里,提审很密集,前期做的笔录应该不少于20次。除了提审人员外,24小时都有人看着我,但他们从不跟我说话。后来我才被转到看守所,请律师也是进看守所后一段时间才请的,但真的没有涉及什么法律问题。"

我把头转向吴法官,说:"请法庭注意一下这个问题,根据辩护人阅卷核查,案卷里的9次沈建国笔录,最早的一次记载时间是他被专案组羁押3个月后。按照刑事案件的侦查惯例,这是很反常的,唯一的解释只能说前期的很多笔录,专案组没有向法庭提交,而且这些被隐藏的笔录,竟然占到了笔录数量的三分之二。所以，就我们今天看到的公开的沈建国笔录来说，是带有明显的选择性和编造目的。编造的目的就是为了把5 500万巨升公司炒期货资金，和600万沈建国的个人盈利混在一起，从而为贪污罪的指控打下基础。"

吴法官没说话。男公诉人低头在和女公诉人说话，两个人间或微笑一下。

我说："沈建国，你既然说这600万是你个人炒期货的盈利，你能向法庭阐明一下具体事实吗？"

沈建国说："这事情要回到2002年，当时我们巨升公司有钱，大家说要盘活资金，就决定去炒外盘金属期货。因为我最懂期货，讨论下来就决定让我操盘。我们把钱打到了盛景公司，借他们的账户去炒，前前后后投入大概有5 500余万。炒期货这事情公司是赚钱的。在给公司炒的同时，我也在盛景公司为自己炒期货。炒期货结束后，张大秦把我自己炒期货赚的600余万打到我个人账户上，现在起诉书说我这600余万是贪污。"

我说："你在同时为自己和公司炒期货？"

沈建国说："是的。"

我说："你讲自己也炒期货，那你如何证实呢？"

沈建国说："第一，我在2001年就按照张大秦的要求，打了20万保证金为个人炒期货做准备；第二，公司炒的项目和我个人炒的项目有明显区别，公司资金大，一般是炒长期，我资金小，一般是炒短期；第三，因为炒伦敦金属期货有资质要求,所以很多人和公司都挂在张大秦公司里炒,张大秦那里有账本的,不然他没法分清大家的资金和盈利。"

我说:"你用20万保证金就可以炒期货炒到600万?"

沈建国说:"可以的,炒期货主要是用杠杆手段,可以不动用太多的资金。我在金属贸易圈子里做了二十多年了,赚这点钱还是不难的。我做短期,每次见好就收,不贪心,前后炒了好几年,一点点滚出来的。"

我说:"沈建国,你再次和法庭确认一下,你今天讲的都是真话吗?"

沈建国哽咽了,说:"我以我的人格向法庭保证,我今天在法庭上句句是真,赚这600万我真不容易,伦敦和中国有时差,我都是半夜里一点点熬夜苦出来的。"

我说:"巨升公司炒期货是否有盈利?这些盈利是如何回到巨升公司的?"

沈建国说:"巨升公司炒期货有盈利的,前后大概有两三千万。因为我们和巨升公司除了做期货外,还有金属现货,巨升公司炒期货的很多盈利是以压低金属现货单价的方式,从盛景公司回到了巨升公司,所以从账面上是看不出来这些钱来源于炒期货的盈利。"

我说:"你说公司炒期货是公司当时的集体决定,而不是你个人的决定,这事情都有谁知道?"

沈建国说:"除了我,还有陈小东、冷其钧知道,他们都参与决策的。"

审判席上两个陪审员听得很认真。

女公诉人开始就贪污罪这一节向法庭举证。

女公诉人首先摘要宣读了沈建国在侦查阶段的供述，主要内容是自认600万是巨升公司炒期货的盈利；其次是张大秦证言，证实沈建国和他联系帮巨升公司炒期货的事实；几个巨升公司高管的书面证言，以证实沈建国擅自决定动用巨升公司资金炒期货；一份审计报告，以证明2002年到2010年间，巨升公司先后有5 500余万资金流入盛景公司并回转到盛景公司，以及张大秦的盛景公司打给沈建国600余万元；以及其他书证物证。

吴法官问："沈建国，对于刚才这些证据有何意见？"

沈建国抬头看看我们辩护人席位方向，说："我由律师来帮我说。"

我说："公诉人刚才举证的沈建国供述是不全面的，是有选择性的，具体理由之前已经讲过了。而且，通过我们的核查，发现沈建国这9份供述的内容存在惊人的相似性，有5份在涉及贪污这一节事实时，其内容相似度在90%以上，有的甚至连错别字和标点符号的错误都完全一致。这样的笔录只能说明一个事实，即提审者在用同一份笔录不停地复制粘贴，试图通过这样的数字拼凑，来建立所谓的指控事实。很显然，这样的笔录连基本的客观性都不具备，无法用来作为本案定案的依据。

"对于张大秦的书面证词，辩护人要提请法庭注意的是，这么重要的证人，控方只提供了一份书面证词，这份证词虽然可以证实他帮巨升公司炒期货的事实，但对于沈建国个人炒期货的事实却语焉不详。我不清楚这是张大秦故意的，还是当初的采证者故意的。我们已经申请了法庭召集张大秦到庭作证，就他当初帮助巨升公司和沈建国个人炒期货的事实，进行一个详尽全面的说明。此外，张大秦手里有详细的账本，我们也希望他到时能提供出来。

"至于高管的书面证词，我们也提请法庭注意他们彼此间证明内容的不一致性，有的高管甚至前后说法都有矛盾，这恰恰印证了沈建国的说法，即动用巨升公司款项到盛景公司炒期货是公司内部的集体决定，不是沈建国擅自决定的个人行为。对于这些高管，我们也向法庭申请了其中的人员到庭接受控辩双方和法官的询问。

"至于审计报告，辩护人认为存在以下几点重大瑕疵：第一是挪用5 500余万的资金流向太清晰，清晰到一分一厘都很清楚，在长达8年的时间内，高达上百笔的资金流动，数字如此吻合，让人不可思议；第二是未分清现货交易和期货赢利这两种性质完全不同的款项，因而也看不出巨升公司炒期货的亏盈状况；第三是未厘清沈建国个人炒期货和巨升公司炒期货的事实，或者我们退一步说，就算是沈建国用了巨升公司的钱为他个人炒期货，这份审计报告也根本没查清沈建国到底动用了巨升公司的多少钱炒他的个人期货。总的看下来，审计报告只是笼统地认定了两个事实，一是巨升公司有投入5 500余万去盛景公司炒期货，二是沈建国从盛景公司拿走了600余万，这样的审计报告是有瑕疵的或者说是不全面的，它无法排除沈建国用个人资金为个人炒期货的可能性，我们有理由怀疑该审计公司在进行审计时，未遵循客观、中立、公正的立场，所以我们也提请了法庭让审计人员出庭接受我方的询问。

"此外，辩护人在庭前向合议庭提交了一份证据，即2001年6月的一张支票凭证，以此证明沈建国早在巨升公司入场炒期货前，就已经在为自己炒期货，沈建国完全没必要动用巨升公司的资金。

"再说，"我停顿了一下，"像沈建国这样聪明的人，他如果真的要做贪污的事情，又何必明目张胆地让张大秦把600万从盛景公司打到他个人账户，而不通过更隐秘的方式呢？以他获得'五一'劳动奖章的智商，他真的有这么愚蠢吗？"

吴法官听完点点头，说："公诉人有没有回应？"

男公诉人已经有点不耐烦了，说："有。"

男公诉人说："刚才我们听了辩护人的质证意见，我们觉得辩护人所有的意见都是建立在想象的基础上，当然我们也承认，这样的想象非常完美。现在我们就简单地针对辩护人的质证意见再发表一下质证意见。

"关于沈建国供述，他自己也承认没有遭受检察人员的刑讯逼供，所以我们没理由去排除先前他供述的客观性，至于笔录复制粘贴的问题，我们认为沈建国每次的供述内容基本相同，所以我们复制粘贴一下也未尝不可；关于张大秦证词，我们认为已经讲得非常清楚了,他证实了巨升公司在他们那里炒期货的事实,至于沈建国自己炒期货的事实,沈建国自己可以寻找相关证据来证实,没有人拦着你们,你们要申请张大秦到庭作证,我们完全同意,只要张大秦到庭作证能证明这600万都是你个人炒期货的钱,我们马上把贪污罪的指控撤回。"

小刘听到这里,悄悄跟我说:"这公诉人这么有信心啊?"

我说:"张大秦不会再出现在我们眼前了。"

男公诉人接着说:"至于高管的证词,由于年代久远,有的高管记忆有一点出入是很正常的情况,而且辩护人也没有质疑这些高管作证时有被胁迫的情况,我们不能为了辩护人的推测就去轻易否定这些证词的真实性。我们认为再让这些高管出庭完全没有必要,是浪费司法资源的行为。

"关于审计报告,公诉人认为这是一家司法部门指定的客观、中立的审计公司,它没有偏袒一方的理由。我们认定贪污犯罪,只要确认两个事实,一是钱是公款,二是你把公款以及公款产生的孳息拿走了。确认了这两点,当然就可以定贪污。再说了,你们自己都承认从账面上很难看出来巨升公司炒期货的盈利数字,那么又如何来要求审计人员对你沈建国个人炒期货的数字进行认定呢?所以我们认为没有必要再申请审计人员出庭了。"

吴法官点头,然后分别转头向旁边的两个陪审员低语了两句。

有个陪审员说:"沈建国,你除了曾获得'五一'劳动奖章外,还获得过其他什么荣誉或者奖励?"

沈建国想了想,说:"先后几次获得集团内部的先进个人称号和奖励,还有一次获得区政府的奖励。"

吴法官说:"那我们接着就滥用职权这一节询问和举证。"

我举手,说:"我再就公诉人的质证意见发表一点补充质证意见。"

吴法官忍了忍,说:"你说得简单一点,讲过的就不要讲了。"

我说:"就补充一点。

"第一,按照刑诉法规定,公诉机关必须就犯罪事实进行全面审查,不仅审查有罪和罪重的方面,还要审查无罪和罪轻的方面,本案中公诉机关向法庭提交的证据根本就没有做到这一点,没有排除合理怀疑,在基本事实存疑的情况下就往重罪起诉,这一点提请法庭注意。

"第二,张大秦不仅对案情最了解,而且他手上应该还有重要的证据账本,沈建国炒期货的账本。有了这个账本,本案相关事实就能迅速澄清,所以请求法庭一定要让张大秦出庭作证。

"第三,退一万步讲,就算是证据已经充足到可以证实沈建国的确动用了巨升公司的钱为自己炒期货,那这样的行为也只是构成挪用公款罪而不是贪污罪。"

吴法官说:"你这是辩护意见了,留着辩护阶段讲吧,而且讲的不止一点啦。"

我说:"好。"

二十一、国有公司人员滥用职权

就国有公司人员滥用职权罪询问和举证时,公诉方向法庭交了沈建国供述、巨升公司相关高管和风城公司人员书面证词、相关书证物证、审计报告等，以证实沈建国不顾其他人员反对，坚持继续对风城公司投资造成国家财产流失的行为。

我们质证认为：第一，相关证人证言前后矛盾，我们已经申请了有关证人到庭接受询问，以证实追投当初曾经由各高管开会讨论过，追投不是沈建国"擅自"的行为；第二，沈建国继续追投的行为不是为了个人利益，而是为了挽回他的前任投出去的7亿资金。此外，沈建国当时追投还有更深层的原因，即为了避免集团公司被证监会处罚，影响到公司未来的发展；第三，沈建国继续追投时曾要求风城公司提供担保，作为总经理，他已经尽到了审慎义务；第四，起诉书指控沈建国的行为给国家造成了6亿的损失，但事实上风城公司到今天为止还在经营，风城公司依然还保有相应资产，就算风城公司破产了，也还有破产清算程序，多多少少还能拿回一些钱，起诉书上的指控也是说："造成该国有资产至案发时无法追回"，那这笔国有资产到底算是什么损失？是呆账坏账吗？如果过一年有色金属市场行情看好了，巨升公司的投资收回来，这个滥用职权的罪名是否经得起历史的考验？

二十二、法庭辩论

经历了冗长的一天后，各方都显得有些疲惫了。当吴法官宣布下面进行法庭辩论时，我紧绷的神经一下子就轻松了下来。

小刘说:"高潮来了。"

我说:"啥?"

小刘说:"开始辩论了。"

我说:"法庭调查结束了对我们来说高潮就结束了。外行看热闹,内行看门道,外行听观点,内行查事实,你不看吴法官的表情也是一下子就放松了吗?"

小刘说:"但是你看满法庭旁听的人,表情还是很期待的哦。"

男公诉人开始慷慨激昂地发表公诉词,他先用大量的篇幅来痛陈沈建国串通孙美英等人挪用巨额公款损害国家利益,还说虽然沈建国获得了很多荣誉,但都被用来作为违法犯罪的伪装,沈建国不仅挪用公款,还借鸡生蛋公然把公司炒期货的盈利转入个人账户,把公款当成个人生财的工具。此外,还置国家利益于不顾,为了满足自己的虚荣心,擅自决定将6亿巨额资金打入行将倒闭的外地企业。考虑到沈建国今天在法庭上拒不认罪的恶劣表现,公诉人向法庭提交两种量刑意见:

第一,如果沈建国认罪,公诉人建议适用自首,挪用公款罪建议量刑10年,贪污罪建议量刑10年,国有公司工作人员滥用职权罪建议量刑4年,数罪并罚建议量刑13年到15年。

第二,如果沈建国不认罪,公诉人建议不适用自首,挪用公款罪建议量刑15年,贪污罪建议量刑11年,国有公司工作人员滥用职权罪建议量刑6年,数罪并罚建议量刑20年。

公诉人发表完公诉词,停顿了一下,对沈建国说:"被告人沈建国，你一定要珍惜自己在法庭上的时机。就算在法庭辩论结束前，你如果更改主意认罪的话，法庭和公诉机关也是欢迎的。"

旁听席上沈建国的姐姐开始低下头擦眼泪。我的心脏也开始狂跳起来。

沈建国脸色发白，右手紧扣在左手上使劲搓揉，沉默了将近30秒后，说："我没什么说的，我请我的律师为我发表辩护意见。"

我抑制住心脏乱跳的节奏，开始发表辩护词。

"今天我们在这个法庭上为被告人沈建国辩护，在就罪名、事实和证据展开我们的辩护意见前，我想先说一句——请公诉人不要拿轻判和自首来诱惑我的当事人，也不要拿重判来恐吓我的当事人。法律可以惩罚一个人，但不能侮辱一个人。审判是一个回复客观真相以得到法律事实的过程，而不是通过一些对被告人的压迫或者利诱来制造法律事实的过程。"

男公诉人在对面开始冷笑，并在飞速地记录着什么。

我说："先就自首来说，沈建国对挪用公款始终都是认罪的，就算他不承认贪污罪，挪用公款的自首始终是存在的。我不知道为何公诉人在沈建国认罪的情况下，还要对挪用公款罪分成两个不同的量刑建议，一定要把三个罪名捆绑在一起。其次，本案中不论是贪污罪还是国有公司人员滥用职权罪，在事实和证据方面都存在很大的疑问，辩护人始终认为现有证据根本不足以支撑起这两个罪名。我们也请求法庭在下次开庭时，能把我们请求的各位证人和审计人员，都召集到庭查明事实。

第三……

"综上,我们请求法庭在查明事实的基础上,不予认定贪污罪和国有公司人员滥用职权罪,在认定挪用公款罪的基础上,考虑沈建国的自首,考虑到巨升公司可以通过处理孙美英房产而弥补损失且已经出具了谅解书,给沈建国一个从轻合理的处罚……"

男公诉人开始第二轮公诉发言。

男公诉人说:"我经历了很多案件的公诉,我们一直在追求事实的真相,保护公众和国家的利益。对面辩护人这样说我感觉有点意外,我感觉今天的辩护人一点也不专业。我也请求对面的辩护人,不要因为收了当事人的律师费就随意忽悠当事人,拿当事人的自由和未来为自己搏出彩。事实总归是事实,不是凭你随意的想象就可以否定或者篡改的……"

小刘轻轻地说:"洪律师,他是不是羡慕我们律师有钱?"

我说:"不要打扰我听他发言。"

二十三、法庭最后陈述

吴法官说:"沈建国,现在进行最后陈述,你还有什么要说的吗?"

沈建国想了想,说:"没有了。"

二十四、孙美英案开庭

法庭辩论和最后陈述后,当天没有宣判,吴法官说下次是否需要再开庭，请各方等待法庭通知。

在沈建国案开庭后的第二周，孙美英的案件也开庭了。庭审结束后，刘雨霞给我打电话。我问开庭的情况如何，刘雨霞说公诉人还是同样那两个公诉人，但是这次男公诉人态度非常客气，和上次在沈建国庭上完全判若两人。

我问他求刑几年？

刘雨霞说5年到7年。

我说："认罪就很简单啊。"

二十五、吴法官（四）

过了两周，我打电话给吴法官，询问下次开庭时间。

吴法官说："开庭前我会按照法律规定的时间通知你的。"

过了将近一个月，我打电话给吴法官，询问下次开庭时间。

吴法官说："开庭前我会按照法律规定的时间通知你的。"

到两个月时，吴法官打了个电话给我，说："你提供的张大秦的联系方式不对嘛。"

我说："对的啊，我这里没有第二个电话号码了。"

吴法官在电话里火气就上来了，说："你要求这些证人出庭，怎么这些人都这么难联系。我告诉你啊，联系不到这些证人的后果由你们承担啊。"

我说："吴法官，如果连你们都联系不到，那我更难联系了，为什么还要我们承担法律后果呢？"

吴法官说："你不知道谁主张谁举证吗？再说，这些证人都有书面证词在卷里,也不是什么证据都没有啊。"

我说:"吴法官,这些证人的确有一些书面证词在卷里,但是整个庭审过程里你也了解我们的疑问,而且这些疑问的确存在啊,不是我们辩护人胡编乱造的,这个事情还要请吴法官多帮忙啦。"

吴法官说:"算了,你们先等等吧。"

小刘说:"洪律师,法院还会再找证人和审计人员出庭吗?"

我说:"不一定,也许法官在考虑第三种道路吧。"

小刘说:"第三种道路?"

我说:"证人和审计人员真的出庭了,局面会不会失控?"

二十六、宣判

得到法院宣判通知后,我和刘雨霞通了个电话,问她那边是否有消息。刘雨霞说:"洪律师,我正要给你打电话,结果应该算是不错的,我这边的消息是贪污拿掉,合并大概10年到11年。"

我说:"你妈妈呢?"

刘玉霞说:"大概4年到5年。"

我说:"这消息准确吗?"

刘雨霞说:"准确的。"

我说:"既然准确,为啥是10年或者11年、4年或者5年,而不是准确的数字呢?"

刘雨霞说:"人家就是这么说的啊。"

虽然在开庭前已经得到了贪污罪未认定以及刑期大概在10年左右的消息，但在吴法官拿起判决书开始宣读时，我还是感觉到血压上升，脸热乎乎的。在以前的职业生涯里，曾经有过小道消息不实的情况，让我在宣判时在客户面前大跌面子。

吴法官总算读到了最后：被告人沈建国犯挪用公款罪，判处有期徒刑7年；犯国有公司人员滥用职权罪，判处有期徒刑4年，决定执行有期徒刑10年。

沈建国看看我们，脸上满是感激的神色，说："谢谢法官，谢谢书记员。"

男公诉人跟书记员打了个招呼，既不看沈建国，也不看我们辩护人，扭头出了法庭。

书记员把判决书拿给我们，说："这个结果你们满意吧？"

拿了判决书，出了法庭，找了个安静的地方先粗略地看一遍。

小刘说："洪律师，您看这个案子判决虽然认定了自首，但依然把那600万认定为犯罪所得，认定为与5 500万公款有联系，只是把贪污改性为挪用公款了。沈建国自己炒期货的事实法院还是不认定，理由竟然说是证据不足。你法院连证人和鉴定人员都不让来出庭接受质证，这当然证据不足了。"

我说："没有了贪污罪名一下子就少了10年的基本刑，但国有公司人员滥用职权罪依然认定了。这个结果不是检察院想要的，也不完全是我们想要的，但我估计沈建国会比较满意了。"

小刘说："您说这是我们努力的结果吗？"

我说："应该是吧，至少我们努力了。"

小刘说:"法院也是捣糨糊,部分采纳我们的意见,又给了检察院面子。"

我笑了,说:"这世界上哪里有那么多泾渭分明的事情。"

小刘说:"那您认为这个法官判得还算可以?"

我说:"你说呢?"

小刘说:"可能有的领导会不太高兴?"

我说:"你说呢?"

刘雨霞来电话,说孙美英判了5年。

我打了个电话给曹警官,说:"贪污被拿掉了,合并10年。"

曹警官笑,说:"我早就知道了。谢谢洪律师。"

我说:"你早就知道?"

曹警官说:"你不是一个人在战斗。你见了沈建国,替我爸爸向他问好。"

二十七、尾声

警察把沈建国带进了会见室的椅子里坐下,扣上护栏出去了。他抬头对警察的背影说了句"谢谢",虽然目光迷茫但却微笑地看着我和小刘。

我说:"曹警官爸爸向你问好。"

沈建国说:"明白了。"

我说:"这个案子你还要上诉吗?"

沈建国说:"不要了,我已经很满意了。"

我说:"但是那600万的确是你个人炒期货挣来的啊,而且国有公司人员滥用职权罪也有问题。"

沈建国说:"算了,这样蛮好了,这个结果他们已经很不开心了。你们在庭上坚持要那么多的证人出庭我其实也担心的,这些证人到了庭上会被你们两边顶到杠头上,我自己有啥苦该吃就吃了,再把那么多人牵扯进来我心里也过意不去。"

我说:"也是。"

沈建国又笑。

我说:"你笑什么?"

沈建国说:"那天开庭中午休息时,我被临时关在法院的羁押室,那个男公诉人来找我聊了几分钟。"

我说:"哦?他找你聊什么?"

沈建国说:"他对我说,我上午不认罪的态度非常恶劣,对我量刑会有严重影响。他要我完全承认贪污和国有公司人员滥用职权罪,这样他可以在求刑时往轻里求。"

我说:"你咋说?"

沈建国说:"我当时心里也在打鼓,后来我想到我们曾约定好无论如何都按先前约定的方案办,我就下了决心继续坚持无罪。"

我和小刘也笑了。我说:"不管怎么样,结果还是好的。孙美英判5年你知道的,对吗?"

沈建国说:"知道。"

沈建国低头想了想,似乎沉浸在久违的幸福感里,然后说:"宣判那天,她和我乘同一辆车被一起带到法院。"

我说:"谁?"

沈建国说:"孙美英啊。"

我说:"哦,对的,你们是同一天宣判的。"

沈建国说:"法院的囚车来带我们时,还有好几个别的被告人也是乘同一辆车。我们上了车,孙美英就跟法警说:'报告,我能坐在这个男犯人旁边吗?'法警说:'为啥?'孙美英说:'我们是夫妻,已经快两年没见了。'"

我和小刘静静地看着他。

沈建国沉浸了几秒钟,说:"法警看看我们,说:'两个人不许讲话啊。'孙美英就和我旁边的一个男犯人换了座位,坐到我旁边,轻轻地把手来拉着我的手,就这样一路到法院。"

(2020年3月24日)

73412号刑事判决书

> 我最喜欢问他们的一句话就是"如果你没有事,今天怎么会站在这里?"对于我这样的问话,很少有被告人能反驳。

一、(2018)泸32101刑初73412号刑事判决书

经审理查明,2015年3月,需要借款的被害人周前川被他人带至被告人秦贵民的小贷公司,由秦贵民指使被告人李琼艳出面,以"预支利息""逾期保证金"等为由,诱使周前川于同年3月13日虚高借款20万元,为期6个月。李琼艳出资20万元制造资金走账流水虚假给付,实际给付周前川10万元,另将余款10万元收回。次日,李琼艳与周前川签订《房地产借款抵押合同》,委托代办周前川名下坐落于泸江市槐巷路×××号×××室之房地产出售等相关事宜。并于同日办理公证,赋予前述抵押合同强制执行效力。

2015年10月16日,被告人秦贵民等人为牟取更大非法利益,利用周前川还款困难,设计垒高借款金额,由李琼艳出面,以之前借条金额已不足以覆盖、需再写张借条作保障为幌子,致周前川信以为真,在前述20万元借

款抵押未撤销的情况下，诱使周前川又向李琼艳抵押借款40万元。李琼艳出资40万元通过银行转账至周前川账户制造流水后，再全额取现收回。

2016年3月，被告人秦贵民、李琼艳为实现前述60万元虚高债权，由秦贵民找来被告人年四平，向被害人周前川谎称能找人为其办房屋抵押银行贷款，但需先民间抵押借款过桥，致周前川信以为真，而同意再次用自己名下的房产向年四平介绍的张曦平抵押借款80万元。同年4月1日，年四平等人与周前川签订80万元的《房地产借款抵押合同》，并通过办理公证赋予该份抵押合同强制执行效力。随后，秦贵民、李琼艳、年四平、周前川等人至本市长山路某农业支行，由张曦平转账80万元至周前川的银行卡账户，周前川再将其中60万元转给李琼艳。年四平从中取回20万元。后秦贵民从李琼艳的60万元中分得20万元。

经评估，坐落于泸江市槐巷路的周前川房屋市场价值为168万元。

……

本院认为，被告人秦贵民伙同李琼艳、年四平等人，以民间借贷为幌子，诱使被害人周前川陷入借贷圈套，通过"制造资金走账流水"的虚假给付事实来"虚增债务"，利用被害人偿还困难恶意垒高借款金额，诱骗被害人"转单平账"以非法占有他人财物，其行为均已构成诈骗罪，依法均应予以惩处。公诉机关指控的罪名成立。为严肃国家法制，保护公民财产所有权不受侵犯，依照《中华人民共和国刑法》之规定，现判决如下：

一、被告人秦贵民犯诈骗罪，判处有期徒刑 10 年，并处剥夺政治权利 1 年，罚金人民币 15 万元；（刑期从判决执行之日起计算。判决执行以前先行羁押的，羁押一日折抵刑期一日。罚金自本判决生效之日起 10 日内缴纳。）

二、被告人李琼艳犯诈骗罪，判处有期徒刑 5 年，并处罚金人民币 10 万元；（刑期从判决执行之日起计算。判决执行以前先行羁押的，羁押一日折抵刑期一日。罚金自本判决生效之日起 10 日内缴纳。）

三、被告人年四平犯诈骗罪，判处有期徒刑 3 年，并处罚金人民币 5 万元；（刑期从判决执行之日起计算。判决执行以前先行羁押的，羁押一日折抵刑期一日。罚金自本判决生效之日起 10 日内缴纳。）

四、违法所得应予追缴。

二、周前川（一）

我跟你说，我觉得人生就是这样子：当你以为柳暗时，其实马上就花明了。

啥意思？我的意思是，人生经常会充满意外的惊喜。

好吧，我不拐弯子了。我跟你说，我叫周前川，我就是一个混混，一个没有什么远大理想、只想吃香喝辣不干活的混混。

那天有个陌生人的电话进来,说:"你是周前川吗?"我说:"是。"陌生人说:"我是警察,你这两天过来某某路派出所一趟,我们有些事情要问问你。"我说:"有什么事情吗?"警察说:"你来了就知道了。"我脑子飞速地转了转,说:"我最近在外地,不方便去。"警察说:"你啥时回泸江?回来后就来派出所一趟。"我说:"好。"挂了电话,我脑子里嗡地一下,心想是不是我自己"溜冰"的事被"点"了?

过了两个礼拜,警察又打电话来。我说我还在外地。警察电话里就不高兴了,说:"你不要和警察耍手段,你如果再不来,我们会找你,那时对你就没这么客气了。"我只好硬着头皮去了派出所一趟,心里一直在想到底是不是"溜冰"被发现了,还是被一起溜的人"点"了,是哪个人"点"的?如果把我抓起来强制戒毒该怎么办?

到了派出所,有个唐警官接待我。我忐忑不安地问是什么事情,唐警官问:"你之前是不是认识一个叫秦贵民的?"我脑子里转啊转,一起"溜冰"的人很多都不提真名的,大家都是叫绰号,警察跟我说真名我咋想得起来,只好摇头说:"不记得了。"警察说:"那你是不是跟别人借过钱?"我听了悬着的心就放下来一半,但脑子里一时也有点懵。

说实话,我跟人借钱借得太多了,多到我都记不住,当然那些债主肯定会记住我。我以前干过一段时间出租车司机,但今天司机这个行业没太高的收入,所以我平时是入不敷出的。

我这人做不了杀人放火、从政经商这样的大事，但做一点类似于借钱不还啊、随便撒个小谎啊这样的小事还是比较拿手的。最早时我先跟高中同学、亲朋好友借钱，跟这些人借了一圈后人家就再也不借给我钱了，因为我借十个最多还一个；然后就是我的同事，后来这些人也不肯借给我钱了。我借钱一般不会借太多，这样人家到时拿不回去也不会太心疼，即便是去诉讼也可能还覆盖不了诉讼成本，所以一般到最后，人家也就骂骂咧咧不了了之。

刚开始跟别人借钱时，我并不是不想还，但是我挣钱的速度明显跟不上花钱的速度，于是慢慢就还不动了。我的内心其实是很矛盾、很痛苦的，我知道老是这样借钱不还总不是个事，可是实在还不了咋办？我每月辛辛苦苦地开车只能挣几千块钱，连请人吃饭的钱都没有，坐我车的老板顾客甚至小姐不用怎么辛苦就可以过着舒服、安逸、体面的日子，而我却每天都在为如何寻找下一笔钱挖空心思，借了钱还会有负疚感。你们说这个社会公平吗？

没办法，我只能不停地通过打麻将和炒股结交新朋友，再去跟新朋友借钱。

我这人文化程度不高，但打麻将的水平还是可以的，打十次基本赢七八次，我不做司机后平时的大部分生活收入就是靠麻将维持下来。有人说懒人的智商都比较高，我很同意这个观点。我的麻将水平至少可以代表泸江市队出去参加全国比赛，只是可惜麻将这样的国粹居然没有进入全运会项目。

为了打麻将,我被关进拘留所不下三次。

我炒股的水平也是不错的,我把很多打麻将赢来的钱拿去炒股,但不管我一开始能挣多少,最后算总账还是被割了韭菜。

我打麻将和炒股帮我结识了一些朋友,我从这些新朋友身上搞了不少钱,但这些朋友中也有人害了我,我们经常打完麻将去唱歌,就有人介绍我"溜冰"。

自从染上"溜冰"这个恶习后,我的开销越来越大,认识新朋友和跟新朋友借钱的速度已经远远赶不上花钱的速度了,到最后我只好去跟放高利贷的人借钱。

唐警官说起借钱的事,我的心就放下了一半,但他让我回忆人的名字我就有点糊涂了。唐警官看我傻乎乎的样子就笑了。他自己点了支烟,扔了一支给办公室里另一个同事,说:"你看看,这个被害人自己都不记得他跟谁借了多少钱,还要我们去提醒他。"另外那个穿便衣的警察听了就把眼神转向我,像是看一个逃犯。我有点不好意思,说:"我脑子不好使,有些事情时间久了记不住了。"

唐警官叹口气,说:"我就不明白,现在为啥搞什么案子都是要上纲上线,自己给自己找那么多事情。"另外那个警察摇摇头,说:"这两年是有些不一样。"我有点听不明白,竖起耳朵想多听一点,但他们又不再多说。

唐警官说:"你是不是拿自己的房子去做抵押跟别人借过钱?"听唐警官这么说,我想起来好像是有这么一回事,在两年多前我跟一个叫秦贵民的放高利贷的人借过一二十万,后来因为利滚利,滚到了六七十万,后来这个债权包被秦贵民转出去了,接受债权包的人好像姓年,一个比较少见的姓。我说:"对的,是有一个叫秦贵民的人借过钱给我,但我后来一直没还。他们还把我的房子拿去做了抵押。"

唐警官说:"你为啥一直不还钱?"

我说:"我没钱。"

唐警官说:"你不要担心,我们现在在打击套路贷,法律会保护你的。"

我想了想,说:"是不是我跟他们借的高息都不用还了?"

唐警官说:"差不多吧。我估计你那本金也不用还了。"

我说:"啊?"

三、秦贵民

我是做高利贷的,我叫秦贵民。

我原来以为我的运道是比较好的,但现在不敢这么说了。

很多人一提起高利贷,就会和电影里那些黑帮联系起来,觉得我们凶神恶煞,但其实我们和普通人没什么区别,我觉得银行应该算是我们同行。我一直就觉得这个世界不公平,为啥银行放得钱,我们就放不得钱?

这个世界上很多人缺钱,有要用钱还债的,有要用钱做生意的,有要用钱去赌博的,有要用钱养孩子的,有要用钱养小三的,还有要用钱吸毒的。银行不会借钱给他们,因为他们对银行来说太卑微了，风险太大了，银行从来没把他们放在眼里。但我们不介意这些人借钱去干什么，只要他们还得出。我们成立正规的公司，从别人那里或者自己筹钱放出去给这些需要用钱的人。当然和银行相比，我们的利息比较高，这不是因为我们黑心，而是因为我们需要生存——能来找我们借钱的人，一般来说信用和还款能力都是有点问题的，我们必须要用比较高的利息，才能覆盖我们的坏账。

我们讨债一般也不会硬来，不可能像电影里那样打打杀杀，如果真是那样子，我们早就完蛋了。现在是法治社会，我们是公司化经营，来了客户先和客户谈，了解客户的经济能力和还款能力，看看客户的抵押物，跟客户签书面合同。如果客户到时间了还不出钱，我们会先好好地谈。当然，有的时候我们也会打打擦边球，比如找到客户的家里去和他们的亲人聊聊天，或者在客户去学校接孩子时跟在客户屁股后面，或者到客户的公司或单位里去坐坐。一般来说，这样的办法就能解决问题。实在不行的，我们也用过一些比较烂的手段，比如找几个艾滋病人去客户家里坐坐，或者趁客户不注意丢一条无毒的菜蛇到他家里。

我们靠智商吃饭，我们不是黑社会。

我们想长远发展，我们聘请了钱律师做我们的法律顾问。

钱律师一看就是泸江的老江湖，听他说他做律师做了30年了，危险的刑事业务他一般不做，就做一些安全的民商事业务。他做律师那么多年，房子都置了五六套。做了两年我们的法律顾问后,他把自己的一些闲钱也放到了我们公司里去放贷。据说他在别的公司里还有不少钱。

因为法律上不支持高利贷的高息,所以我们借钱给客户时,一般会在银行里走流水,就是把钱打到客户的银行账户,留下借钱的证据,然后让客户把收到的钱取现,我们把该拿走的砍头息和其他手续费拿走。比如一个客户要借10万元,那么我们在银行流水上就要走比10万更高的数额,可能走15万或者更高。客户账户里收到15万后,他自己留下10万,多出来的5万我们拿走,算是我们的砍头息和其他手续费,我们和客户签下的借条则是按照15万来签的。只有这样,一旦客户还不了钱,我们才可以按照15万的金额诉讼到法院,法院才会全额支持我们,不至于因为利息太高而被法官调整。

我们这个行业本来风险就很大,如果连利息都拿不到,这个行业怎么活?

如果坏账率太高,我们的日子就非常难过。后来我们听从了钱律师的建议,在借钱时和客户签订《房地产抵押借款合同》,让客户用房子做抵押。如果客户还不了钱,我们就可以直接通过委托和赋予强制执行效力等方式处置客户的房产。后来,我们这个行业基本上都按照这个方式来为自己做保障了。

这真是一本万利的好生意。你想想,泸江的房价一直在上涨,客户能有房子来做抵押,我们放款还发什么愁?自从用了这个方式后,我们的坏账率大幅降低,或者说,我们更希望客户还不了钱,这样可以去变卖他们的房产。我记得有一笔贷款大概20万的，客户后来一直不还，被我们到法院通过诉讼把他抵押的老公房变现了，卖了不下100万。

当然，我们在这个借钱的过程当中有时候也会掺点水分，比如有时会故意造成客户违约等。我们其实也一直担心这样的做法会不会有问题，就去问钱律师。钱律师很轻蔑地看我们说："我钱律师从不做有风险的法律业务，你们看那些做刑事业务的律师，动不动就被抓起来，我帮你们做的合同，法院都支持的，有判决书有裁定书，前不久你们还拿了一套房子，还担心啥？如果你们有事我也跑不了，放心吧。我们是法治社会。"

钱律师既然这样说，那我们就放心做了。

周前川这个客户我忘了是谁介绍过来的了。第一次见面我的感觉就不太好，我觉得这个人就是个滑头，说话非常不靠谱。所以我让小宋接待他时一定要小心，一定要签房地产抵押合同，要去实地看看他的房子。听小宋说后来他去实地看过房子，产调也让钱律师做了，于是我就找李琼艳借了10万给他。

当然我们的借条写的是20万。

后来周前川果然还不出钱来。合同到期后，约他谈了几次，他都没有钱。过了不久我们就把借钱的数字连本带利滚到了60万。他依然还是还不出。我对他感觉不太好，我想那就算了吧，也别指望他的那套房子了，于是我找了年四平，把这个债权包转让了出去。

但是……

四、李琼艳

我叫李琼艳,是一个下岗女工。

我在纺织厂辛苦了一辈子,退休的时候也没拿到多少钱。我老伴走得早,我从四十岁开始就一个人拉扯我们的独生儿子。儿子从小脑子有毛病,上学也不能上好学校,好不容易上了个职业中学就到社会就业了。但他那点工资根本不够用,我咬紧了牙一直供他读书、上班、讨老婆、生孩子,我自己身体不太好还帮他们带孩子。好不容易家里老房子拆迁,从兄弟姐妹那里拿了点补偿金,才算缓了口气。

我这人平时比较好强,不会轻易求别人帮忙,所以我朋友平时就觉得我是个女强人,但他们哪里知道我心里的苦。我文化不高,平时没什么不良嗜好,就是喜欢打个牌抽个烟,但是抽烟也不敢抽太好的。我打牌认识了一些朋友,然后通过朋友又认识了秦贵民,秦贵民开着一个小贷公司,做一些放贷的生意。我听说他的生意做得不错,我就想,自己那一点房子动迁的补偿金放着也是放着,炒股也是亏,还不如放到他的公司里去滚一滚。于是我就把自己的补偿金放了一些进去,这两年的确也赚了一点钱。当然秦贵民让我投资他也有好处,每次我赚的钱都会分给他一些。秦贵民出手大方,讲义气,我有一次借给别人的钱就是他帮讨回的。这样慢慢地,我和秦贵民的合作越来越多。有时候他不方便出面的业务,我也会帮他顶上去。

有一两次我还问秦贵民,我们这样做会不会有问题。秦贵民说没事，他问过律师的，而且律师做的合同协议法院都认可的。现在回想起来，我就是吃了没文化和相信别人的亏。

这次出事前，秦贵民跟我说现在国家政策有变化，我们这个业务以后做不下去了，以后可能放款都不能放，以前放出去的一些钱现在也不敢去要了。我一听就有点着急，我说我让你放出去的钱都是我准备养老买棺材的钱，那可咋办？秦贵民苦了脸说："大姐，现在我们能先保自己就阿弥陀佛了，不要想着那几个钱了，在我这里投钱的又不止你一个。"

结果还真被秦贵民说中了，没过几天，就有公安找上门了。

我这一辈子，没做过什么坏事，就算是通过秦贵民放点钱出去，那也是借款人和我们你情我愿的。我们从来没有逼着借款人在合同上签字，签字都是借款人自愿的。哪怕做了些假流水，也是事先和借款人讲清楚的。而且我们放出去的钱也有不少收不回来。这些损失为什么警察就不管？律师都认为我们的事情不会有问题，为啥国家的政策说变就变呢？

我这一辈子真苦啊！

五、年四平

我叫年四平，做小额贷款的。

我做这个行业已经五六年了，大多数时候我是做做中介，帮借钱的人和放钱的人撮合撮合，赚点中介费，有时候有的老客户不愿出面的就由我出面或找人出面去放款。

这次出事是我没有想到的。之前跟秦贵民买的一个80万的债务包暴雷了。

那个雷叫周前川，那个周前川平时就呵欠连天，像是个瘾君子，给人感觉不太靠谱。为了防止坏账，我还去看过周前川的房子。现在回想，估计是秦贵民感觉到了什么问题才把他扔出来的。也怪我太急于多做业务了。没法，家里老人生病，妻子也没工作，这个家全得靠我来支撑。

你要说我做的小额贷款和秦贵民他们的高利贷到底有啥区别？说实话可能只是我的利率低一些吧。高利贷和小额贷款的区别点在哪里，我也说不清楚。

买周前川这个债务包的钱也不是我的，是我一个机关单位里的朋友的，当时他不愿出面，我就另外找了一个小弟叫张曦平的来顶这个出借人的名字。现在这种情况下，我没必要把朋友讲出来，讲出来对我没什么好处。我顶住了这边，我这个朋友也许还可以帮帮我，如果我把他说出来，他就不会帮我了。

警察抓我时我是懵逼的，我不知道是什么事情发了，警察从我的办公室里还搜出了几枚假公章。警察一盘问，我才知道原来是秦贵民的这个债务包出事了，这个债务包我本来认为是没有问题的。听警察说，是别的高利贷人想立功，就把秦贵民"点"了。

事实上，周前川这个包我买下来之后不久，风声就不对了，很多放高利贷的陆续被抓。我一看势头不对，连周前川的房子也不敢去法院执行变现，打了几次周前川的电话跟他要钱。这家伙的手机号码都换了,他那套房子那里我也去过两次,但没找到人。有一次问里面住的一个女的,她什么也不告诉我。你说说这事让我咋整?明明是一套上百万的房子,现在成了烫手的山芋。

还好警察关了我一个月就把我放了,换成取保候审,说我这事情到底是否构成犯罪,检察院有不同意见,就先待在外面等等吧。

我就这么在外面晃荡了快一年,这个取保候审也一直没撤销。我通过一个司法圈子的朋友去打听,朋友说我的事情问题不大的,案子到了检察院应该就会不起诉了。听他这么一说,我也就放心了。

谁知道天有不测坏账,案子到了法院,法官电话通知我过去拿起诉书,我就想这事情坏菜了。到法院拿了起诉书一看,检察院果然把我起诉了。我打电话给我朋友问他咋回事,朋友说没法,现在形势和以前不一样,打击套路贷更加严厉了,大家都不想担责任,检察官把你往法院起诉是最安全的,所以就把你起诉了。

我只能慌不迭去找律师了。

六、刘律师

我叫刘胜利,是年四平的律师。

第一次见年四平,看了他给我的起诉书,我就觉得这个案子的辩护空间很大。

就算前面最早欺骗周前川的秦贵民等人的确构成套路贷犯罪，作为购买债权包的年四平跟他们没啥关系，没有和秦贵民等人形成共同犯意。他只是一个普通的高利贷者，他介绍张曦平花了80万真金白银去购买周前川的债务包，用周前川的房子做抵押，完全符合民事合同的构成要件。就算是利息过高，法官也是可以用民事手段调整的。

和年四平签了合同，去槐东区法院看了案卷材料，我更加坚定了为年四平进行无罪辩护的信心。我注意到槐东区检察院在当初决定是否要逮捕年四平时，就认为认定年四平构罪的证据不足，未同意批捕，还发函要求公安补侦若干问题，但公安的补侦并未得到新的证据。案件从最早不同意批捕，到最后他被起诉，这当中并未有新的事实和证据。像这样的情况，本来就不该向法院起诉，不知为何他居然被起诉了。

和年四平再次见面，跟他谈了我的想法，他一迭声说"一切拜托刘律师了"，但是我感觉他好像始终心神不定。我问他还有没有什么事情瞒着律师，他说没有了。

"套路贷"这个称呼不是法律上的正规罪名，正规的罪名是"诈骗罪"。最近国家打击套路贷打得风生水起，看这样的走势，估计国家是要把高利贷和其他的民间小额借贷都一下子清理干净。这些高利贷者有些做法的确是有瑕疵，但他们在借贷时和借款人签合同，用借款人的房子做抵押，这是双方都自愿的。过去几年放贷人拿着合同去法院打官司，法院都认可这些合同的有效性，判决放贷人胜诉，并且都可以执行到位——

连法院当初都不认为这样的做法有问题，那些做高利贷的更不会认为自己的做法有问题了。几年前法院认可的民事法律行为，现在成了诈骗罪。这个转变不要说一般老百姓，连我们律师都接受不了。

对了，帮秦贵民他们设计合同打官司的钱律师，在另一个案子里被抓了，据说是因为他在套路贷里有投资，还帮一些高利贷者代理了不少官司。

我记得我们律所以前组织学习最高法院的某个司法解释，就同一个行为，最高法院以前要求是那样处理，现在要求是这样处理，完全是南辕北辙的做法，那最高法院的司法解释怎么解释他们的出尔反尔呢？

最高法院的文件是这么写的：

"过去我们认为……，现在我们认为……"

那天和年四平见面，跟年四平一起来的一个朋友说了一句话把我噎住了。他说你们这些律师太把自己当回事了，如果这些放贷人当初不听你们律师的，该咋要债就咋要债，野蛮催讨，不去法院打官司，很多事情就留不下痕迹，现在可能罪行就没那么严重了。他们就是听了律师的话，要债时个个都傻乎乎地去打官司，让法院帮执行，警察到法院里把这些官司判决书拿出来，就全都变成了罪证，每笔债都跑不掉。我们放高利贷的还讲信用，说的话一辈子都算数，为啥司法机关盖了红章的判决书说不认就不认了？

我说我承认你说的有一定道理，但如果不这样，我今天会有你们这单生意做吗?

七、龚法官

我是龚法官,是槐东区法院刑庭的审判长。

我做法官做了二十多年了,我大学同学有的已经当上了法院的副院长,有的去其他单位做了相同级别的领导,唯独我还是一个普通的刑庭审判长,有时我想起这个心里就有气。

我为人正直,性格直爽,说话容易得罪人,在法院这个地方,像我这样的人很难升上去,但是我业务能力强,虽然他们看不惯我,办案子还是离不开我。法院现在搞员额制,能办案的法官越来越少,我的重要性更加凸显出来。我想说什么说什么,看不惯想骂谁骂谁。不要说庭长副庭长,有时副院长都要让我三分。

对于律师,我向来是一分为二的。那些敬业的律师我很尊敬他们,对他们非常客气,在法庭上我愿意听他们讲出一些我没听过的东西,或者是我没想到的观点。而那些混饭吃的律师我就很鄙视,我会在法庭上直接骂他们,根本不给他们面子。

有一次开庭,有个律师开庭开到一半要求"排非",我说:"这位律师是不是以前没做过刑事案子啊?'排非'在什么时候向法庭提你知道吗?"他嗫嚅着说:"我辩护人啥时想提就提,这是我的权利。"我扭头直接问被告人:"你花了多少钱请这个律师?"被告人吓得不敢说话,只拿眼睛去看他的辩护人。我说:"你看他有用吗?你以为他是你的救命稻草吗?他自己都保证不了自己不犯错。"我说:"你这个律师水平不行啊,连啥时可以提非法证据排除都不知道,你请他帮你辩护根本就帮不到你,只会给你帮倒忙。"

我看下面这位律师脸都变紫了,我心里那个乐啊。

第二次开庭,我发现这个被告人换了律师,原来的律师不见了。

律师随便做两三个案子就可以赚到我们法官一年的工资,上了法庭连基本的诉讼知识都不懂,对于自己的当事人没有任何帮助,这公平吗?这样的律师我不骂骂谁?

这么多年来,我审理过了无数被告人,在我手下被判无罪的数字微乎其微。不是我不想判,而是站在我面前被告人席位上的,几乎都是罪人。我最喜欢问他们的一句话就是"如果你没有事,今天怎么会站在这里?"对于我这样的问话,很少有被告人能反驳。有一次遇到一个外地来的比较硬的律师,法庭上直接就伸手抗议,被我训斥了两句也不敢说话了。

你再抗议,你当事人会同意吗?你们不就为了赚个律师费嘛,在法庭上装什么装?你说得有道理我听,在法庭上搞一些哗众取宠的有什么意思?尤其那些搞什么专家意见给我的,不给也就算了,给了我还判重一点。现在这些老师专家,有的真不要脸,自己不花什么功夫,和当事人家属或者律师见个面,嘴皮动动,让下面的弟子写一两千字,盖上自己的印章,动辄收个三五万、十好几万,找这些专家的当事人也真是瞎了狗眼。你们要当老师就好好当老师,既要当老师又要出来赚钱那就认真一点，不要拿着自己的招牌到处招摇撞骗。这些老师专家比那些骗当事人律师费的律师还坏。

套路贷这种类型的诈骗案件，说实话早就该打击了。法院以前也是上了坏人的当，被高利贷者和一些坏蛋律师骗得团团转，搞出了那么多的民事生效判决文书，让这些坏人利用法律得逞私欲。很多人认为，现在用刑事判决否定先前民事判决的做法，导致法律的程序正义被破坏了。问题是，当实体正义和程序正义发生矛盾的时候，我们到底是偏重实体正义还是程序正义？不少律师会拿辛普森案来跟我在法庭上讲"毒树之果"，好像就你们知道"毒树之果"我不知道一样。论刑事专业，我每年办上百件刑事案子，你们这些辩护人每年能办几件？被害人来法院门口静坐时，你们哪个辩护人会同情一下？

这个套路贷案子，法庭上秦贵民等几个被告人都表现得可怜兮兮。其实这几个被告人一上法庭我就知道他们都有问题，我相信起诉书上指控的罪行只是他们犯过罪行的一部分，还有一些只是没被发现而已。宣布开庭后，我盯着他们几个足足一分钟，这几个人没一个敢抬头看我的，我心里就明白了八九分。

秦贵民和李琼艳以及他们的律师没敢进行无罪辩护，只能是鸡蛋里挑骨头地找些话讲。那个李琼艳在法庭上哭啊哭，好像她才是被害人一样，被我好一顿训斥。我说："你不要以为你年纪大一点，自己的生活经历苦一点就可以卖个惨相，比你惨的人多得是，人家再惨也没有走上违法犯罪的道路。"那个年四平在法庭上装傻，既不说自己有罪也不说自己无罪，把一切辩护意见都推给了他的律师。他的律师倒是敢在法庭上提出无罪辩护的观点，当然他为年四平辩无罪也不是瞎辩，仅就起诉书指控的这一起事实，的确在犯罪构成上有问题，这从当初检察院不想批捕这一点上就可以看出来，所以年四平的律师虽然讲话啰嗦一点，我也就忍了。但是刑事政策的变化也是我们法官必须要遵循的规律，我不可能逆势而上。

年四平也不是好东西，我看卷宗里公安从他公司里搜出的几枚其他公司的印章，就感觉这个家伙是老油条，他干的坏事肯定远远不止这个案子。

为了彰显正义，我特意要求被害人周前川到庭。

这个家伙不知道成天在忙什么，打他电话老是推三阻四，最后我让书记员威胁他，说他如果不来我们就到他家里去找他，他这才被吓得晕晕乎乎地过来了。

说实话我以前没见过这样的被害人，连自己借了多少钱都记不住，让他认一认旁边的被告人也是稀里糊涂地说记不住，最后说以法庭认定的为准。法庭辩论阶段，让他发表一下对被告人的意见时，他居然说没什么意见，把我气得有点够呛。他就不想想我们法庭费那么大的精力，不就是为了替他们这些最底层的人主持正义吗？

最后我只能当庭进行了训导，周前川听得频频点头。

庭审下来，我觉得出了80万的出借人张曦平是没事的，公诉机关没有起诉这个人是正确的，这也是个无辜的受害人。

为了替被害人讨回公道，我只能在没有判决前，逼着这几个被告人吐出了 80 万，让张曦平撤销了抵押。这样，周前川的房子总算回到了他自己的手中。

在这个案子里，我本来是想给年四平一个缓刑的，毕竟他的律师说的还是有点道理，但仅凭这个就让我判无罪也不太可能。年四平不是无辜的人，只是在这个案子里，他的行为在犯罪构成上缺乏足够的要件，虽然检察院在对他求刑时求的是实刑。

案件刚准备判下去，年四平其他事情又暴雷了，北河区公安因为别的诈骗行为对他采取了刑拘措施，这更加证实了我对他的判断是完全正确的。可怜的是他的刘律师，那天还打电话来跟我讨论年四平无罪或者缓刑的问题。我在电话里哈哈笑，说："刘律师，你有多久没和年四平通过电话或者没见过他了？"电话那头刘律师半晌没吱声，说："出啥事了？"我说："你的当事人是不是对你隐瞒了太多的事情？他现在在北河看守所里。"电话那头刘律师大大地"啊"了一声。

年四平这情况，就算我想帮他也帮不了了，只能判实刑。

八、张曦平

我叫张曦平，是年四平的马仔。

我平时没啥事，就跟着年总在外面放贷时跑一跑，撑个门面。他或者客户不方便出面的时候，我会出面充当借款人。

年总是个好人，平时对我们不错。他自己平时赚得也不多。这次出事，公司里的十几个人基本都跑掉了。高利贷这个行业看上去利息很高，给人感觉这帮人都是喝人血的，但其实高利贷的坏账不少，为了平账，我们只能提高利息。

当然这也是年总告诉我的。

此前因为那 80 万的事，我还被公安叫去做过笔录，年总让我一口咬死是我的钱，说流水不用担心，我就按照年总给的口径去说了。后来年总因为北河区的其他事情进去了，我心里就开始慌。过了一段时间，槐东区法院的人打电话给我，我当时被吓了一跳，心想是不是要找我麻烦了。等我过去，才知道是让我去收那 80 万的，把周前川那套房子上的抵押撤掉。我心想还有这样的好事，槐东区法院真是替我们做主，就赶紧把钱收了回来。

年总被关在北河看守所，听他在北河区请的律师说，虽然槐东区法院已经判决了，但北河那边要判完估计至少得等一年。我联系他也不太方便了。

我拿着这 80 万该怎么办？去搏两把还是找人放高利贷？我要不要把这个消息让年总现在的律师带话进去给他？

九、周前川（二）

我真没想到因为跟秦贵民借了一笔 10 万元的高利贷会惹出那么多事情来，公安不停地让我做笔录，法院开庭时还把我叫过去，那个凶神恶煞般的法官在法庭上把我好一顿训斥，说什么如果我多一点心眼哪里会被人家骗，就是因为有我这样的人存在才有骗子的市场。

其实我跟别人借的还有三四笔高利贷，只是另外那几笔因为数额小只有三五万，所以他们都没有跟我签房产抵押合同。自从司法机关严打后，他们再也不敢来找我要钱了。我当时心里还奇怪为啥他们一下子就不见了。现在总算明白了。

最起码，秦贵民、李琼艳他们借给我的10万块钱，现在没人管了。

有一句话我一直没敢和法官讲：我在当初借高利贷时，就没打算还过。

秦贵民他们不停地把我的债务垒高，把我当傻子一样，他们以为我真的啥都不懂？我是可以靠打麻将混日子的人，智商会有那么低吗？我之所以配合了秦贵民他们几次，说心底话是因为我还是有点怕他们。这帮人混社会的，不知道会做出什么事情来，所以我也只能先明面上配合一下。后来他们卖了债权包，我就干脆把手机号码都换了。

当然在配合公安做笔录和在法庭上回答法官问题时我可不能这么说，只能是摆出一副傻乎乎的样子。

因为吸毒和到处借钱以及性格不合，我老婆此前跟我离婚了。

我们有一套面积不大、60多平方米的老房子，是我们结婚前爸妈给我的，名字也落在我的名下，坐落在泸江市槐巷路，就是后来拿去抵押给秦贵民的那套。我和我老婆离婚时，看着这个曾经温暖过的小窝，我心里有点难过。我想自己是个什么样的人啊！工作没有好好工作，儿子马上就10岁了，正是花钱的时候，我却混成这个样子。我就跟老婆说："离婚后我到外面租房住，这房子就留给你和儿子。"老婆同意了，还有点感动，说："周前川想不到你在离婚时还有点良心，那我也不急着撵你出去，没找到房子住前你就先住着吧，等你找到房子了我们再去办过户，这样你也省点钱。"我也为自己的担当深深感动，忍不住紧紧地拥抱住前妻。

但是天有不测风云，等我和前妻确认好了财产的分割，在离婚协议书上签字后，我在麻将桌上的运气跌到了低谷，一个星期下来居然输了好几万。这钱对有钱人来说不过是一把德州的牌钱，但对我来说是好几个月的生活费和"溜冰"费了。没办法，我只能想办法去找高利贷者借钱，找来找去就找到了秦贵民。

秦贵民他们说需要我拿房产做抵押，我想这可咋办？我那套房子已经约定好了要过户给前妻，前妻带着我们儿子生活，我不可能把他们最后的生活依靠给抵押掉。我脑子一转，就去找了个律师咨询。我问如果房产抵押被法院判决变卖而住在里面的人不走会有什么后果？律师说如果房子不是很大而且是最基本的生活资料的话，法院执行时也不一定会把里面的人撵出去。听律师这么一说，我就豁然开朗了。

我找了个前妻和儿子不在家的时间，把秦贵民公司的小宋叫过去，走马观花地看了看那套房子，拿到了10万元高利贷。后来秦贵民卖债权包给年四平时，我又如法炮制。等债权包转给年四平后,我就把手机号码换了。我告诉前妻,如果有人找我就说不认识我。前妻知道我肯定又到处跟人借钱,鼻子里就哼哼。

法院的龚法官虽然凶,但他让几个被告人凑齐了80万元还给年四平找来的出借人张曦平,把我房子上的抵押撤销了,让我不由得很感动。我觉得上天总算眷顾了我一把。

那天我去办了撤销抵押的手续回到家里,哦不,应该是我原来那套房子里,我看到儿子正在做作业,一个男人在帮着我前妻做饭。我在门外叫了我前妻的名字,前妻出来。我说:"你怎么又换人了?"前妻就低低吼我。我说:"我们啥时去交易中心把这房子过户掉吧,名字过到你名下,这样你我都放心。"

前妻看我的眼神有点奇怪,说:"你咋突然想起来这事了,我之前跟你说了好多次你都说没空。"

我说:"我最近比较闲。"

前妻往屋里喊了一下儿子的名字,儿子跑出来站在我面前,眼睛翻白翻白的。我说:"真是长大了,你看看胡子茬都冒出来了。"

儿子又白了我一眼,转身就回屋里了。

(2021年9月3日)

贷款诈骗

> "我问一个直接的问题。这次鲁总出事，你明明知道他的公司已经还不了贷款了，为啥还借了一千万给他？"

一

在沂港看守所会见接待大厅里，我们的当事人鲁总被看守带到了会见室里。林律师向他介绍，说："这是滨海的洪律师，是滨海的赵总请过来的，今天他先和您见个面。"

目光矍铄的鲁总嗓音洪亮地说："洪律师，谢谢您了，也代我谢谢赵总。我出事前他知道我没钱还了还借钱给我，现在又帮我找律师。"

我说："不客气，赵总觉得您的案子挺冤的，您的案子我听赵总大概说了一下，也觉得罪名有问题，所以我们过来加入林律师一起为您辩护。"

鲁总叹口气，说："我们搞实业的真不容易，这些年我的公司单单是上缴国家的利税就几十个亿。经济好的时候，银行屁颠屁颠地把钱塞过来一定要贷款给我们；现在经济不行了，他们就落井下石收紧银根，还说我骗取贷款。骗取贷款罪名觉得轻了，又给我加一个贷款诈骗。洪律师您说说这是什么理？

如果他们不这样搞我，这两年我的钢厂起来了马上就可以还贷款。但现在这个样子，钢厂也做不下去了。还有我在菲律宾的油砂矿，他们把我抓起来，那边的矿说不定就被菲律宾人吞了。我心里真急啊。"

我说："鲁总啊，现在您就先不要想您的钢厂和矿了，先想想您自己吧。"

鲁总说："洪律师，您知道油砂矿吗？"

我说："不知道。"

鲁总的眼光忽然就亮起来，说："洪律师，您不知道我这个油砂矿未来有多么宏伟的前景……"

鲁总说到高兴处就撇下了之前比较费力的普通话，用当地方言加快语速滔滔不绝地讲起来，大概意思是这是未来非常有前景的石油替代资源，还讲起他当初做的实验和评估等等。我一开始还想努力跟上，但后来发现听懂他的方言太不容易，老让旁边的林律师帮翻译也不好意思，心想反正这矿的细节跟案件指控事实没啥联系，就放弃了翻译，跟着频频点头。

鲁总讲尽兴后，安静了几秒钟，恢复了普通话说："洪律师，我听说中央的政策要有变化？"

我说："什么变化？"

鲁总说："好像有什么领导讲话，要保护民营企业家。"

我说："一直都在抓，一直都在保护啊。"

鲁总很认真地说："不是的，说不定明年就有变化。所以我现在对我这个案子还是很乐观的。"

二

从看守所出来，鲁总的儿子小鲁和赵总从等候的车里出来，问了一下大概情况。我跟小鲁说："你爸挺乐观的。"

小鲁笑了，说："我爸从来都这样，不然他做企业遇到那么多事情早跳楼了。去年沂港抓了一批企业家，听说都是因为到期了还不上贷款。我爸这个算是情况最轻的吧。而且我爸从不乱花钱，这也是他自信的原因。"

我转头对赵总说："鲁总带话谢谢赵总。"

赵总摆摆手说："肚子饿了，我们找地方吃饭吧。"

小鲁点了菜，我们边等菜边闲聊。我讲起刚才在看守所看到的那个念经女人，小鲁说："这样的人现在不少呢，中了魔似的。"

我说："当初义和拳也是从这里发家的呢。"

赵总把头摆过来摆过去呼呼地吹着热茶，小心翼翼地喝着，说："这些信徒，当初害我坐了两年牢呢。"

我说："你也信这个？"

赵总说："我咋会信这个？我是被他们害死了。"

我说："咋回事？说来听听。"

赵总笑，说："这都是十多年前的事情了。"

赵总吹吹热茶，翻翻眼皮，似乎在回忆上辈子的事情。吹了一会儿，开始慢慢述说。

赵总说："当时我和几个人合伙做IP电话生意，挂在滨海一家电话公司名下。生意做了两年，做得顺风顺水。没想到那些鬼信徒在海外用IP线路把电话打到了西南海做传教。大领导雷霆震怒，要求下面查查到底咋回事。人家在海外打的电话，你隔着太平洋去咬人家啊？结果查来查去，查到了滨海电话公司机房里我们挂着的网关上。然后警察就抓我们，说我们是非法经营。"

我忽然想起了我刚到滨海不久代理过的一个非法经营案。

赵总说："当时那个阵势，你看到了都要笑，滨海警察就像演警匪片，不知道有多少人荷枪实弹冲到电话公司的机房，好像要抓江洋大盗一样。结果他们看到的就是一些机器。我们当时哪里会想得到我们的行为是犯罪行为啊。"

我说："你们同案有几个人？"

赵总说："五个。"

我说："第一被告人是不是叫李兴成？"

赵总说："是啊。"

我笑了，说："我们应该十多年前在法庭上就见过，那个案子里我是李兴成的律师。"

赵总听了，眯起眼睛仔细地看了我一眼，说："那时你头发还挺多的。"

我说："是啊，那时你好像也没这么胖。"

赵总也笑，说："当时我请的是滨海有名的刑事辩护律师朱律师。我记得他说得很有道理，我们的网关就放在国营电话公司的机房里，这个机房又不是我们偷偷摸摸溜进去的，网关是电话公司的人帮我们放好的。当初我们公司与电话公司还签订有正式的协议,都是正常的民事关系,怎么会因为那些神经病借了电话公司的IP线路打电话到西南海,就把我们做IP电话的抓起来了?这不就是抓几个替罪羊嘛。"

我说:"是啊,当时我的观点和朱律师的观点其实都差不多,只是可能因为当时朱律师是有名的刑辩律师,所以你记住了他没记住我。"

赵总笑,说:"你现在算是有名的刑辩律师了吗?"

我笑说:"惭愧惭愧,身为党员,我是一颗永不生锈的螺丝钉,党叫干啥就干啥,谈什么功名利禄呢,俗。"

赵总说:"当时我们觉得冤死了。我至今都记得承办警官第一次提审我,问我知不知道干啥坏事了。我脑海里把自己干过的坏事就像过电影一样过了一遍,觉得有的事情其实就是一些小违法的事情嘛,上升不到犯罪的高度,只好老老实实地承认说不知道。警官倒也爽快,说你们做的IP电话让坏人利用了,领导不高兴,所以要收拾你们。我说我如果是卖菜刀的,坏人买了我的菜刀去砍人,你们就要把我抓起来吗?警官也笑,说没办法,这个案子不是我决定的。"

我说:"我忽然明白了。"

赵总说:"明白啥?"

我说:"那次开庭,司法局要求律师都要穿律师袍,还有官媒的摄像机在拍摄。我一开始还以为法院比较认真,现在回想起来原来是要给大领导汇报用的。"

赵总说："记不得了你们当时在庭上有没有穿衣服。"

我说："那是我第一次被要求穿律师袍开庭。干这么些年律师，感觉要求穿律师袍开庭的案子，当事人都没啥好下场。"

赵总看看我，想了想没说话。

正说着，小鲁点的菜鱼贯而上。赵总放下茶杯，挽起袖子说："来来来开吃开吃，他们这里的海鲜特别肥美，我们走时让小鲁帮我们准备一点带回去。"说完就毫不客气地伸手拿了一只梭子蟹，放到自己的盘子里开始撕扯。

小鲁随便吃了一点，看上去胃口不是很好，说："洪律师，你们要喝酒吗？"

我说："不喝。"

赵总说："洪律师不喝酒？"

我说："中午不喝。"

小鲁说："我爸这个案子，我们也找人问了，其实人家还是挺同情我爸的，但到了这个地步，很多事情也要慢慢解决。洪律师，您说这个案子如果辩无罪有用吗？"

我说："如果只是一种行为，经侦套两个罪名就是有问题的，那还要看在一个罪名的前提下，是不是具备该罪的构成要件。"

赵总有点不屑地摇摇头说："洪律师啊，不是我小看你们律师，在很多案件中律师的确没啥用，人家想咋整就咋整。"

我说："那你还帮鲁总请律师？"

赵总笑，说："我觉得这个案子请个律师还是有必要的。"

三

下午去了法院，法官助理很客气，给了我一份起诉书，还问我要不要复印案卷材料。我看了看办公室地板上堆积如山的案卷，说："林律师已经给了我光盘，我会自己整理的。这个案子啥时开庭？"

法官助理挠挠头，说："不知道。我们人手不够，最近案子特别多，而且每个案子的材料也特别多。您是滨海来的，到时我们肯定会提前通知的，会给您足够的时间。"

我说："多谢您了，顺便问一句，这个案子起诉的罪名好像有问题哈我觉得。"

法官助理笑笑，说："我还没看卷，不好回答您，即便看了也不好回答您。"

我也笑，说："我就问问。"

四

晚上小鲁带了我们去吃饭，席上还有几个鲁总的老朋友。大家边说边喝边吃海鲜。我想起赵总白天讲的他的案子，说："赵总，你也算是吃过苦头的人啦。"

赵总叹口气，说："中国的看守所真不是人待的地方。不过从那里出来的人，也算是经历了一种磨炼，要么崩溃，要么更厉害。"

我说:"这个我懂。"

赵总忽然就笑起来,说:"我们那个案子,一审宣判后在法院羁押室里等签字的时候,大家总算有个机会又聚在一起,彼此面面相觑,不知道说什么好。那个第五被告人叫啥名字我都忘了,当时马上就给我们作揖,说,'各位大哥今天我求求你们了,我知道你们很冤,但我其实比你们更冤,这个案子投资不是我的,关系也不是我的,我只是在你们的公司里当个马仔,也被抓起来陪你们在看守所蹲了一年多,还说我和你们是共同犯罪,可我的智商哪里能和你们一起玩共同犯罪啊?现在判决下来了,你们判的是比我重些,但我再过两天就可以被放出去了,求求你们不要再上诉了好不好?我不想再陪你们玩了。'"

我忍不住哈哈笑起来。

赵总说:"我今天回想起来都觉得奇怪,当时大家听了他的一番话居然都沉默了,后来大家居然都没上诉。"

我说:"你后来没再申诉?"

赵总说:"没有,我一开始也是觉得自己太冤了,刚从监狱出来时也想过要不要去申诉。但时代不等人啊,如果我一直对过去的事情耿耿于怀,沉迷在过去的破事里不能自拔,怎么能跟得上时代,怎么去赢取自己未来的生活?就算是申诉成功了,国家赔你那点钱有什么用?被你们律师再拿走一点只剩下几个钢镚儿了。所以我想了一阵决定不再申诉了,我重新做生意,当然不再做 IP 电话了,我去做金属期货。有了钱才能做很多事情，没钱你啥都不是。"

这时候，酒桌那边一个鲁总的老朋友开始劝酒，述说鲁总做实业的辛苦以及对他们同行的仁厚，说到感动处，这个五大三粗的山东汉子掉下泪来，说："没有鲁总过去对我的好，我的公司早就垮了。今天不说了，我干了，你们随意。"说完仰起脖，嗞地一下把将近一两白酒灌进嘴里。

我心想完了今天，山东人这种喝法有点粗暴，边想着边轻轻地呷了一口。

壮汉拿纸巾擦了一下不知是眼泪还是鼻涕，然后又把自己的酒杯倒满了，朝我的方向举过来，说："这位滨海的洪律师。"

我赶忙放下筷子，使劲咽下还没嚼仔细的虾仁，说："这位大哥请说。"

壮汉说："我们山东人简单，没你们滨海人想得那么周到。我们认赵总，赵总请来的律师我们就认，还希望洪律师帮一帮鲁总。"说完仰起脖，嗞地一下又把将近一两白酒灌进嘴里。

我脸上有点火辣辣，说："不好意思不好意思，不胜酒力，我把我这杯倒满吧。鲁总的事我尽全力。"说了把自己的杯子倒满，也嗞地一下把酒倒进嘴里。

赵总说："人进去过以后，对很多事情就看得开也放得下，也学到了不少东西。我后来做期货时，有一次被人家骗了一千万！那是我刚起步的时候啊。你知道，一千万对我意味着什么！我当时也是急了。"

我说:"你当时找律师了吗?"

赵总说:"这种事找律师没用。"

我苦笑一下不说话。

赵总说:"我当时把那个骗子找来,直接就软禁在我办公室,我说你赶紧打电话找人把钱还给我,不然我先弄死你我去自首。"

我说:"你这样威胁有用吗?"

赵总说:"我还有招。我跟骗子说,我不单弄死你,我还知道你家在哪里,你孩子在哪里上学。"

我说:"后来呢?"

赵总笑了,说:"不到三天,钱就回来了。"

五

回滨海那一天,小鲁装了好几箱海鲜给我们托运,一直送我们到机场,说:"等下次来再买点别的,这点螃蟹和虾你们先尝尝鲜。"

我说:"你们这里的海鲜真好吃。"

六

回滨海的飞机上,我说:"赵总啊。"

赵总说:"啥?"

我说:"我问一个直接的问题。这次鲁总出事,你明明知道他的公司已经还不了贷款了,为啥还借了一千万给他?你是商人啊。"

"我相信鲁总。"赵总说完,狡黠地笑笑。

（2019年5月14日）

哈拉雷来电

有一天顾先生打了个电话给我，说是最近公司要派他出个一两年的差，还请我多关照一下武溪娟。

我说："你去哪里出差啊？"

顾先生说："哈拉雷。"

一

那天在食堂吃饭，手机有振动，低头一看是张警官来电，不敢怠慢，忙把嘴里的饭菜咽下，抄起来说："张队好啊，最近忙啥呢？"张警官在电话那头笑，说："忙啥，不就保卫各种领导和各种会议嘛，都干不了正经事。"

我说："保卫领导是第一正经事嘛。"

张警官笑，说："有个案子你想接吗？一个股东纠纷弄出来的职务侵占，她老公是我高中同学。"

我说："那必须接。"

张警官说："费用你自己定哈。"

我说："你高中同学我必须优惠啊。"

张警官说："这是市场供求关系决定的，你不要客气。"

我说："怎敢怎敢，下次出来喝酒。"

张警官笑,说:"嫌疑人叫武溪娟,刚被抓起来。她老公姓殷,你手机号码我会给他的。"

二

殷先生如约而至,我和小刘在会客室接待他们。

这是一个四十多岁、体型偏瘦的男人,和他一起来的还有一个男人,殷先生介绍他姓顾,说是自己的同事。寒暄完毕大家坐下。顾先生看上去脸色有些发青,一进来就问可以抽烟不,我说:"不好意思,这个办公大楼全楼禁烟。"顾先生把伸进衣服口袋准备掏烟的手又抽出来,愁云惨淡地把两只手抱在了胸前。

听殷先生讲,他老婆武溪娟和别人开了一个化妆品销售公司,因为经营过程中和其他股东发生矛盾,被人家到经侦告了。经侦进场一查,果然有私下转款到第三方账户的行为,于是就抓了武溪娟。我问大概转了多少钱,殷先生说估计有100万左右。我说是100万以上还是以下,殷先生挠头,说搞不清楚。

殷先生问是否可以取保,大概会判几年,有没有缓刑的机会。我说:"你连具体数字都没法确认,我还没了解案情之前真没法回答。这个好比医生给病人号脉,连病人我都没看到,我咋知道这病人啥情况。况且,就算我见到了你老婆,她把情况告诉了我,这个情况也不全面,因为我还不知道控方证据有些啥内容。"殷先生点头,又问律师费多少,说:"张警官的同学，可以优惠不？"我把律师费报给了他，他说出去打个电话，然后起身出了会客室。

顾先生看会客室门关了，等了两秒钟，问："她在看守所里面会吃苦头吗？"

小刘说："苦头肯定要吃一点啦，比如吃得不太好，睡的条件也差，但是滨海的看守所条件还是不错的，问题不大。"

顾先生说："会差到什么程度呢？"

小刘说："没事的，你们不用太担心，就是吃得清淡一点，晚上大家睡大通铺。"

顾先生说："大通铺？她那么爱干净的人咋能睡大通铺？"

小刘回头看我一眼。

顾先生又问："那我们能见到武溪娟吗？"

小刘说："不要说你，连她老公都见不到。"

顾先生问："那啥时可以见到呢？"

小刘说："一般来说，走完程序、不再上诉、判决生效，至少半年以上了，再到监狱培训分配，最快也要一年了。"

这时殷先生打完电话回来，说："洪律师，定了就请您了。不瞒您说，刚才我也问了一下朋友，说这个案子数额不小，人不太可能取保，是要走完程序的。你们准备好委托手续，我现在就签字。"

办完手续送客户去电梯，殷先生说："不好意思，洗手间在哪里？"小刘说："我们这里地方大，我带您去。"看小刘带殷先生去了洗手间，顾先生说："洪律师，你们见到武溪娟时帮我带句话,说我会找人想办法的。她性子急,让她稍安勿躁。"

我说:"好。"

送两人进了电梯,小刘说:"洪律师,这顾先生怪怪的。"

我说:"哪里怪?"

小刘说:"他哪里都怪,滨海男人长得哪里有那么黑的,而且,武溪娟跟她啥关系,他关心得比武溪娟老公还周到。"

我笑笑,说:"这不挺好嘛,说明武溪娟有魅力。"

三

我原来以为武溪娟会长得如何如何,但当见到她时,还是有点失望。这个女人长得其貌不扬,大概因为在看守所休息不好,眼眶周围都是灰色的,短发虽然经过了梳理,但依然纹理纷乱。

她进了会见室,眼睛就不停地乱看,似乎觉得除了我和小刘,还会有其他人。

我说:"我们是你老公请的律师,也是张警官推荐的。我是洪律师,这是刘律师,你对我们当你这个案子的辩护人没有什么意见吧?"

她说:"没有意见。洪律师你能把我取保出去吗?我外面还有好多事情需要我去处理。"

我笑了,说:"我没有那么神通广大。你现在还没意识到你的事情有多麻烦吗?你在外面的事情可以让你老公去处理嘛。"

她苦笑，说："我老公如果能力强一点我也不至于走到今天了。"

我说："你先把你的案情和我们讲讲吧。"

武溪娟开始讲她的案情，讲的语速飞快，小刘记了两分钟就停下来，说："武小姐你可以说慢一点吗？"武溪娟有点不好意思，说："我讲慢点。"讲着讲着，语速又开始快起来。小刘不停地摇头。

听下来案情其实不复杂。武溪娟和几个人合办公司，另外几个股东因为身份不便不能出头，武溪娟出头处理日常事情，干得长了，把能力磨炼出来，武溪娟觉得另外几个人没啥能力还白拿钱，想改变当初的分配方案又得不到认可，于是自己作主搞了个小金库，把一些钱转到公司外账户。

我说："你咋这么傻啊，银行流水一查就看得到。"

武溪娟说："我当时也没想这事情有这么严重，我觉得这大不了就是个民事诉讼。"

我说："股东纠纷一般来说经侦介入时的确比较谨慎，但话又说回来，刑事诉讼程序一旦启动，这头怪兽的吞噬力是你无法想象的。"

武溪娟说："那我这个案子大概要判多久？"

我说："100万以上就是5年以上了，你这个案子我的目标是想办法往轻里争取，如果可能的话争取缓刑。"

武溪娟眼泪下来了，说："之前公安吓唬我时也这么说，我不信；同监室的人也这么说，我还是不信；如果你也这么说，我觉得应该是真的了。那还有什么办法吗？"

我说："检举揭发立功你有吗？"

武溪娟想了想，说："我如果把用钱的其他人说出来有用吗？"

我说："有用。"

武溪娟沉默了。

四

案情基本了解完了，该带的话也交代完了，我说："要不今天就先这样？"

武溪娟想了想，说："洪律师，你来之前，还有没有其他人给我带话的？"

小刘说："对了洪律师，那个顾先生不是说他会在外面找人，让武小姐不要太着急吗？"

我拍拍脑袋，说："对啊，这个事情忘了。那天跟你老公一起来的顾先生说他也会想办法，让你不要着急。"

武溪娟"哦"了一声，说："他没有讲其他的什么吗？"

我想了想，说："没有了。"

武溪娟的眼神亮起来，说："麻烦洪律师转告一下顾先生，谢谢他，我会保持良好心态的。"

五

回到事务所，把会见情况告诉了殷先生，一些要交办的事情包括银行卡密码、送钱送物等都转达了,殷先生礼貌地表达了谢意,问了一下武溪娟的状态,没再提更多的要求。

我说:"你知道武溪娟的钱是如何用的吗?"

殷先生在电话那头想了想,说:"不知道。"

我说:"如果这些钱还有别的用途或用款人,退出来对武溪娟也许有点用。"

殷先生说:"她的钱咋用的我不是很了解,但退钱的事我会去处理的。"

电话完殷先生,又电话了顾先生。顾先生说:"她在里面瘦了吗?"

我说:"我不知道她瘦了没有,因为她以前有多胖我不清楚。"

顾先生说:"哦,对对,那洪律师您下次什么时候去见她?"

我说:"需要的时候就去见。"

顾先生说:"洪律师,您可以多去见见武溪娟吗?因为她也是我的好朋友,看她落到今天这地步我也蛮可怜她的。如果您觉得殷先生给的律师费不高,我可以再给你们一点车马费。我知道这个案子是张警官介绍的,您没收太多的钱,而且您时间也宝贵,不行的话让刘律师多跑跑?"

我说:"顾先生你放心吧,我们会尽力多见武溪娟的,费用我们不会多要。"

顾先生说:"那太感谢了,公安那边我也还在找关系,我会尽快的。"

我说:"是张警官的关系吗?"

顾先生说:"不是。"

六

过了十多天,武溪娟被批捕了。

就像其他刑事案子一样,案件一旦进入到逮捕以后的后续侦查阶段,所有的事情忽然就慢下来。当事人和家属一般也就慢慢接受了这种状态,不再火急火燎;公安在拿到了初步的口供、固定了基本事实后,也不再急着提审,进入了慢条斯理的衙门流水状态。倒是武溪娟隔三岔五托人带话出来要求会见。会见前,小刘总是先问问殷先生有啥话要带,然后再问顾先生有啥话要带。殷先生就会把孩子的照片发给小刘,让小刘打印出来带给武溪娟看。武溪娟每次看到她女儿的照片就流眼泪,又絮絮叨叨地带很多话出来。

过了两个月,有一天顾先生打了个电话给我,说是最近公司要派他出个一两年的差,还请我多关照一下武溪娟。

我说:"你去哪里出差啊?"

顾先生说:"哈拉雷。"

我说:"啥?"

顾先生说:"津巴布韦首都,叫哈拉雷。"他说公司有个国家援建项目在非洲的津巴布韦,因为补贴高,所以他也报名了。这样的话,今后可能联系不方便,但他会和殷先生保持沟通的,会打电话给殷先生了解案情的进展,麻烦洪律师下次会见时转告一下武溪娟。

我说:"好。"

我把这事告诉了小刘,小刘说:"我老觉得这个顾先生怪怪的,而且他和殷先生的关系、和武溪娟的关系也是怪怪的,洪律师你不觉得吗?"

我说:"然后呢?"

小刘困惑地说:"什么然后?"

我说:"我们把自己的工作做好就行了,别的去思考那么多干什么。他们又不会去杀人。你不知道好奇害死猫吗?"

会见时我告诉武溪娟,说顾先生要出个长差,去非洲的一个地方,叫什么雷的,估计一两年,有啥事他会让殷先生带话给你的。

武溪娟有点茫然,说:"咋去那么远的地方,他这人不太爱到处乱跑的。"

我说:"听顾先生说补贴高,他想挣点快钱。"

武溪娟"哦"了一声。

小刘说:"那叫哈拉雷。"

七

过了将近半年,案子总算走到了法院。

在这半年里,去会见武溪娟前,我们都会先问殷先生要不要带什么话,殷先生倒也能体谅我们,一般不太提什么过分的要求,说洪律师你们尽职就行。有两次,还给了手写的纸条让我们带给武溪娟,说是顾先生从哈拉雷打电话来的内容,让我们到看守所念给武溪娟听。纸条上也就是些常规的注意身体、配合殷先生和洪律师意见啥的。

开庭前,我再次征求武溪娟的意见,要不要把拿走的钱退回来,这样才能取得其他股东的谅解,和法官商量轻判。

武溪娟犹豫了一分钟,说:"要不你出去问问我老公?"

我说:"好。"

武溪娟说:"你让我老公也电话问问在非洲的顾先生,看他是什么意见。"

出了看守所,小刘说:"洪律师,退钱这事有什么好商量的?如果我是她老公,哪怕借钱也要帮她想办法尽量判轻一点。"

我说:"你是不知道穷人的'穷'字是怎么写的。"

小刘撇撇嘴,说:"他们怎么会穷?已经捞了近百万了。"

八

一审判决下来后,殷先生来事务所拿判决书。

简单地看完了判决书,殷先生说:"3年半这个结果洪律师也算尽力了,如果武溪娟上诉还有希望吗?"

我说:"上诉改判率大概百分之一到五吧,就武溪娟这个案子来说,除非把之前侵占的钱拿出来换得被害人的谅解。"

殷先生低头想了想,说:"我回去考虑一下,如果要上诉,我会即刻联系您的。"

小刘在旁边说:"要尽快了,上诉期10天,刨掉前3天,连今天只剩下 7 天了。"

殷先生连连点头，说："我晓得我晓得。"

送殷先生去电梯口，我说："这个结果你也告诉一下顾先生吧。"

殷先生愣了一秒，说："好的，我会告诉他的。"边说着，殷先生忽然电话响。殷先生打开接起来，听到对方女声嗲声嗲气的腔调，殷先生说："我在律师事务所呢，一会儿打回去给你。"

九

去了趟看守所，武溪娟说："告诉我老公我不上诉了，早点去监狱吧。这样我可以自由点，还可以每月见到老公孩子。我想孩子想得经常半夜失眠。"

我说："好。"

武溪娟说："麻烦洪律师把这个结果也告诉一下顾先生吧。"

我说："我已经交代你老公了，他会转告的。"

武溪娟说："好。"

十

请张警官喝酒那天，大家都超量发挥。张警官带了三个朋友来，介绍说一个是某某检察院的，一个是某某派出所的，还有一个是政府什么单位的。

喝到近晚上 10 点，大家还不尽兴，政府单位的哥们儿说："张警官，我们好久没唱歌了，要不今天去挥发挥发？"

张警官虽然喝了不少，但还是有点犹豫，说："这段时间查得紧，要不算了吧。"

政府哥们儿说："不怕，我知道一个清净的地方。"

检察官说："好，我也好久没唱歌了。"

到了夜场里，大家又喝了不少啤酒，都有点晕乎乎。想起武溪娟那个案子，我说："张警官，武溪娟那个案子咋回事？"本来我不想问的，但今天喝高兴了好奇心上来了："她老公和那个去那个什么雷出差的顾先生之间是啥关系？"

张警官把搂在小妹腰里的右手拢回来遮在耳朵上，大声地说："啥？他们唱歌老难听了。"

我说："武溪娟，职务侵占那个案子。顾先生和武溪娟是什么关系啊？"

张警官把被酒精泡红了的眼睛使劲眨了几下，说："哦，我想起来了。他们轧姘头。"

我说："啥？"

张警官说："他们轧姘头。"

我说："难怪，顾先生比武溪娟她老公还关心武溪娟，每次我去看守所他都要带话。"

张警官正要接话，他旁边的小妹笑嘻嘻地说："还是个多情的男人嘛，我就喜欢有男人对我好，管他有没有老婆。"

张警官笑，说："今晚上我对你好。"

政府部门的哥们儿撇开自己身边的妹子,笑嘻嘻地凑上来,说:"这个妹子好水灵,出台不?"

小妹笑嘻嘻往张警官身上靠,说:"今晚上我有男人啦。"

我们都笑。

我想了想,说:"殷先生不知道他们的关系吗?"

张警官说:"我推定他知道。"

我说:"顾先生让殷先生带话给武溪娟,殷先生不吃醋吗?"

张警官表情有点困惑,说:"带什么话?"

我说:"顾先生后来不是去非洲的那个什么雷了吗?哈拉雷。"

张警官把手杵住了头,认真地回忆了一会儿就笑了,说:"什么雷,他没去非洲。"

我说:"啊?那他后来去哪里了?"

张警官说:"他死了。"

我说:"啊啊啊?"

靠着张警官的小妹也表情惊讶地立起身子,说:"啊?好男人死了?"

张警官说:"他死了大概三四个月了吧,肺癌。"

十一

我努力地把记忆中的时间片段串联起来,把手机拿出来想看看顾先生的微信朋友圈,才想起来他之前根本就没和我加过微信。

我拿手使劲擦擦脸,说:"你咋知道顾先生这些事情的?"

张警官和小妹玩筛盅又输了一把,刚干了一杯啤酒,抹干净嘴角的泡沫,听到我这么问,也有点困惑,说:"对啊,我怎么知道的?你等等,我想想。哦,对了,因为我是警察,又是殷先生的高中同学。"

张警官打了个酒嗝,竖起右手的食指,非常认真地说。

(2020 年 10 月 30 日)

顶替者

> 扫完判决书，我笑笑，抬头看看陈法官，觉得这个法官长得还是挺耐看的，一下子有了亲切感。

一、起诉书

沿江区人民检察院起诉书沿检刑诉（2018）359号：

经依法审查查明：2017年12月3日晚，被告沈道成与其女儿沈婷及妻弟谭大军等其他多名亲属，因沈婷与亲家纠纷，共同至被害人刘婉懿位于本市亲民路71弄5号303室的住处。沈道成等人发现屋内无人，遂擅自联系锁匠开锁并进入屋内。当被害人刘婉懿返回家中时，双方发生争执，沈道成等人与刘婉懿发生肢体冲突。其间，被告人沈道成将刘婉懿打倒在地致其受伤。

经鉴定，被害人刘婉懿遭受外力作用致长骨骨折累及关节面（左肱骨头骨折），构成轻伤。

认定上述事实的证据有：

1. 被害人刘婉懿的陈述；
2. 证人沈婷、谭大军、刘其敏、曾介、关和平、陈英、王成等人的证言；

3. 验伤通知书、司法鉴定意见书及被害人伤势照片；

4. 公安机关工作情况；

5. 被告人沈道成的供述与辩解等。

此外，案件在移送法院审判后，被害人刘婉懿还向法院提起了刑事附带民事诉讼，要求被告人沈道成赔偿其医疗费、交通费、律师费、财物损失费（被打碎的花瓶）、伙食费、后期治疗费、营养费、护理费、伤残赔偿金、精神损失费等各项费用合计超过30万元，并要求被告人书面赔礼道歉。

二、朱律师（一）

说实话，做律师时间长了会有职业病，比如对他人的不信任、轻度抑郁、抽烟酗酒等。但即便是得了病，我们很多人都不会去找医生。律师的时间太紧张了，紧张到很多人左手比右手更有劲，因为总要装模作样不停地抬起左手看手表上的时间。律师没空听医生瞎逼逼，死生有命富贵在天，很多医生活得很滋润不是靠救人的医术，而是靠从药品经销商那里拿回扣。每次在医院看到病人对医生那么虔诚，我都忍不住想笑。嗯，对的，如果你也怀疑我们律师的价值，怀疑律师费到底是不是物有所值，那么恭喜你，你也快有病了。

基于不信任的常态，我现在听别人跟我说啥事，经常左脑子进右脑子出，基本上不留在大脑的记忆硬盘里，除非你告诉我一件事时，还把相关的证据展示给我。至于啥证据？我也一下子讲不清，这得看情况吧。当然，有时候我也会动用自己的大脑分析研究一下。但律师每天上班就不停地用大脑，下班后你最好别再跟我说案子的事情，我的大脑也需要休息，不然周末玩麻将或者德州非得输钱。

沈道成的老婆谭丽菲和女儿沈婷，是通过一位警察朋友找到我的，朋友说这个案子好像有点问题，看我能否帮帮他们。

与沈道成老婆和女儿见了面，她们是这样说的：

沈婷与老公结婚后，居住在亲民路71弄5号303室，沈婷不久就怀孕了，公婆便以照顾为由搬来同住。由于生活习惯等各方面的差异，沈婷与公婆经常产生矛盾，后来升级为娘家与婆家之间的矛盾，案发前曾有过数次争吵。

案发当晚，沈婷叫上父亲沈道成、舅舅谭大军等人，到亲民路71弄5号303室收拾衣物准备搬回娘家，却发现门锁被换了，屋内虽开着灯却无人应门。沈婷以为是公公婆婆故意不开门，便叫来锁匠开锁进入屋内，入屋后发现屋内确实没人。

正当沈婷翻找衣物时，婆婆刘婉懿（即本案的被害人）等人回来了，双方亲属发生争吵，进而发展为肢体冲突。冲突中，被害人刘婉懿仰面向后倒地并撞到身后的花瓶，致左肩受伤（后经鉴定构成轻伤）。刘婉懿向公安机关指认是沈婷的父亲沈道成将其打伤。

案子在侦查和审查起诉阶段时，办案机关对被告人沈道成均采取取保候审，沈家人都觉得这事情可以大事化小、小事化了。谁知案子到了法院审理阶段,沈道成被通知去领取被害人伤残等级鉴定书时,法院突然宣布对沈道成转逮捕,直接将他送进了沿江区看守所。沈家人慌了神,开始到处找律师。

我听了沈家人的陈述,说:"既然把人打了就该承担责任啊,这案子这么简单,好像请律师也没啥意义。"

沈婷说:"朱律师不是的,人不是我爸爸打的。"

我说:"不是你爸爸打的?那是谁打的?"

沈婷和谭丽菲两个人彼此看了看,沈婷说:"当时现场人太多了,应该是刘婉懿自己不小心倒下去的。"

我说:"呃?她自己倒下去的?"

沈婷点点头,想了想说:"朱律师,具体情况你最好去和我爸爸碰个面,我爸爸会告诉你详细情况的。"

我说:"好吧,等我见了你爸爸再说。"

凭我多年的执业经验,我感觉沈婷和谭丽菲明显在躲避什么。

三、沈道成

我这个人命真苦,11岁时赶上"文革",读完所谓的初中就到崇明农场工作,70年代末好不容易进了一家电子仪器厂,到了2005年被下岗,平时只能做点体力活挣点外快。

我们家境不好,女儿出生后一家三口挤在沿江区的一间小房子里。晚上睡觉我都是打地铺,让妻子和女儿睡床,就这样一睡就是近三十年。去年女儿结婚了,而且嫁得不错,我终于可以睡回床上了。所以即使女儿和公婆关系不好,我也让女儿再三忍让。我自己清楚地知道,对方是亲家,绝对不能动手,一旦撕破脸,这姻亲关系就维系不下去了,女儿回来我还得睡地板。可女儿不理解,还骂我"窝囊"。案发那天我虽然去了亲民路71弄5号303室,可依然不想造成两家人关系的决裂,也就没有吵架,更没有动手,我一直在旁边护着我怀孕的女儿。

那刘婉懿到底是自己摔倒的还是我们把她打倒的?

说实话,是我老婆的那个弟弟谭大军把她撂倒在地的。

那天打架时乱哄哄,不一会儿警察就来了,把两边的人都叫去派出所做笔录。我们这边的人当然不会承认是我们的人把刘婉懿打倒的,所以大家做笔录时都说是她自己不小心摔倒的。

案件在侦查阶段和审查起诉阶段时,公家人本来都说我会没事的,并说刘婉懿一方难以沟通,可隔了一段时间后却又说领导要求"依法办理",看来亲家也在使劲。这个案件从刑事不立案到立案侦查、再到检察院审查起诉、检察院退回公安要求调解,一路磕磕绊绊走到了法院审判阶段。即便这样,之前我也是一直被取保候审,没被实际关押,直到法院通知我去领被害人伤残等级鉴定意见书那天,突然宣布对我执行逮捕并移送看守所,我当时真是被吓懵了。

家里人帮请来的朱律师真是厉害,和我一见面就问我,把刘婉懿打倒的到底是谁,叫我不要浪费他的时间。我只好告诉他是谭大军干的。

朱律师又问我:"为啥人是谭大军打的,你却被抓起来?"

我说:"应该是刘婉懿一家都指认是我把她打倒的。"

朱律师说:"为啥刘婉懿一家都指认是你打的?"

我说:"这个问题我们一家人研究过。我们认为刘婉懿之所以一口咬定是我将其打伤,是因为谭大军有心脏病、高血压、糖尿病等疾病,公安机关和法院不好处理;加上我是沈婷的父亲,刘婉懿一家可以以此相要挟,达到让沈婷在离婚时净身出户的目的。"

朱律师叹口气说:"原来终究还是为了钱。"

朱律师又问:"那你为啥不把真相告诉公安机关,说人是谭大军打的?"

我说:"我命苦,没法。谭大军那天跟着我们去也是为了沈婷去的,他是看不惯刘婉懿那种泼妇嘴脸。是刘婉懿先骂人、先动的手,谭大军是被迫还手的。他所做的一切也是为了我家,现在出这事了,我不顶谁顶?"

朱律师说:"亲民路71弄5号303室是谁的房子?"

我说:"是我女儿、女婿的婚房。"

朱律师问:"婚房是哪边出的钱?"

我说:"这个不瞒你说,都是男方家出的。"

朱律师说:"你们为啥破门?"

我说:"我女儿回家来一两天,他们就把锁换了,我们为啥不可以破门?"

朱律师问:"你们肯赔偿对方钱吗?"

我说:"我愿意的,但具体你要和我老婆商量。"

四、朱律师(二)

这个案子的材料不多,主要就是两家人的证人证言。

2017年12月3日纠纷发生当日,沈道成家几个人在派出所做的笔录均一致证实沈道成没有动手。沈家这边是谭大军动了手,而且当时由于谭大军心脏不舒服,动手后马上就躺到了地上,当天就进了医院。12月3日警察也没有找谭大军做笔录。

而12月3日那天,刘婉懿的笔录提到了谭大军动手把他推倒在地。刘婉懿的女婿李新成也证实是谭大军把刘婉懿打倒在地的。

过了一个月,警察再找刘婉懿等人做笔录时,刘家人的笔录均一致有了180度的反转,把推倒刘婉懿的人全部指向了沈道成。

再看谭大军的笔录,警察后来找他做过两次,第一次他说刘婉懿是自己摔倒的;第二次被警察逼得急了,说得比较含糊,甚至说了沈道成参与与刘婉懿的打架。再后来,警察找谭大军时,谭大军失踪了。警察问沈道成,沈道成说他也联系不上谭大军了。

这个男人打算自己把这件事情扛下来,但他可能没有想到会扛得这么吃力。

案子到了检察院,检察官也发现案子证据有问题,再次退回公安补侦。但公安也没补什么新材料,写了个情况说明就把案子重新扔给了检察院。检察院做了这个补侦的动作后,似乎就卸掉了自己的包袱,制作了起诉书就把案子起诉到法院了。

五、朱律师(三)

我再次见到沈道成时,问他要不要做无罪辩护。

沈道成说:"要。"

我说:"如果要做无罪辩护,就需要把谭大军找出来,你们必须要让他到庭。只要他到庭就好办,我还可以申请法庭对相关证人进行质证和测谎,这样可以把你的罪名洗掉。"

沈道成迟疑了,说:"这样子谭大军会不会有事?"

我说:"刘婉懿被打成了轻伤,法院给谭大军戴个帽子是没问题的。但法官也许会考虑他的身体状况,给他判个缓刑。"

沈道成想了想说:"缓刑是不是会影响到他的工作?"

我说:"他在什么单位上班?"

沈道成说:"他在一家国企。"

我说:"有可能会影响的。"

沈道成低头想了想,说:"没有其他办法吗?"

我说:"我当然可以说刘婉懿是跌倒的,或者只说你没有碰刘婉懿。但这样的辩护没什么力度,法官也不会相信。"

沈道成摇摇头,说:"我不想再把其他人牵连进来了,我现在已经在看守所了。朱律师你能不能想想办法帮我判个缓刑？只要人可以出去就行了，戴不戴帽子对我无所谓。"

我叹口气说："明白了。"

六、朱律师（四）

不管怎么说，刘婉懿被打成轻伤必须赔偿。

刘婉懿家不缺钱，却向亲家提了近三十万元的赔偿额，而沈道成这边，能拿出10万元已经算是倾其所有了。

陈法官是个三十多岁的女法官，听我把沈道成家境说了后也不禁动容，尤其我跟她说这个爸爸为了女儿打了30年的地铺，陈法官就很坚决地说："你们不要急，我来做被害人的工作。"

过了一天，陈法官打电话过来，说："帮你们说定了，12万元。"

我在电话里千恩万谢，因为我知道这个法官的确在帮我们。按照被害人的伤残等级鉴定，刘婉懿构成十级伤残，伤后可予以休息120日、营养60日、护理60日；二次手术取内固定，可另予休息60日、营养30日、护理30日；再加上医疗费4万余元和花瓶等其他财产损失，如果沈道成想争取轻的量刑，这点赔偿款是远远不够的。

签和解笔录那天，陈法官特意让双方分开签署，生怕再生枝节。我向陈法官表达了希望能在笔录中确认被害人对被告人予以谅解的内容，可惜没能如愿，被害人始终不愿表示谅解。

我向陈法官表示了我的顾虑，承办法官称会考虑赔偿这节事实的。

签完和解笔录，我说："陈法官，我现在想和您简单地聊聊案子刑事这一块的问题。"

陈法官看看我笑了笑，说："侬得寸进尺啊。案子我还没细看，有啥话到法庭上说。"

我说："沈道成是冤枉的。"

陈法官说："先不管他冤不冤，今天我不听你说，有什么话等开庭了到法庭上说。"

七、朱律师（五）

公诉人也是个女的。我实在搞不明白为何现在法学院出来的学生一多半都是女的，男生都到哪里去了。

公诉人按照事先准备的意见娓娓道来，大意是被告人等人擅自开锁进入被害人屋内有明显过错，有多名证人指认被告人沈道成动手殴打了刘婉懿并致其倒地受伤，刘婉懿的伤势已达刑事追诉标准，按照被告人到案后的表现应该给予处罚等。

我说："请公诉人注意，该房屋是沈道成的女儿和女婿的婚房，被刘婉懿等人擅自换锁，沈道成等人为何不可以进女儿、女婿的婚房？此外，本案当中的证人都有着非常明确的分界线，一部分证人是被害人亲属，另一部分证人是被告人亲属，两边证人都有明显偏袒。而且被害人这边的第一次笔录与之后的笔录有重大反转，连指认对象都变了，带有非常明显的反言痕迹。"

公诉人马上拿出谭大军第二次的笔录,说:"如果之前这些证人都有问题,那谭大军也有问题吗?谭大军可是你们沈家的亲属,他在第二次笔录里也说到沈道成动了手。"

我说:"动手不等于确认刘婉懿那一倒就必然是沈道成造成的,谭大军两次笔录有明显不一样。如果公诉人把谭大军作为控方证人,那么我申请法庭要求公诉方的证人谭大军到庭接受控辩双方询问。"

沈道成和下面旁听的沈家人脸色都凝重了。

法官问公诉人:"谭大军可以到庭接受询问吗?"

公诉人尴尬地摇摇头,说:"我们之前有要求公安补侦,但公安没有给我们补侦材料。"

我说:"既然连你们都觉得案件有问题需要补侦,为何在补侦后没有补充一点新材料的情况下,还是把本案向法院起诉过来了?这个案子明显是事实不清、指控证据不足,法庭应该宣告沈道成无罪。"

法官看我势头有点凶,说:"今天控辩双方的意见本法庭都听清了,被告人做最后陈述,然后这个案子择期宣判。"

八、朱律师(六)

开庭后第 6 天宣判。

进法庭时,谭丽菲问我大概是啥结果,我说:"缓刑的可能性还是比较大吧。"谭丽菲说:"不会是无罪吗?"我说:"按我的经验，无罪的概率比较小。"谭丽菲说："明明不是沈道成打的，为啥还要定他有罪？"我说："那该判你弟弟有罪吗？"谭丽菲听了不言语。

这时陈法官进来了，示意我到她审判台边。我支起了耳朵，法官低头轻轻说："你放心吧，案件结果，当事人会满意的。"

最终，法庭判决沈道成犯故意伤害罪，免予刑事处罚。

当沈道成和家属抱在一起痛哭流涕的时候，我走到陈法官身边，说："检察院会不会抗诉？"陈法官摇摇头，说："庭长跟他们协调过了，这个案子帮他们消化掉了，建议以后这样的案子不要再上来。"

拿到判决书之后，我发现判决书对于我的辩护意见只用了一句话概括："辩护人认为，公诉机关提供的有关被害人及证人最初的书面证言与后来的书面证言之间存在矛盾，故本案证据不足。"整份判决书从头到尾都没有对我的辩护意见作任何的评价与反驳，也没有表达对我的辩护意见采信与否。

扫完判决书，我笑笑，抬头看看陈法官，觉得这个法官长得还是挺耐看的，一下子有了亲切感。还想再和陈法官说两句，听见陈法官提高了调门说："你们现在先出去，别占着我这法庭。有啥好哭的，人都出来了，要哭回家哭去，我这个法庭马上要开第二个案子了。"

九、陈法官

现在当法官真累，每天就是做不完的案子，各种乱七八糟的杂事。加班也就算了，还有被告人的各种不服，律师的各种找麻烦，检察院的各种自以为是，所有这些事都需要我们去解决。

就拿沈道成这个案子来说，你当我真的看不出来问题在哪里？连那个律师都看出来了，难道我法官会看不出来？你以为检察官不知道？检察官不知道她为何要退侦？你以为公安当初看不出来？如果看不出来，他们为何要三番五次找两家人做笔录？

本来是两亲家，因为生活习惯不合导致双方大打出手，这事情根本就没必要闹上法庭。为了自己的利益还做伪证，你说我真的就把做伪证的都抓起来？屁大的事情浪费那么多司法资源，然后还算给公安和检察院一个错案，打人家的脸，走一个国家赔偿程序？这样的正义我可不想去维护。

再说了，这种事情也不是我承办法官可以决定的。

既然沈道成家把亲家打伤了，那沈家出个人承担一下责任也理所当然。沈婷惹出来的事情，让她爸爸承担一下未尝不可。判个有罪戴个帽子，检察院和公安的面子都给了；免予刑事处罚，沈道成也不必再吃苦头。这是一个各方都可以接受的结局。

至于那个躲起来的怂人舅舅谭大军，我就当没看见好了。

哦，还有被害人一家人，本来还要闹的，被我叫来训斥了一顿：你们如果再闹，我就追究你们做伪证的刑事责任。他们一听也就不吱声了。

这就是法律。

十、刘婉懿

说实话,那天打倒我的是谭大军。

按理的确是该追究谭大军的责任,可等我们一家人冷静下来,觉得把谭大军当被告人有点得不偿失,谭大军有心脏病、高血压,打架那天还躺到了地上。就算公安追究他的责任,估计也就是个取保和缓刑,这解不了我们的心头恨。

最重要的是,今后两家人不可能再在一起过日子了。沈婷这媳妇,一个穷人家的孩子,到了我家算是掉进了福窝,却没有自知之明,平时没礼貌,在钱财上还斤斤计较,结婚时空着手进家,离婚了再分笔钱带走,这口气我们咽不下。

我们也知道沈道成是老好人,但是既然以后不是一家人了,我们也没必要可怜他。他养闺女没养好他就该承担责任。把沈道成搞进去,如果能借此逼沈婷在离婚时少分一点那是最好的,实在不行,先给她爸戴个犯罪的帽子,以后离婚时我们也可以少分一点钱给沈婷。

这就是为啥我们要指证沈道成的原因。

十一、谭大军

打倒刘婉懿的的确是我。

出事以后,我们也赶紧商量了一下,觉得既然把亲家人打伤了,总要有个人出去顶着。我们这个大家庭,我是顶梁柱。我从小看着沈婷长大，我一直喜欢这孩子，她上学、找工作，哪件事不是我在操心？她 18 岁生的那场大病，如果当时不是我找了个好医院，估计都挂了。再者说了，现在和亲家闹翻了，沈婷马上生孩子、养孩子又是一大堆的事，不靠我去解决靠谁解决？姐姐谭丽菲这个下岗女工肯定是解决不了的，至于姐夫沈道成，就是个没啥用的老好人，什么事情靠他都靠不住。

我不是因为自己怂才躲起来的，我是为了这个家庭躲起来的。

你问我对沈道成有没有愧疚心？说实话我真没有。打架是为他女儿打的，躲起来也是为他躲的，愧疚的应该是他。他一辈子就是这个命，一个生下来就当知青，有了女儿睡 30 年地铺，打伤了亲家去蹲看守所的命。

他的命，我帮不了。

（2020 年 9 月 6 日）

花痴

> 艾森林老婆说:"洪律师,我觉得艾森林越来越神经病了。"
>
> 我说:"咋啦?"
>
> 艾森林老婆说:"他现在跟别人打电话都喜欢录音,连和我说话他也录。"

一

艾森林正在认真地给这棵从路边挖来的枯木红梅老树桩修枝时,听到有人敲门。

艾森林起身去开了门,发现门口站着两个人,其中一个穿着警服。

艾森林说:"你们找谁?"

警察说:"你是艾森林吗?"

艾森林说:"对啊。"

警察说:"我们就找你。"

艾森林说:"为啥找我啊?"

警察说:"有人报案说他的一棵名贵树木被偷了。"

艾森林"哦"了一声。

警察进了门,穿过客厅转进后院,不由都愣住了:后院几十平方米的地方,密密麻麻摆满了各种花草、盆景、山石。

二

小刘诧异地问:"啥?偷树?"

艾森林的妻子尴尬地笑笑,说:"不是你想的那样。我老公他从小就喜欢花草盆景,已经喜欢到了痴狂的地步。我们家里经济收入不高,稍有一点钱都被他拿去买花花草草了。为了这个我和他吵了不知道多少次。这次是他给那家公司送水时,看到了公司门口路边绿化花坛里的那棵老树桩,他太喜欢了,回家念念不忘,就半夜去挖回来了。我跟你们发誓,他以前从没这样做过。"

我说:"这树值多少钱?"

艾妻说:"这个你要去问他。他拿回来时说是不值钱,我当时还骂他,说不值钱你捡回来干什么。"

我说:"以前听说过偷吃葡萄被判刑的,偷盆景树被抓起来还是第一次遇到。"

小刘说:"洪律师,那个偷葡萄的好像后来没判。"

我瞪一眼小刘说:"判了。"

小刘撇撇嘴。

艾妻说:"他可能当时没想到这是犯罪吧。另外洪律师,还有个问题我想问问,如果和失主达成谅解是不是对他有帮助?"

我说:"当然有帮助。你们联系了失主?"

艾妻说:"我们有联系他,他后来还来我们家看了一次。看到艾森林有那么多花草盆景他也惊呆了。然后他就狮子大开口,说至少要20万他才肯出谅解书,或者至少给他五个盆景,由他在我们家的盆景里挑。"

我说:"先不急,等办了委托手续,我去问了艾森林再说。"

"你偷挖的树值多少钱啊?"在看守所里我问艾森林。

"不值几个钱,在市场上也就卖几百块。"他说。

"不值钱你还花这么大力气半夜去挖回家?"我问。

"我是看不得不懂花草的人虐待这些花花草草,这样一棵红梅老树桩,不修枝、不包塑料纸就随便栽在路边,哪里栽得活。"艾森林甚至有点气愤了。

我说:"我听警察讲,人家失主报案这棵老树桩是花了四五万跟人换过来的。"

艾森林睁大了眼睛,说话有点开始结巴了,说:"他狗日的睁着眼睛说瞎话,这棵树如果这么值钱,他会随便栽在他公司门口的绿化花坛里?你不信让鉴定机构去鉴定好了,怎么可能值那么多钱。我玩了这么多年花草盆景,洪律师我对天发誓,这棵树就值几百块钱。他无非是自己不会伺候,树快死了他就随便放路边花坛里的。"

我说:"你就是个神经病,为了一棵几百块钱的老树桩被刑事拘留,你家里老婆孩子平时都指望着你,你现在出事给家里人带来多大的困扰你知道吗?"

艾森林低下头不说话。

我说:"我再问你一句,你家里的那些花草还有哪些是你平时捡来的?"

艾森林叹口气,说:"没有了洪律师,这是唯一的一次。你的这个问题警察也问过我好几次了。"

我说:"失主说如果给他几盆你家里的花草他就给你出谅解书,或者你给他20万。你肯吗?"

艾森林又睁大了眼睛,说:"这个人真的是神经病,他那个红梅树桩就值几百块钱,凭啥来要我手里最好的盆景?洪律师不瞒您说,我家里那几棵最好的盆景都值好几万,我养了好多年了。你说他这个是不是敲诈勒索?"

我说:"你不答应是吧?"

艾森林说:"不答应。"

我说:"即便你被判刑也不答应?"

艾森林说:"不答应。"

三

看看艾森林的拘留时间已经快满30天了,我就赶紧写了一个取保候审申请去交给承办警察陈警官,把我了解到的情况跟警察说了。陈警官说:"我们也知道他家的一些情况,这个案子的关键问题是这棵树值多少钱。说实话这个我不懂,我相信你洪律师也不懂,我们就先等鉴定机构的意见吧。"

我说:"我相信艾森林说的是真的,这棵树真不值钱,可能还达不到盗窃罪的起刑点。"

陈警官白我一眼,说:"你信你当事人,那我信谁?"

过了几天,艾森林被取保候审了。我电话去问陈警官鉴定意见下来这棵树值多少钱,陈警官说"够了"。

四

艾森林出来后,和老婆一起来事务所。

我说:"你在看守所时,警察有没有告诉你鉴定下来这棵树值多少钱?"

艾森林说:"承办警官告诉我值1 000元。"

我说:"还有这么巧的事情,刚好达到起刑点?"

艾森林傻傻地看老婆一眼,说:"啥是起刑点?"

小刘说:"就是刚好达到了犯罪的金额,你这事情再好的结果也要走完程序了。"

艾森林说:"为啥是1 000元呢?为啥不是800元或者900元?"

我说:"你觉得警察会抓错人吗?"

艾森林困惑地摇摇头,说:"他们是没抓错人,但是这棵树真不值1 000元啊。"

我说:"我们可以考虑申请重新鉴定,但要推翻之前的鉴定意见会比较难。而且。"

艾森林插嘴说:"为啥?"

小刘接嘴说:"鉴定的圈子也很小,他们彼此是有共同利益的。而且如果推翻了之前的意见,那么你可以向警察要求国家赔偿了。"

我瞪了小刘一眼。

小刘说:"洪律师,我说得不对吗?"

我说:"你说得太对了。"

艾森林说:"那如果我们坚持鉴定呢?"

我说:"而且,你如果再申请鉴定的话,可能会让警察不高兴。"

艾森林老婆说:"不高兴又如何?"

我说:"他们可能会把目前的取保候审转换为逮捕,把艾森林重新收回看守所。所以如果你们要提出重新鉴定是可以的,但后面的可能性我要告诉你们,毕竟所有的结果是你们自己承担,跟我没直接关系。"

艾森林说:"我要申请重新鉴定。"

艾森林老婆白了他一眼,说:"你申请个屁,你自己的律师费都是我去找我家亲戚要的,你不想想你惹出的事情哪个来帮你擦屁股。你那些破花花草草叫你卖掉一盆都舍不得。"

艾森林低下头不说话。

艾森林老婆说:"洪律师,那个失主这几天还在打我们的电话,说如果不给他盆景或10万块钱他就要要求法院重判艾森林。"

我说:"一开始他不是要20万吗?"

艾森林老婆说:"现在改口10万了。"

我说:"你们以后接失主电话时每次都要录音,这个在后来的审理程序中会有用的。而且,我教教你们如何和失主对话。"

艾森林拿出自己的手机,问:"这个录音咋个用呢?"

小刘笑了,说:"艾先生连录音都不会用啊?"说完拿过去鼓捣了几下,说:"喏,就这么用,很容易的。"

艾森林说:"记住了。"

五

我有点不甘心,想了想又打电话给陈警官探探口风,说我们要提重新鉴定的申请。

陈警官说:"你不要给我找麻烦了,这个案子我马上移送检察院。过两天你就可以看材料了,看完材料你再提意见。"

我说:"好。"

六

小刘去检察院复印完材料拿回来,我快速地翻了翻,就拨通了艾森林的电话。

我说:"我记得你当初告诉我说警察给你看的鉴定意见是1 000元?"

艾森林说:"嗯,我记得当时他给我看的鉴定意见上是1 000元,这个数字我记得很清楚,因为超出了我的估值几百块，又是整数。"

我说："今天我们看了案件材料，里面的鉴定意见不是1 000元，是2 500元。"

艾森林说："不会吧。我印象里从没有2 500元这个数字。"

我说："警察告诉你1 000元数字是哪一天？"

艾森林说："是我取保前几天吧，在看守所里告诉我的。"

我说："我明白了。"然后挂了电话。

小刘在旁边说："师父你明白什么了？"

我说："你看看这份2 500元的鉴定意见出具的时间。"

小刘说："是5月5日。"

我说："艾森林是4月25日取保出来的。"

小刘说："那又怎么样呢？"

我说："我不怀好意地推测，警察前面搞的那份鉴定意见连他们也觉得拿不出手，哪里有那么巧刚好是1 000元的？所以他们把之前1 000元的意见撤了，换了一份2 500元的，这样这个案子看上去就比较好看了。"

小刘说："不会吧？"

我说："我喜欢用小人之腹度君子之心。人都抓了，总不能办出错案来，所以。"

小刘沉默了一分钟，说："洪律师。"

我说："啥？"

小刘说："假设艾森林说的1 000元的鉴定意见其实根本不存在，那么也就是说，警察在还没有拿到2 500元的鉴定意见前就对艾森林取保了？你说这是不是很怪？"

我叹口气，说："徒儿长进了。"

七

艾森林过了几天跑来事务所，说："洪律师，我给你听失主的录音。"

我听了几分钟，说："这个失主现在有律师了，说话非常谨慎。已经听不出来敲诈勒索的味道了，如果当初你们把他要20万和10万的通话都录下来就好了。"

艾森林有点失望，说："没法，婆娘不懂法律。我被关在看守所里也没关照她。"

我说："你懂法律吗？"

艾森林不说话。

八

案子到了法院，我打电话给沈律师。

沈律师说："光头，啥事？"

我说："胖子你在所里吗？来我办公室一下。"

过了两分钟，沈律师端着他的大兴宜兴紫砂壶，晃着大肚腩挤进了我的办公室。

我说："你看你的肚子，我的门都被你挤瘪了。"

沈律师笑，说："我的肚子挤坏了算工伤不？"

我说："说正事，有个案子在下江法院刑庭，承办是张法官,你能帮打个招呼不?"

沈律师嘴一撇,说:"你的招呼好打,我的人情难做啊。上次那个案子你叫我去找人家,事情办了你也没给我活动费。"

我说:"你狗屁,那个判决结果比不找人还重,还好意思要活动费。"

沈律师笑,说:"重是重了点,但人家的确帮忙了啊。"

我说:"帮倒忙也给钱是不?"

沈律师说:"你只是说帮忙,没说帮倒忙不给钱啊。"

我说:"别扯了,这有个案子,被告人挺冤的。"然后把艾森林的事情简单说了一遍。

沈律师说:"这个案子有必要找人吗?判也就是个缓刑的事情。找人你想要什么结果?"

我说:"可以考虑犯罪情节轻微免除处罚不?"

沈律师摇摇头,说:"我只能帮你问问。已经是缓刑的案件了,操作空间很小了。"

我说:"公安的鉴定意见有问题。"

沈律师说:"你的当事人敢和公安搞到底不?"

我说:"不一定。"

沈律师说:"那不就结了。我们这里整半天,人家还不一定领情。"

九

开庭前一天,沈律师来电话说:"帮你问过了,人家说没办法，只能缓刑尽量低一点。"

我说："看来也只能这样了。"

十

案子是简易程序当庭宣判的，盗窃罪成立，拘役3个月缓刑半年。宣判完毕，张法官脱下法袍，说："艾森林啊，以后多学点法律，我看你也不是坏人，就是太不懂社会了。"

艾森林点头说："是。"

我说："张法官，这个案子的鉴定意见有问题啊。"

张法官瞪我一眼，说："你们为啥不赌一把申请重新鉴定？走普通程序呗。"

我说："你可以不关人我就申请鉴定。"

张法官说："想得美。我告诉你洪律师，这个案子的结果已经很好了，我这话也不是说给你当事人听的。之前一两千也有判实刑的。你还想不予处罚咋可能。"

张法官说完去看了眼书记员。

艾森林看看判决书说："洪律师，法院的判决书为啥当庭就能给我们？他们事先就打印好了对吗？那你在法庭上说的话不是说不说都一样了吗？"

我说："如果我说的不中听，他们也可以当庭不给我们这份判决书。"

艾森林困惑地摇摇头，说："不懂。"

艾森林老婆在旁边不高兴了，说："你个戆大，洪律师如果讲的话不中听，人家可以判你实刑。"

艾森林现出有点害怕的表情，然后问："那个被害人我们还要搭理他吗？"

我说："那棵树他不是领回去了吗？完璧归赵了。"

艾森林说："那棵树要被他弄死掉的。"

我说："你可以和他商量一下，养活了再还给他呗。"

十一

过了一个月，艾森林老婆有一天打电话来。我说："啥事？"

艾森林老婆说："洪律师，我觉得艾森林越来越神经病了。"

我说："咋啦？"

艾森林老婆说："他现在跟别人打电话都喜欢录音，连和我说话他也录。"

（2019年7月10日）

生活律师甄时隐

> 甄时隐想想，凡是来看守所门口找律师的，都是请不起太贵的写字楼律师才来这里，报了太高的价格会把人吓跑，就把空着的右手抬起来晃了晃。

一、病毒时期

甄律师这两天事情不是很多。

病毒来袭，东港区看守所很紧张，这样人口密集的场所，很多还超员关押，随便有一个中招就会躺倒一大片，看守所可不管你们律师和家属抗议不抗议，总之一定要严防死守。有的律师拿着律师协会和有关部门达成的协议文件来给干警看，看守所的干警轻蔑地一笑，说不给见。甄律师甚至有好几次看到法院的法官和公安的警官在门口也被拦住，愤愤地骂。

甄律师从自己小办公室的窗口望出去，同情地摇摇头，不知道是为被拦在门口的人还是为自己，深深地吸一口中华烟，把青白色的烟圈吐到四月份那植物变绿的清新空气里，嘟囔一句"看不透啊"，然后继续刷手机。

二、看守所

甄律师大名甄时隐，在看守所门前开这个咨询室已经有好几个年头了，主要工作就是帮亲属进去探望一下关在里面的人，日子过得简单而惬意。

甄时隐一年年眼看着门前的看守所建起来，树栽下去一点点长大，大热天已经可以给人遮阴乘凉了；旁边的停车场建起来，有人守着收钱；小卖部建起来，卖些廉价劣质的日用品；饭馆建起来，做些简单的家常菜；最后还有了一个公交车站，公交车站的名字就叫某某看守所。甄时隐看着每天来来往往的警察、检察官、律师以及穿梭守候的人犯家属，看着时不时有大大小小的警车把人送进去，隔三岔五又有人从里面被放出来，有人在门口接着放出来的人边哭边笑。甄时隐有一次看见有个人从大门里出来，这个人看到了等候的家属就开始骂，把所有他想骂的人都骂了一遍，又把身上所有的衣服都扒下来，除了一条内裤，家属就赶紧把新买的衣服给他换上。

很多家属接到里面的人都要放一通鞭炮，放得多了看守所不乐意了，就在门口立了一块巨大的牌子，上书"看守所一百米范围内严禁放鞭炮"。之后大家就约定俗成地把放鞭炮的地方往西边挪了一百米，在一棵老樟树下面慢慢就堆起了一个鞭炮纸屑的小山包。然后旁边村子里的人就出来，说要放是可以的，但要收排污费，于是放鞭炮的地点总算固定下来，并且形成了有序的管理。

三、第一个师父

甄时隐刚从学校毕业时,没想到自己要做一个跑看守所、帮探望人、给人带话的生活律师,在看守所门口会有自己正式的事业。

甄时隐从学校毕业后,不想回到西部老家,决定在魔都律师圈打拼。刚到某某律师事务所时,甄时隐跟了一个带教老师做诉讼,做做离婚、劳动和房屋租赁纠纷,积累诉讼的经验。这些都是做诉讼律师最辛苦、最基本的业务,风里来雨里去,跑东跑西,带教老师每月给一两千块钱加点车马费,年底再给一点奖金。

那时候的甄时隐,年轻而有理想,穿得干干净净,平时总是西装笔挺,皮鞋铮亮。要么等名牌打折,要么去地铁站下面的裁缝店比着身材做一套,总想办法把衣服穿得笔挺,比房产中介的销售还更像销售。提起电话来第一句话就是"我是甄律师,您请讲。"

跟着第一个师父做了一年多,甄时隐工资没涨多少,看自己的师父似乎平时也不是太忙,而自己其他同学都很忙碌的样子,觉得跟着这个师父没啥前途,就换了家所,跟了一个做非诉的合伙人。

四、第二个师父

这位做非诉的合伙人平时派头十足,一看就是每天清晨美容美发店外，让员工排队站好接受训诫的门店经理。甄时隐去之前，听说师父是去美国留过学的，不由倍加敬仰，到了事务所发现果然，师父平时讲话动不动就喷些英文单词出来，但接下去就变成了滨海话或滨海普通话，经常拿起电话第一句是hello，然后说侬啊，跟侬阿拉勿好港洋文，吧啦吧啦。

新师父对甄时隐的卖相还是挺满意的，说"我有时候非诉业务里也会衍生出一点诉讼业务，你到时帮我顶上哈。"有时看看徒弟的衬衣，还说一句"这件衣服领口有点偏小，下次师父带你去买几件boss，超级合身，我们大所律师一定要穿大牌的衣服。"甄时隐眼巴巴等了很久，师父似乎说过就忘了，甄时隐只好自己去重新买了大一号的打折衬衣。

新师父对甄时隐要求很严，叮嘱甄时隐每个月要报工作小时，以此作为奖金依据。甄时隐一开始老老实实报工作小时，发现自己每个月报的小时数都不太高，老被新师父骂。经老助理点拨，甄时隐开始把工作小时掺水。这样跟着新师父做了一年，甄时隐发现自己从留洋的师父这里获得的收入，比起原来的师父并没有革命性的增加，而工作量却增加了不少，自己的英语也没有因为跟着新师父而有所长进。因为新师父怕徒弟挖自己的业务，所以很多客户都不让甄律师染指，甄时隐也没有太多学习英语的机会。

年底时，新师父和甄时隐谈心，谈第二年的展望。甄时隐小心翼翼地谈到收入。新师父看着甄时隐沉吟良久，说："师父给你讲一个故事。"

甄时隐说:"啥故事?"

新师父开始把自己最早做律师时,骑着自行车,在滨海为了一个500块律师费的案子满城转来转去的故事给甄时隐讲了一遍,然后说:"年轻人不要着急,我可以给你鱼,但我更希望教你渔。"

甄时隐有点惭愧,觉得自己太短视,于是下决心第二年好好做。

甄时隐中午吃饭时把自己师父的故事讲给隔壁团队合伙人的老助理听,老助理听了笑,拿餐巾纸擦擦嘴,说:"你不是第一个听自行车故事的人。"

甄时隐"哦"了一声。

五、第三个师父

甄时隐看了一部韩国电影,叫《干掉辩护人》,看得甄时隐热血沸腾,觉得以前自己做的业务真是在浪费青春和热血,于是就想改做刑事业务。甄时隐又追了几部美剧,追得自己信心满满,把自己的简历做了双语版,掺杂了一些做刑事业务的内容,选了十几个有名的刑事律师,偷偷发到人家邮箱里。

过了一个月,如同石沉大海。

甄时隐又在一些律所网站上,找了几个听上去不是很有名的二流刑事律师投了简历。过了几天,总算有个女孩子打了电话来,说他们所的张律师需要招助理,看到了甄时隐的简历,让甄时隐过去面试一下。

张律师看过他的简历，知道他不论诉讼还是非诉都做过一两年，算是有经验的老助理了，面谈了一下感觉还不错，于是给了他一个当时在他看来是革命性的工资。甄时隐总算如愿以偿换了一个对他不错的带教老师，心里很感激，暗暗想这次不能再换老师了，要么就老老实实地跟着做到合伙人，要么就干脆去做公司法务，这样跳来跳去总不是办法。

甄时隐跟着师父做起刑事业务后，发现做刑事业务完全不是他在美剧或韩剧里看到的那么精彩、那么让人热血澎湃，反倒是比原来做民商事或者非诉业务委屈、辛苦多了。有的时候跟着师父跑看守所、跑公安、跑检察院、跑法院，平日里威风凛凛的师父，在一个小小的看守所保安或者刚出校门的年轻书记员面前也总是低眉顺眼。到了法庭上，只要法官凶一点，师父就畏畏缩缩，倒是甄时隐还会狗仗人势般地冲上去吼一两嗓子，感觉自己就像一个英雄律师。

这样子做了两年，甄时隐发现自己帮师父写的辩护意见似乎法官都没采纳过。有时候判决结果家属很满意，但都是检察官早就给了很轻的量刑建议，或者法官主动判的。甄时隐记得有个案子，师父辩罪轻的，法官判了无罪，搞得师父灰头土脸。甄时隐有时候就问师父，说为啥刑事案子律师的作用那么有限。师父就笑，说律师这行业尤其是刑事业务，你真以为你能起到多大的作用？我们也就是尽人事而已。如果你一定要较真也不是不可以，你甚至可能冲进国内一流刑辩律师的阵营，问题是，那样你会冒很大的风险，会惹毛法官、检察官、警察，轻则掉照，重则还有刑事犯罪风险。

甄时隐想想，不说话。

张律师不仅不愿在法庭上得罪公家人，平时里也喜欢和公家人打成一片。甄时隐注意到师父的不少业务就是这些公家人帮介绍的。甄时隐经常看到师父下班拎了各种酒去应酬，有时候快半夜了，还电话叫他去夜总会、卡拉OK帮开车，有一两次还吐在了车上，车里瞬时充满了茅台那浓浓的酱香，掺杂着夜总会里假人头马的怪味。甄时隐觉得很奇怪，为啥师父不叫个代驾，而是让他来帮开车。

张律师如此低眉顺眼和气生财，最终还是出了事。

虽然以刑事业务为主，张律师平时也做一些公司的日常法律顾问，未曾想其中一家平时做金融咨询的公司在放贷时涉及套路贷。公安抓了老板，做笔录问平时为啥都这么做，设好了套去骗被害人的房产，还利用法院做出对被害人不利的判决拿去执行？老板懵了圈，说我们有律师的啊，律师都说我们的行为不涉及犯罪。公安就笑，传了张律师去问，张律师说我自己是律师，当然不会帮犯罪分子，我们都是在法律框架内为客户提供法律意见的啊，而且滨海这些年，很多金融中介平台都是这样放贷的，法院也判了这么多的案子，判决都是生效判决。公安说，因为法院被你们利用了。张律师赶紧打电话给以前认识的人，没曾想人家接了电话都说现在政府要严打套路贷，张律师你小心。

张律师听了就傻了。

六、东方大律师

张律师出了事，甄时隐没师父了。

甄时隐这次有点伤心，张律师虽然平时低三下四，但不装逼、不高调，对甄时隐还不错。甄时隐就没再投简历找师父，开始琢磨自己做业务了。

甄时隐之前跟着师父跑看守所，发现很多当事人家属最急切的要求不是要搞清楚案件事实，而是要先和亲人说上话。而人被抓进看守所后，能说话的就只有律师，家属不到判决生效根本见不到人，这个周期短则几个月，长的一两年。正规的刑事律师到看守所会见提供法律服务的成本高，就有不少专门负责帮家属传话的律师扎在了各个看守所门口，做一些简单的带家常话、探望的工作，不需要太高的技术含量。

这就是行业里俗称的"生活律师"。

在每个看守所门口，每天都有一些焦急的家属不知道如何是好，这时候有一个律师上去搭讪两句，成功的概率还是挺大的。

甄时隐决定做一个生活律师。

主意打定，甄时隐表现出了超强的行动力。他做了一个红纸大牌子，上书"东方大律师"五个大字，骑了个自行车去东港区看守所门口守候。到了看守所门口，甄时隐找了个位置把自行车支好，把红色牌子放在自行车后架上。

天气很热，甄时隐在自行车旁边守候了一会儿就受不了，躲到了屋檐下。不一会儿就有家属模样的人往来经过，但大多数都没有驻足。倒是有两个律师和两个警官看到了这个放在自行车后架上的红色牌子,笑嘻嘻地指指点点,还跑过来拍了几张照片。

第一天,甄时隐没有接到一单生意。

第二天,甄时隐在红色纸牌"东方大律师"下面添加了几行字:"代理会见、法律咨询、撰写法律文书、取保候审、缓刑减刑、无罪释放"。然后又放到了同样的位置。

等到下午时候,甄时隐有了第一个客户。这是一个农村装扮的中年妇女,看到了他的牌子,就忍不住东张西望。甄时隐赶紧跑过去,说:"您要找律师吗?"

女人看看甄时隐,点点头,说:"我老公犯事了,要带话进去。你是律师?"

甄时隐说:"是啊。"

女人犹豫了一下,说:"会见一次要多少钱?"

甄时隐忍了忍,说:"一千五百块。"

女人失望地走开了,说:"还是贵,我请不起。"

甄时隐看女人走出去几步,说:"你最多能出多少啊?"

女人说:"我最多能出五百块。"

甄时隐说:"你男人是啥事情啊?"

女人说:"是和人打架了。"

甄时隐叹口气,说:"看你们家庭也不容易,我就帮你们去见一次吧。平时我一般都要两千的。"

甄时隐又补了一句:"这是不开票的价格啊。"

七、收入

甄时隐开张后，觉得没个办公的地方还真不行，咬咬牙在看守所门口谈了一间房，租下来，回头和所里谈，能否在新租的门面挂事务所的牌子。主任看看这个年轻人，说："我们所在滨海不是一流的所，但也不是不入流的所，去看守所门口挂牌子，吃相不好看吧？"

甄时隐于是离开了这家事务所，去了一家很小的事务所，和这家所谈好每年给一点管理费，可以在看守所门口挂事务所的招牌，需要开票的按票再算成本。

甄时隐的小工作室开张了。甄时隐慢慢地找到了感觉，自己去做了几面锦旗，写了一些模仿客户感谢律师的句子放在办公室里，又配了一些花草，摆了一个电脑，看上去工作环境还是不错的。

甄时隐干了一年下来，发现做生活律师收入也不是很低，而且效率高，事情简单。帮当事人家属进去一趟看守所会见大概就两个小时，帮带个话不需要什么辩护经验，就不必考虑法律服务的内容。生意多的时候一天可以见三趟，就算每趟收入800元，一天也可以收 2 400 元，而且这大多数是不需要开票的，最多就是浪费一点加盖事务所公章的介绍信。这样一个月20个工作日下来，每个月少时一两万，多时有三四万，扣掉租房和其他零零碎碎的成本，一年下来收入也颇为可观，甚至和以前自己所里小合伙人的到手收入差不了多少，毕竟正规的事务所要开票，一开票成本就上去了。

甄时隐觉得自己选对了路。

八、形形色色的人

甄时隐干了一年下来，觉得自己的工作其实还是很有意思的。

刑事律师看到案卷后真正能发挥大作用的，几乎都是人被关起来三四个月乃至半年以后的事情，前面律师的主要工作就是去看守所会见当事人和带个家常话，谁又能说这个阶段律师的作用不重要呢？当一个人被隔离到一个全然陌生的环境，律师成了他能和外界交流的唯一媒介，律师多跑几趟看守所就能多给里面的人安心，但很多刑事案子的律师强调自己的工作小时，或者一旦计件收取了固定律师费就不太愿意多跑看守所，所以生活律师的市场前景很广阔。

甄时隐也加了一些刑事辩护律师的群，看到一些律师在群里天天反对关人，强调权利、强调取保候审。甄时隐就忍不住在心中骂，说"这帮装逼的，人不关进看守所，哪里有我们生活律师的活路？"

甄时隐遇到过形形色色的当事人，比如从不用手机通讯录而是完全凭脑海记忆电话号码和银行账号的诈骗犯；要他同时给几个女人带话的黑社会大哥；为了帮兄弟撑面子失手把人打坏的小混混；老婆怀孕了还在外面打架、还怪老婆请律师太慢的社会青年，等等。甄时隐觉得自己以后完全可以去写一本生活律师手记。

会见了那么多的当事人，甄时隐发现，再坏的人，一旦到了无可奈何的境地，那被压缩在心底里的善，就会像沙漠里的泉水一样汩汩地涌出来。关在里面的人，首先牵挂的都是自己的孩子，其次才是自己的老人。那为父母的天性，在被隔绝的境地里就被无限地放大出来。里面的人吃再多的苦，一般也不愿意让外面的人知道，只让甄时隐带些让外面安心的话。外面的人哪怕哭天抢地，也要甄时隐带些微笑的面容和好消息给里面的人。

有一次，甄时隐帮一个老太太去会见他那不成器的孙子。那个老太太已经70岁了，儿子死得早，儿媳妇也早跟人跑了，老伴在前年过了世，只留下她一个人拉扯孙子。没想到孙子不争气，在外面混社会因为打伤人进了看守所。老太太看到了甄时隐的工作室，就来说能不能帮进去见一次。甄时隐看老太太没啥钱，就只要了500元。过了一周，老太太又来，说这次连500都不够了，400可以不。甄时隐叹口气，说好。到了第三周，老太太又来，说只有200元了。甄时隐实在拉不下面子，只好又跑了一趟。

老太太对孙子那么好，里面的孙子可没咋想着老太太。每次甄时隐见他，他都问他能不能取保候审，能不能每周多来会见几次，说需要钱的话跟奶奶要，却从不问奶奶情况如何，都是甄时隐提醒了，他才要甄时隐带话给奶奶注意身体。每次老太太在看守所门口等到甄时隐出来，都想听听孙子说了啥，在里面日子过得好不好。甄时隐不忍心,就编了一些顺心话给老太太听,听得老太太泪眼婆娑的,不停地问甄时隐她孙子到底啥时候可以出来,还说不行的话把自己的房子卖掉让甄时隐去跑关系。甄时隐凭自己的经验,知道这孙子不蹲个三五年出不来,看看老太太那花白的头发,就忍住了不说,只是说要看案情发展,如果快的话一两个月就出来,慢的话可能要等一年。老太太就哭,说自己的孙子咋吃得了那一年的苦。

到了第四周,老太太忽然就不再来找甄时隐了。过了两周,甄时隐想起这个老太太,心里有点不忍,翻翻自己的工作笔记本,发现老太太连电话号码都没有留下。又过了一周,有个电话打来,电话那头据称是老太太的邻居,说老太太生病了,不能再来看守所托律师看孙子,让甄律师有空进去的时候顺便带句话让孙子放心。

甄时隐进去看到了老太太的孙子,告诉他老太太生病了,孙子淡淡地"哦"了一声,说那以后你还来看我吗?甄时隐看看这个孙子丑陋的脸,忽然就爆发了,说:"你就是个杂碎,杂碎,明白吗?!"

此后老太太再没来过看守所,甄时隐也再没去会见她的孙子。

九、小广告

随着看守所关押人员的增加,看守所门口做生活律师的同行也越来越多,大家开始有了竞争。甄时隐注意到很多家属来会见都是开车来，于是除了平时守候在看守所门口的出租房，有时候也去停车场转转，遇到有的车窗户开着的，甄时隐就嗖地飞一张名片进去，车窗关着也不要紧，就把名片插在车玻璃间。

有一天，甄时隐看到一辆车停在场上，火没有熄，驾驶员还在车上。甄时隐走过这辆车，看都不看就飞了一张名片到车窗里。刚走没两步，就听见后面有人叫他的名字，甄时隐回头，发现是那辆车的驾驶员在喊他。驾驶员熄了火，下车来说："我是你原来的同事贾律师，你还记得吗？"甄时隐想了半天，想起来这个贾律师原来是他师父张律师隔壁的刘律师的助理，不由有点不好意思，说："想不到你也来办刑事案子了？我记得你们原来是做海事的嘛。"

贾律师说："是啊，我们平时做海事的多，这次是一个客户涉及刑事犯罪，所以我师父叫我来看守所帮看看人。"

甄时隐看到老同事很高兴，就拉了贾律师去自己的出租房坐下喝茶，问问老事务所现在的事情，再小心翼翼地试探一下贾律师目前的收入。贾律师说现在做了预备合伙人，事情很多，主要都集中在师父的海事业务方面。贾律师看看甄时隐出租房里的锦旗和花草，说："小日子过得还不错啊，业务也是蒸蒸日上，有那么多客户的锦旗。"甄时隐笑，说："没法没法，人家客户一定要送，也不值钱。"

贾律师说："你现在业务这么好，啥时杀回老东家呗？"

甄时隐说："哪里啊，我现在主要就是帮人进去看个人、带个话,业务能力已经一塌糊涂了,空有执照,却把当初老师在学校里教的都还给老师了。回到所里如何做业务?"

贾律师说:"算了吧你,学校里老师教的能用到的有多少?你现在在看守所应该也积攒了不少人脉,现在我们事务所业务也做大了,你回去后身价和这里也不一样,和其他人合作一些刑事案子不是没有做大的机会。"

甄时隐说:"你说的也是,我再想想。现在事务所给的提成大概是多少?"

贾律师说:"你回到事务所成本肯定更高,但如果蛋糕做大了,分到你篮子里的份额也多了啊。"

甄时隐点头。

贾律师又寒暄了一会儿,告辞离开。

十、吃混面

甄时隐做这行做久了,就开始油滑起来。

有一天,来了个咨询的中年男人,要求帮见面,还问能不能申请取保候审。甄时隐说:"先等我见了人再说。"

办了手续,甄时隐到里面见了一下当事人了解了案情,觉得取保的概率比较大,出来就跟中年男人说:"我这里有关系,可以想办法帮你拿取保,就看你要不要做。"

中年男人说:"甄律师,你这里有关系,我当然愿意做。"

甄时隐喷口烟圈,点点头,说:"是啊,需要找关系。"

中年男人犹豫了一下,说:"要多少钱?"

甄时隐想想，凡是来看守所门口找律师的，都是请不起太贵的写字楼律师才来这里，报了太高的价格会把人吓跑，就把空着的右手抬起来晃了晃。

中年男人说："50万？"

甄时隐笑，说："不必那么多，跟你要那么多的人都是骗子，5万足矣。"

中年男人眼睛睁大了，说："甄律师，真可以帮我把人捞出来？"

甄时隐把眼睛盯住了头顶的蓝天，喃喃地说了句："今天天气不错。"把手里的烟屁股摁熄在脚下的尘土里，说："当然可以帮你捞出来。如果人不出来，我一分钱不要退还给你。但是这钱我不开发票、不开收条，咱们全凭信用办事。"

中年男人傻傻地点点头，想了一下，说："我下午再来找你。"

甄时隐说："你放心，你看看我办公室里那些锦旗，都是我的客户感谢我才送的。我没信用我也不敢在这里长驻了。"

下午中年男人抱了5万元现金过来。

甄时隐说："如果事情办不成，我一分钱不要。"

甄时隐收了钱，过了一天打电话给中年男人，说该找的人找过了，很快结果就会出来，目前取保的概率在80%左右。中年男人在电话里千谢万谢。

甄时隐算着刑拘的时间，看看差不多要到变更强制措施的时间了，又打个电话告诉中年男人说这两天差不多要出来了。中年男人又感谢一遍。

过了两天，中年男人熬不过，说人还没出来。甄时隐说没事的，这两天承办换人，马上就出来了。甄时隐嘴上这么说，心里也着急，暗想难道这个案子我判断失误了？过了一天，咬牙打电话给中年男人，说人明天就出来了。

第二天，中年男人很高兴地打电话来千恩万谢，说："谢谢甄律师了，今天通知去办取保手续了。"

甄时隐长舒了一口气，暗想这样赚钱，远比每天一两千、一两千的容易多了，不过心里也还是有些担惊受怕。

十一、钱管教

甄时隐在看守所门口混了两三年，也和里面的一两个管教混熟了，其中的钱管教时不时还给甄时隐介绍一两个案子，甄时隐也懂投桃报李，该请客时请客，该给红包给红包。慢慢地，甄时隐的收入也越来越高，有的时候不单纯是做生活律师，也开始介入到全程业务代理，做起真正的辩护人。

有一次，钱管教介绍了一个虚开的案子，电话里说："甄律师，这个虚开哥有钱。他之前请了一个律师，但他好像对之前的律师不满意。要不我把他前面的律师撬掉换成你？"

甄时隐说："好啊好啊。"

过了两天，果然有一个女人来甄时隐办公室，说她是里面的钱管教介绍来的。甄时隐也不客气，问了她老公的名字和案情，就开口要30万。

女人说："甄律师，我老公这情形可以判缓刑吗？"

甄时隐说:"这个数字完全可以判缓刑,你老公是滨海户口,只要把税款补齐,法院没有理由不判缓刑。"

女人高兴起来,就和甄时隐办了手续。

甄时隐进了看守所,问了虚开哥详细的情况,发现虚开哥之前还有一个虚开的缓刑判决在考验期内。甄时隐汗就下来了,说:"这个情况咋你老婆没跟我说?"

虚开哥苦笑,说:"我老婆从来都是稀里糊涂的,对法律完全不懂。甄律师,说实话,之前的律师我不太满意,他老是说我这个情况不太可能缓刑。如果不能缓刑,我还找律师干嘛?我听钱管教说你这边认识的人多,所以我就换成你。律师费高一点没关系,我相信你。"

甄时隐问:"前面的律师收了你多少律师费?"

虚开哥说:"三个阶段是8万。"

甄时隐出了看守所,暗暗想这个案子该咋办,按照硬条款几乎不能缓刑。转念一想,实在不行,就先把这30万拿去买个理财产品或炒个股票,到了一审宣判再还给当事人。主意打定,就打电话通知虚开哥的老婆过来谈事情。

等虚开哥的老婆来了办公室,甄时隐黑下脸来,说:"你老公有前科的情况为啥不告诉我?"

虚开哥的女人一听就傻了,说:"前科会影响缓刑吗?"

甄时隐说:"当然影响了,你老公前后两个罪都是涉及虚开犯罪,哪个法官还敢给你老公缓刑?"

女人听了脸色就变了,说:"那么看来之前的律师没有骗我们?"

甄时隐点燃一支中华烟,说:"你们这样子对我们律师遮遮掩掩不相信,让我们律师如何做案子?"

女人开始哭,讲了很多家庭里的不幸,说:"甄律师一定要帮帮我们。"

甄时隐沉默了一下,说:"这样吧,你回去再准备20万。这个案子,我会尽力帮你们做,能找的关系都会帮你找,不是说一点希望都没有,但的确有难度。如果到时候缓刑做不下来,我收的律师费不会比你们的第一个律师高,其他多的钱我都退回给你们。"

女人擦了眼泪,说着感谢的话出去了。

想到这个案子还要给钱管教红包,甄时隐心里就狂跳了一下,暗暗骂了一句"他妈的"。

过了8个月,虚开哥被判了3年,加上之前缓刑的,共执行3年半。甄时隐退了40多万给虚开哥的老婆,想想这段时间买产品赚的钱,刚好填了给钱管教的红包,心里也就知足了。

十二、第四个师父

随着被关的人越来越多,那些写字楼过来的律师会见当事人变得越来越困难,于是就通过律协反映到监管总队。监管总队做了个调研,发现门口的生活律师占据了很多会见时间,于是看守所对会见律师的甄别也开始严格起来。看守所门口保安甚至开始执行每个律师每个半天只允许会见一次的规定,律师每次进入看守所都被要求登记在册。律师们虽然很不满意，但拿保安一点办法都没有。

如此情况下，甄时隐的生意明显受到影响，他开始认真地考虑要不要撤离看守所门口了。

病毒来袭，更是让他的生意遭受重创。由于律师们的会见次数被大幅限制，当事人大多不敢轻易浪费这宝贵的见面机会，找律师的要求就高了，只是简单地找人带个家常话的活儿明显少了。

在自己的办公室里看着安静了很多的看守所，甄时隐忽然觉得无聊了。他看着办公室里那些他花钱做的锦旗，就站起来想把这些锦旗扔掉，想了想那上面有自己的名字也不能瞎扔。他想起了自己的师父，前面带过他的那几个师父。他忽然明白了自己当初设想的未来不知不觉就来到了。没啥太好，也没啥太坏，但和设想的确有出入。

他决定要当师父带徒弟了。

在当师父之前，去看一看他的第三个师父张律师。

看完了师父，就要开始招助理。

不仅招助理，还要招一个漂亮的女秘书。

（2020年5月21日）